LA VIRGEN MARÍA
BIOGRAFÍA NO AUTORIZADA

Michael Jordan

EDICIONES B
GRUPO ZETA
Barcelona • Bogotá • Buenos Aires • Caracas • Madrid • México D.F. • Montevideo • Quito • Santiago de Chile

Título original: *Mary. The Unauthorised Biography.*

Traducción: Borja Folch

1.ª edición: octubre 2002

Bailén, 84 - 08009 Barcelona (España)
www.edicionesb.com

Printed in Spain
ISBN: 84-666-1058-8
Depósito legal: B. 30.526-2002

Impreso por PURESA, S.A.
Girona, 206 - 08203 Sabadell

La Virgen María

Biografía no autorizada

Michael Jordan

Traducción de Borja Folch

PREFACIO

Una de las cuestiones concernientes al culto a la Virgen María que me viene inquietando desde hace tiempo es por qué existen tan pocas investigaciones serias sobre el «culto mariano». Uno no tiene más que entrar en una librería o biblioteca para descubrir montones de material lisonjero para con la madre de Jesucristo, escrito en su mayor parte por acérrimas plumas católicas romanas. Se tiene la impresión de que son pocos los escritores que han abordado su biografía con un espíritu de imparcial curiosidad periodística. Este libro es producto de más de dos décadas de estudio como escritor sobre la antropología de las religiones; en cierta medida surge de reconocer sin ningún reparo la importancia de la dimensión espiritual en nuestro mundo temporal, aunque también de una curiosidad intelectual fruto de mi formación periodística.

En el transcurso de la investigación, se hizo patente que varios análisis recientes que asignan a Jesús el papel de un dios que muere y renace, afín a figuras famosas de la antigua Mesopotamia, yerran el tiro. A lo sumo, Jesús de Nazaret parece haber sido un hombre resuelto a abogar por las reformas sociales que Galilea pedía a gritos, íntimamente convencido de la futura restauración divina de Israel. Sin embargo, las sorprendentes pruebas halladas recientemente indican que distaba mucho de ser el arquitecto de su destino y que, desde antes de su nacimiento, éste estaba en las manos de un grupo de influyentes sacerdotes judíos. Manteniéndose las más de las veces en el anonimato, creían fervientemente que el futuro bienestar de Jesús residía en la restauración del culto pagano y sus deidades. En María hallaron a una acólita más que dispuesta a ser empleada como el eje de objetivos que posteriormente transfirieron al movimiento cristiano primigenio.

Mi odisea mariana comenzó, sin darme yo cuenta, en el Museo Británico de Londres durante los años ochenta del siglo XX, mientras investigaba la historia del culto a una diosa madre para un libro anterior, *Dioses de la Tierra*. Detrás de la sala de escultura egipcia que atrae a diario a multitud de visitantes, se encuentra una galería menos frecuentada que alberga unos relieves asombrosos.

Realizados hace casi tres mil años y descubiertos durante el siglo XIX entre las ruinas de la ciudad mesopotámica de Kalaj, sita en el desierto del norte de Irak, algunos reproducen un árbol sagrado que se piensa representa la presencia simbólica de una diosa madre asiria. Recuerdo que me quedé tan cautivado y perplejo ante la composición de dichos relieves que se convirtieron en uno de los catalizadores más duraderos de mi investigación, la cual, en última instancia, me llevó a escribir *La Virgen María: Biografía no autorizada*.

A primera vista, quizá parezca poco plausible que pueda haber relación alguna entre ciertos aspectos fundamentales del dogma católico romano y el ritual vinculado a una *diva* pagana de la fertilidad desenterrada en las ruinas de una ciudad asiria olvidada, así que al principio no caí en la cuenta de que tal relación existía.

Sin embargo, comenzaron a surgir datos aislados que fueron reforzando esta primera hebra tan endeble hasta constituir una extensa malla que alcanzaba a cruzar el abismo que aparentemente los separa. Así es como cobró crédito la tesis de que en María, la madre de Jesús, que es uno de los personajes más enigmáticos e inverosímiles de la Biblia, reside una fascinante y hasta la fecha apenas revelada faceta de la historia.

Las pruebas documentales también empezaron a señalar hacia una inquietante retahíla de negligencias, engaños y egoísmo por parte de la clase dirigente cristiana ortodoxa. El incipiente panorama daba a entender que la imagen de la Bendita Virgen María, que hoy reconocen millones de creyentes de todo el mundo, es una burda tergiversación, promovida y luego respaldada con pretextos que se alejan de los valores cristianos.

Se presentarán pruebas de que la Iglesia católica romana se ha inventado el retrato de María, si bien esta acusación debe matizarse con cuidado. La tergiversación no reside tanto en la manera en que la Iglesia promueve el tema, aunque a veces raya en lo estrafalario, sino en lo que ha decidido ocultar, en los motivos que la han empujado a hacerlo. ¿Acaso se ha fraguado un mito porque María nunca vivió, salvo en la mente de visionarios fanáticos? ¿Se trata de una heroína mero producto de la imaginación o se ha distorsionado su verdadera biografía porque el catolicismo romano no se atreve a revelar la verdad?

La Virgen María: Biografía no autorizada no es una fantasía. Las pruebas documentales que se presentarán no sólo existen sino que están al alcance de cualquiera que desee corroborarlas.

La investigación del trasfondo precristiano se basa en fuentes primarias tan diversas como los primeros Códigos Legales Mesopotámicos, la mitología mesopotámica y cananita y el manual judío de práctica religiosa conocido como la *Mishnah*, pero también, en buena medida, en los libros del Antiguo Testamento.

Irónicamente, algunas de las pruebas más concluyentes de las inclinaciones paganas de los judíos y los primeros cristianos cabe hallarlas mediante un detenido examen de las obras bíblicas ortodoxas. Aún más reveladores resultan los textos apócrifos y seudoepigráficos del Antiguo y el Nuevo Testamento, cuyo alcance creció enormemente tras el descubrimiento en Egipto de los llamados códices gnósticos en 1945. Las fuentes seglares comprenden las obras de Philo y

Josefo, quienes redactaron sus historias en la época de los orígenes cristianos. Otras fuentes más modernas son Ben-Sasson (*Historia del pueblo judío*) y las obras de E. P. Sanders.

Los primeros tiempos del cristianismo suelen presentar nuevos problemas de investigación. Debido a la destrucción masiva de escritos paganos y no ortodoxos, gran parte de las pruebas sobre obras perdidas como las de Celso y las *Genna Marias* (que en mi opinión habrían aportado algunas de las pruebas más concluyentes) sólo pueden entreverse en los comentarios de sus detractores. Por consiguiente, la investigación ha conllevado un minucioso análisis de los libros de los Padres de la Iglesia, entre los que destacan Epifanio, Orígenes, Ireneo y Jerónimo. La *Historia de la Iglesia* de Eusebio presenta un sesgo evidente y a menudo es inexacta, pero también abre una valiosa ventana al pensamiento cristiano antiguo.

Fuera de contexto, muchos pormenores quizá parezcan inofensivos o circunstanciales. Ahora bien, cuando se recopilan y ordenan, lo que aparece dista mucho de las tradiciones comúnmente reconocidas y que la Iglesia defiende como historia cristiana inalienable. Descubrir esos pormenores no requiere tener el pasaporte a mano y la maleta siempre a punto. Lo que requiere es un meticuloso y prolongado análisis, a veces laborioso, siempre fascinante, de los antiguos textos cristianos y judíos de Oriente Próximo. Muchas de las pruebas que hubiese cabido presentar se han destruido deliberadamente y en la actualidad sólo puede accederse a algunas a través de las diatribas de polemistas cristianos. La Iglesia ha tomado parte activa en la destrucción de ese material y ha desalentado la lectura de mucho más.

Gran parte del trabajo de campo para *María* ya la tenía a mano entre las notas de la investigación para *Dioses de la Tierra* y estoy en deuda retrospectivamente con todos los académicos y especialistas cuyos consejos y cooperación agradezco en detalle bajo ese título. También quedo profundamente agradecido al director de la biblioteca del King's

College de Londres, así como al personal de la biblioteca Británica, por su ayuda para localizar las fuentes durante los años más inmediatos de preparación.

Debo un profundo agradecimiento a mi agente, Mandy Little, por su generoso apoyo y su crítica constructiva durante la investigación y redacción de este libro, lo que le supuso muchas horas de lectura, revisión y corrección de los primeros borradores del texto. En su concepción original, el estilo del libro era el de una búsqueda bastante personal de la verdad sobre un aspecto sospechoso del dogma cristiano. Doy las gracias a mi editor jefe, Toby Mundy, por haberme convencido para redefinir la obra como una propugnación más firme y enérgica, así como por el considerable tiempo y esfuerzo que le ha supuesto colaborar en buena parte de la versión final. En este contexto, también debo dar las gracias a Alice Hunt por sus valiosos consejos sobre el manuscrito a lo largo del proceso de edición y por pulir los capítulos finales. Estos agradecimientos no quedarían completos si no mencionara también a Ben Buchan, quien tomó las riendas del proyecto poco antes de su conclusión para supervisar el difícil camino hasta la publicación, y a Jane Birkett, responsable de la revisión final así como de la extensa relación de las fuentes de referencia.

MICHAEL JORDAN
Junio 2001

1

Introducción

Aunque muchos hayan sido llevados al error por medio de la tortura, nuestros padres, de la mano de Dios, han resistido y hablado con valentía, y esta bendita ciudad nunca ha sido profanada con el error de Nazaret. Y nosotros somos los herederos, y transmisores a nuestros descendientes, del paganismo que es honrado gloriosamente en este mundo.

ABU AL-HASAN TABITH
de Varrhae-Harran (m. 901 d.C.)

Muchos de quienes profesan la fe del hijo sólo construyen templos en nombre de la madre.

LEONARDO DA VINCI (1452-1519)

Entre los incontables retratos de la madre de Jesucristo, *La Inmaculada Concepción* del pintor español del siglo XVIII Diego Velázquez destaca como uno de los más memorables y magistrales. Con el estilo austero de la Contrarreforma, Velázquez pintó a María como una niña-mujer ataviada con un sencillo vestido oscuro, a un tiempo provocativa y serenamente hermosa. La representó sola y suprema en el cosmos, con los pies apoyados en el globo de la desnuda tierra primigenia que emerge de un océano en tinieblas. Las doce estrellas del Apocalipsis enmarcan su rostro y las relumbrantes nubes de la creación se arremolinan caóticamente a su alrededor. Debajo, apenas visible, un barco surca las aguas mansas y la fuente de la vida mana en forma de surtidor. He aquí capturada la paradójica quintaesencia de María: humana, divina, inocente, sabia, casi todo lo necesario para convertirla en leyenda.

Velázquez no se muestra interesado por la realidad de carne y hueso de esta hija de un oscuro ganadero de ovejas galileo, sino que ha tejido una exquisita contradicción en la imaginería con la que la envuelve. En este cuadro es la Eterna Virgen niña unida a Dios, la apenas púber e inmaculada futura madre de Cristo: sin embargo, el artista ha enmarcado a María en el simbolismo de una creencia más antigua y arcana que poco tiene que ver con los dogmas del cristianismo. Las estrellas que flotan sobre su cabeza han sido asociadas con las reinas celestiales, anatemizadas por judíos y cristianos desde los albores de la historia. Éstas han sido séquito de la Ishtar de Babilonia, la Astarté de Fenicia y la Ashtoreth de los filisteos. Según la interpretación de los críticos de arte, el bajel que surca el mar eterno es la barca de Isis, la diosa primordial de Egipto a quien griegos y romanos dieron en llamar *Stella Maris*, Estrella del Mar. El agua primigenia de la vida mana de una fuente de creencias que fue venerable mucho antes de que María y José pisaran la tierra.

Cabría dar cuenta de estos aspectos aunque no fuesen más que la mera evidencia de una dependencia artística de tradiciones añejas. Menos fácil resulta explicar el hecho de que los principios que representan no sólo son ajenos a la fe cristiana sino que entran en conflicto directo con ella. Tal vez el retrato de Velázquez encarne el modelo hacia el que ha evolucionado María para millones de sus seguidores, pero también se ajusta, en muchos sentidos, a la imagen de una diosa madre pagana: una *prima donna* en la cumbre de la jerarquía divina o cercana a ella, una Reina del Cielo con una evidente carga sexual, que da a luz a deidades, mediadora entre los cielos y la humanidad, en el amor y la guerra. Los atributos de María son indistinguibles en propósito y forma de aquellos de las grandes diosas del mundo antiguo. Más próxima a su época, gran parte de la imaginería con la que Velázquez ha rodeado a María corresponde a la de Deméter, la diosa madre de los griegos, y a la de Cibeles, la *diva* de la fertilidad de los frigios que fue trasladada a Roma y adorada como la *Magna mater*, la Gran Madre. Sólo hay una diferencia fundamental en la imagen de María: la cuestión de su supuesta carencia de sexualidad. La tradición ha dado en pintarla como la antítesis de Eva, la primera mujer condenada para siempre. Mientras que Eva representa a quien trajo el pecado y la muerte al mundo mediante el despertar a los placeres de la carne, María, su álter ego, es la redentora. Mediante una rotunda negación de la sexualidad puede salvar a las mujeres mortales de los peligros que trajo consigo la «caída» original.

Cualquier tribunal desestimaría las afirmaciones sobre la autenticidad de María pues, aparte de lo que aparece escrito en la Biblia, apenas hay pruebas de su existencia, como tampoco de la de Jesucristo. Historiadores como Josefo, Tácito, Suetonio y Plinio el Joven, quienes fueron casi contemporáneos de María y Jesús, guardan un llamativo silencio al respecto. El único comentario acreditativo de la existencia de Jesús (y, por supuesto, si vivió tuvo que tener madre) es de Josefo, que nació en Jerusalén en 37 d.C. y menciona a Jesús en sus *Antigüedades judaicas*, en una parte acerca de la primera comunidad cristiana de Jerusalén y del gobierno de Poncio Pilatos, procurador de Judea y Samaria de 26 a 36 d.C.

> En aquel tiempo vivía allí Jesús, un hombre sabio, si es que en efecto hay que llamarle hombre. Pues llevó a cabo hazañas sorprendentes y fue maestro de gentes que aceptaron su verdad de buen grado. Puso de su lado a muchos judíos y a muchos griegos. Era el Mesías. [*Antigüedades judaicas* XVIII, 63]

Estos comentarios han sido objeto de considerable controversia entre los historiadores, pues muchos de ellos opinan que fueron agregados al texto de Josefo por editores cristianos tempranos, precisamente para corroborar la existencia de Jesús. En su favor cabe decir que el pasaje figura en todas las primeras copias manuscritas de la obra de Josefo y contra su autenticidad se señala que este historiador fue un judío fariseo leal con una elevada posición política y que, por consiguiente, no pudo haber escrito que Jesús era el *messiah* (*mah-shee'agh*, que significa «el ungido»).

Los escritores romanos Tácito y Suetonio probablemente fueron los primeros en mencionar a los cristianos como una secta marginal, si bien ni uno ni otro identificaron a Jesús como su inspirador. Suetonio, historiador de la corte imperial a finales del siglo I d.C., tocó el tema de los cristianos, y Tácito, contemporáneo suyo, los cita como posibles instigadores del Gran Incendio de Roma que había tenido lugar unos cincuenta años atrás. Así lo hizo, al parecer, para apartar la culpa del muy impopular emperador Nerón [*Anales* XIV, 44]. Estas referencias son mínimas y su brevedad, por parte de ambos autores, que tendían a describir detalladamente la vida en la metrópoli y las colonias, indica que, por ese entonces, los cristianos eran vistos como un grupo de poco peso. Las cartas personales de Plinio el Joven (*ca.* 61-113 d.C.), que llegó a cónsul durante el mandato del emperador Trajano, constituyen una historia íntima extraoficial de su tiempo. En su correspondencia con Trajano, hacia el año 112 d.C., Plinio era del parecer que el cristianismo no se fundamentaba más que en burdas supersticiones.

No obstante, creo que deberíamos aceptar que María y su hijo fueron personas reales, tal como hacemos con Herodes, Poncio Pilatos y otras figuras de la Biblia. Los personajes verdaderamente míticos suelen vivir en una era remota caracterizada por la ausencia de información verificable, mientras que los escasos relatos bíblicos sobre María y Jesús cobran autenticidad con minuciosas referencias a lugares, sucesos y personalidades que cabe respaldar en la historia. El Evangelio de Lucas refiere que María y José se vieron obligados a empadronarse durante el mandato de César Augusto, siendo Cirenio gobernador de Siria. Está claro que, en efecto, se realizó un censo (aunque no precisamente como lo describe Lucas). Los escritos del evangelista Pablo, cuya obra misionera es ampliamente conocida, han sido corroborados por estudiosos, de modo que podemos ubicarlo con bastante precisión en la historia diciendo que vivió desde aproximadamente el 3 d.C. hasta el 64 d.C. La mención de Jesús en las *Antigüedades* de Josefo probablemente sea auténtica, aunque quizás haya sido adornada con el polémico término *messiah* por un redactor cristiano posterior.

Contra la figura de María tal como la conocemos hoy en día cabe decir que es casi por completo una ficción que oculta a la verdadera mujer. Una primera certeza es que las respuestas acerca de ella no residen entre las páginas de la Sagrada Biblia. Los Evangelios, los Hechos de los Apóstoles y las Cartas de san Pablo contienen una cantidad de datos biográficos tan escasa que cabría en el reverso de un sobre. Los relatos evangélicos sobre su vida, que supuestamente representan una fuente de información contemporánea acreditada sobre la María histórica, también carecen de credibilidad. Los escritores bíblicos infieren, tal como explicaremos, que nació en el seno de una familia sacerdotal en la provincia romana de la Gran Judea, en Sirio-Palestina, hace unos dos mil años. Afirman que tuvo un hijo, Jesús, que sería aclamado como el *messiah* cristiano. Dan a entender que no tuvo relaciones sexuales con un hombre por lo menos hasta después del nacimiento de Jesús y que, posiblemente, fue virgen durante toda su vida. Tras un embarazo provocado por la Inmaculada Concepción, dio a luz en un establo cerca de Belén, crió a su hijo con José de Nazaret y mantuvo muy poco contacto con Jesús ya adulto durante el ministerio de éste, aunque es probable que presenciara su crucifixión. Ciertos documentos apócrifos insinúan que su infancia transcurrió en el Templo Judío y que, tras la violenta muerte de su hijo, pasó los años de senectud junto a uno de los discípulos predilectos de éste, Juan, ya fuera en Jerusalén o en Éfeso.

Así pues, ¿qué ocurre con los limitados relatos bíblicos en los que nos alientan a creer? El hecho de que varios autores apócrifos sitúen a María al cuidado de sacerdotes desde la primera infancia hasta la pubertad, edad en la que las chicas judías de su época debían casarse y tener hijos, plantea preguntas importantes. Se nos ha explicado que los padres de María la dedicaron al servicio de Dios como agradecimiento a la intervención divina tras años de esterilidad; sin embargo, dicha explicación no se tiene en pie, tal como este libro demostrará.

El relato de la Natividad, según ha llegado hasta nosotros, también es cuestionable, y dos de los escritores evangélicos, Marcos y Juan, obviamente lo consideraron demasiado endeble como para que mereciera ocupar un lugar en sus narraciones. Mateo y Lucas afirmaron que María era una virgen inmaculada elegida entre todas las mujeres por el poder espiritual de un solo dios universal para dar a luz un hijo excepcionalmente divino, el Salvador del mundo. De este modo, según el relato de Mateo, María hacía realidad la profecía de Isaías que predecía los milagrosos acontecimientos de Belén.

> Todo lo cual se hizo en cumplimiento de lo que pronunció el Señor por el profeta, que dice: Sabed que una virgen concebirá y dará a luz un hijo, a quien podrán por nombre Emmanuel, que, traducido, significa: ¡Dios con nosotros! [Mt. 1, 22-23]

En tiempos de María el mito de la partenogénesis humana mediante intervención sobrehumana no era nada nuevo, como tampoco limitado a los judíos. A lo largo de miles de años se había ido entretejiendo en la tela del folclore de Oriente Próximo. Por supuesto, el alumbramiento virginal no sólo es biológicamente imposible sino que esta investigación mostrará que la traducción del hebreo, lengua en la que fue escrita la profecía de Isaías, al griego, de la que se derivan la mayoría de versiones modernas de la Biblia, es inexacta.

También descubrimos que hacia el siglo VIII o IX de la era cristiana las escuetas versiones evangélicas de la Natividad que, por ejemplo, no contienen referencia alguna a animales domésticos, fueron rellenadas para hacer que el relato encajara mejor con otra profecía de Isaías.

> El buey reconoce a su dueño, y el asno el pesebre de su amo.
> [Is. 1, 3]

San Francisco de Asís popularizó en el siglo XIII la imaginería de un rústico establo con techado de paja, remitiéndose a sentimentales ideas europeas sobre la clase de establo que resultaría más apropiada como escenario para la Natividad. En este contexto, presentaré pruebas de que un aspecto particularmente polémico del relato del lugar de nacimiento ha sido suprimido y, posiblemente, eliminado de los textos bíblicos que han llegado hasta nosotros.

Las anomalías que contienen los relatos bíblicos son notables pero palidecen hasta la insignificancia ante las invenciones que surgieron después de la muerte de María. La personalidad que la Iglesia católica romana bordó en la tela raída contenida en los Evangelios aún guarda menos relación con la realidad. Es deliberadamente engañosa, un disfraz creado de manera artificial por personas que jamás conocieron a la auténtica mujer, y fue parte de un compromiso alcanzado tras una enconada y a veces violenta disputa doctrinal que tuvo lugar en el seno del primer movimiento cristiano. Con el transcurso del tiempo, la discusión sobre María se tradujo en un dogma oficial que terminaría siendo aceptado como «verdad absoluta». Hoy, los apologistas sostienen que dicho dogma debe tratarse «de manera metafórica». Simple y llanamente, no es más que una mentira que fue puesta en su sitio por parte de una Iglesia incapaz de revelar los hechos verdaderos sin destruir parte de los mismísimos cimientos de su canon. Desde más o menos el principio del segundo siglo cristiano, los seguidores del culto a María se pusieron a adornar los pocos detalles contenidos en los Evangelios y los textos apócrifos sin la más mínima consideración por la historicidad. Uno de los aspectos más extraordinarios de lo que ocurrió es que, aunque al principio esos adornos fueron fruto del folclore popular, terminaron incorporados a la biografía «oficial» de María y cimentaron la veneración de la que sigue siendo objeto en la actualidad.

En el siglo IV comenzó a florecer la fabulación de la Inmaculada Concepción y el rechazo de los deseos carnales. Para muchos de los dirigentes de la Iglesia primitiva quedaba fuera de toda duda que María permaneció virgen hasta el final de sus días. Su supuesto rechazo de la experiencia sexual en favor del amor espiritual constituyó un modelo de conducta para sucesivas generaciones de monjes y monjas. Hacia 411 d.C., san Agustín proclamaba enérgicamente que María era «una Virgen que concibe, una Virgen que da a luz, una Virgen preñada, una Virgen que pare, una Virgen Perpetua» [*Sermones* 186, 1] y esta opinión alentó extremismos entre los misóginos más recalcitrantes. Hombres como el ascético patriarca de Constantinopla del siglo IV, Juan Crisóstomo, combatieron contra toda forma y manera de actividad sexual en la que hubiera mujeres de por medio. Esto fue tan efectivo que la postura de «sexo en el seno del matrimonio si es preciso, pero de lo contrario jamás» aún prevalece en buena parte de la jerarquía católica romana. El culto mariano, por supuesto, engloba mucho más que la abstinencia sexual. María ha devenido un personaje como de dibujos animados que es toda suerte de cosas para toda suerte de gentes: hermosa virgen novia, madre acongojada, reina celestial, compasiva intercesora, capitana de ejércitos, señora del mundo. Durante la guerra fría, casi dos mil años después, estos atributos de supermujer espiritual llevaron a miles de fundamentalistas estadounidenses a creer devotamente que María salvaría a sus fieles justo antes del Apocalipsis.

Un desafortunado problema que presenta gran parte de la «biografía mariana oficial» es que no es judía ni cristiana sino pagana, situación contradictoria que refleja sucintamente el retrato de Velázquez. Los atributos con los que ahora va ataviada han sido disfrazados diligentemente para que parezcan provenir de raíces judías y cristianas. Sin embargo, están en completo desacuerdo con las doctrinas incondicionalmente patriarcales del judaísmo y el cristianismo que suscriben el concepto de una deidad masculina universal sin una sola *diva* a la vista. La defensa del marianismo presentada por la Iglesia católica romana es que la «verdad fundamental» de los relatos bíblicos fue adornada con símbolos que, si bien parecen paganos, en realidad no son más que licencias artísticas y poéticas con el propósito de ensalzar la majestad y trascendencia de María.

El catolicismo romano vistió a María con ropajes que fueron más adecuados a las necesidades del primero que fieles a las raíces culturales de la segunda y, en su inventiva, parece haber perdido todo sentido de la proporción. La liturgia y el ritual se centran en María hasta tal punto que, en algunas partes del orbe católico, se ha convertido en la principal figura de adoración, cosa que de nuevo se da de bruces con los principios cristianos sobre el culto a una única deidad. El 24 de marzo de 1984, el papa Juan Pablo II aprovechó el medio televisivo para llegar a una audiencia mundial de muchos millones de espectadores cuando se arrodilló ante la imagen de Nuestra Señora de Fátima en la plaza de San Pedro ensalzando todavía más la posición de María al dedicar el planeta entero a su Inmaculado Corazón. Confirmó que su maternal abrazo envuelve el mundo «sin distinción de religiones y divisiones». Fue una consagración que, según proclamó, «dura para siempre y abarca a todos los individuos, pueblos y naciones».

Esta defensa simplemente no basta. Así como es preciso algo más que el movimiento de protesta de un Jesús liberal para explicar el cristianismo, también se requiere una explicación mejor que los milagros de una campesina judía para justificar el culto mariano. En efecto, hay razones para buscar una versión de los acontecimientos que sea fruto de una mayor reflexión.

La defensa de la María real se fundamenta en el hecho de que entre los judíos palestinos del siglo I la religión estaba muy alejada del yahveísmo puro de Moisés. El cristianismo no comenzó como una innovación radical forjada en un puro crisol espiritual. Este libro aportará pruebas de que el movimiento cristiano evolucionó como un híbrido en el que, durante una parte considerable de su periodo de formación, las antiguas creencias paganas corrieron parejas con las nuevas ideas. No obstante, este detalle fundamental rara vez se ha puesto de manifiesto; de hecho, hay razones para suponer que ha sido ocultado deliberadamente.

Al no conservar los hechos acerca de la influencia pagana sobre los orígenes del cristianismo, la historia nos ha defraudado. Antes de cumplidos cien años de la muerte de María, que probablemente tuvo lugar en algún momento entre 40 d.C. y 50 d.C., la incipiente Iglesia cristiana de Roma introdujo la censura, en nombre de la religión, a una escala que el mundo rara vez había conocido hasta entonces. Respaldada por el poder imperial a partir del siglo IV, en ella recae la irrevocable responsabilidad de destruir, a menudo por la fuerza, generaciones de documentos de la historia humana y de condenar a la extinción el legado de mentes privilegiadas.

La persecución de los cristianos por parte de los romanos paganos es fácil de imaginar. Ésta fue en efecto la situación durante los trescientos años que siguieron a la Crucifixión, aunque fue una persecución discontinua y muchos de los emperadores romanos de hecho hicieron gala de una considerable tolerancia hacia los cristianos. Trajano, que gobernó de 98 a 117 d.C., dictó un famoso edicto a Plinio: «No hay que dar caza a los cristianos.» Tras la conversión de Constantino en 312 d.C., no obstante, las tornas se volvieron y los cristianos asumieron el papel de perseguidores. Las autoridades seglares y eclesiásticas aunaron esfuerzos para destruir metódicamente no sólo la cultura pagana per se y toda evidencia de su aceptación por miembros del movimiento cristiano, sino también las creencias cristianas «que no acataban» a la línea ortodoxa. En el lenguaje vulgar esto dio en conocerse como «herejía» (del griego *hairesis* que significa una escuela de pensamiento), término que, en su acepción cristiana, era desconocido para el mundo pagano. Los cristianos empezaron a hostigar a los cristianos, ya que cada facción reivindicaba tener de su parte la autoridad de la «verdad absoluta».

Según Eusebio, el historiador romano Hegesipo resumió la situación cuando escribió: «Mas cuando los apóstoles del grupo sagrado habían llegado de formas distintas al final de su vida, y los miembros de la generación de quienes tuvieron el privilegio de escuchar con sus propios oídos la sabiduría divina habían fallecido, comenzó a tomar forma el error impío, mediante el engaño de falsos maestros que, ahora que no quedaba ninguno de los apóstoles, se quitaron la máscara e intentaron rebatir el predicado de la verdad» [Eus., *Hist.*, 32, 4]. La verdad, no obstante, representaba cosas distintas para personas distintas.

En una fanática campaña para limpiar el incipiente mundo cristiano de indeseables manchas culturales, tanto paganas como poco ortodoxas, los emperadores recién convertidos emplearon sus tropas para demoler templos paganos, muchos de los cuales eran visitados regularmente por fieles cristianos. En Alejandría hubo una vez un famoso santuario del dios romano-egipcio Serapis en el que se erguía una colosal estatua de la deidad. El templo de Serapis alcanzó una enorme popularidad entre los fieles paganos y cristianos por igual y sobrevivió hasta el final del siglo IV. Teófilo, el patriarca cristiano de Alejandría, derribó la estatua litúrgica en 391 d.C. y ordenó que prendieran fuego al templo. Ni siquiera los lugares de culto judío se salvaron a pesar de estar protegidos por la libertad de culto. Durante un breve periodo, en 388 d.C., los fanáticos cristianos se dedicaron a quemar sinagogas. Existe un documento de restitución a los judíos, ordenada por el emperador Teodosio, de uno de esos edificios demolido en Roma. Cuando otro fue incendiado en Callinicum, a orillas del río Éufrates, el obispo del lugar se negó a reconstruirlo.

Mucho antes de la conversión de Constantino en 312 d.C., una clase distinta de demolición había sido bien anunciada por grandes hogueras en las plazas de pueblos y ciudades donde textos no cristianos se consumieron en las llamas de la intransigencia eclesiástica. El destino de las obras del escritor pagano Celso, que hizo circular panfletos críticos con el cristianismo en la segunda mitad del siglo II, fue típico. Después de su muerte, sus libros y papeles fueron objeto de una meticulosa destrucción a manos del controvertido teólogo cristiano griego Orígenes (184-254 d.C.), quien se oponía implacablemente a la mismísima existencia de toda literatura pagana. Los escritos de plumas cristianas que no suscribían la «línea oficial» corrieron la misma suerte y los copistas fueron desalentados a reemplazar esas obras bajo amenaza de amputarles las manos. Casi todos los escritos de los maestros gnósticos, con inclusión de Marción y Valentino (ambos vivieron en el turbulento siglo II), fueron destruidos y sus ideas sólo sobreviven en los ataques de sus oponentes.

Entre los paladines más fanáticos de la ortodoxia se contaban portavoces como Ireneo, Tertuliano y Epifanio, obispos de Lyon, Cartago y Salamina respectivamente. La intención de estos hombres, que ejercieron el control real de la formulación política cristiana entre los siglos II y V, fue despiadadamente simple. Quisieron asegurarse de que no sobreviviera ningún rastro de creencia y práctica paganas, ni dentro ni fuera del movimiento cristiano. Sólo se salvó lo que cabe extraer del hostil garabateo de las plumas cristianas. Con el paso del tiempo, estas drásticas medidas contra la libre expresión religiosa se hicieron más draconianas. Bajo los auspicios de los obispos cristianos dominantes y, en la época de Constantino, los de la Roma imperial, los cristianos se creyeron con derecho a seguir, al pie de la letra, las exigencias que les planteaban las escrituras del Antiguo Testamento.

> Si un hermano tuyo, un hijo de tu madre, si tu hijo o tu hija, o tu mujer, que es la prenda de tu corazón, o el amigo a quien más amas como a tu misma alma, quisiere persuadirte y te dijere en secreto: Vamos y sirvamos a los dioses ajenos [...] no con-

descendas con él, ni le oigas, ni la compasión te mueva a tenerle lástima y a encubrirle; sino que al punto le matarás.

[Dt. 13, 6-9]

La expresión «servir a otros dioses» se aplicó a todo aquel que no suscribiera la línea oficial de los obispos apostólicos. Quienes no abjuraban eran excomulgados o ejecutados por crucifixión o desmembramiento, y sus miembros colgados de horcas a lo largo de las calles principales de las poblaciones. Entre quienes sufrieron reiteradamente esta persecución se encontraban los maniqueos, una secta gnóstica cristiana fundada a principios de la década de 240 por un predicador de habla siria llamado Mani. Aunque fue ejecutado por un rey persa en 276 d.C., los emperadores romanos cristianizados mantuvieron la pena de muerte para los seguidores de Mani. El rango no suponía un obstáculo. En 381 d.C., un presunto hereje de dicha secta, llamado Prisciliano, que había alcanzado la posición de obispo de Ávila, en España, fue ejecutado por orden de un sínodo especial de obispos correligionarios reunido en Burdeos.

Desde el principio del siglo V todos los paganos sin distinción, muchos de los cuales eran también miembros de sectas cristianas, fueron perseguidos hasta la muerte por los cristianos. Uno de los incidentes de los que se tiene constancia fue el linchamiento de una mujer en Alejandría, en 415 d.C., acusada de ser maestra pagana. Muy poco de las ideas y actividades de esas personas, o del alcance de su influencia, ha sobrevivido. La Iglesia cristiana creó su propia versión de la historia mediante un proceso de contención que casi —aunque no del todo— consiguió completar.

La María real estuvo destinada a caer víctima de esta reescritura de la historia por parte de la primera Iglesia mientras diversas facciones enfrentadas reivindicaban la verdad sobre ella y libraban una enconada lucha acerca de su identidad. Con lo que la censura cristiana ha permitido que permaneciera, por establecer una analogía práctica, es como si nos presentaran un retrato que ha sido pintado y repintado, con sucesivas capas de pintura, cambiando la obra de arte original hasta hacerla casi irreconocible. Ante nuestros ojos queda la imagen de una persona cuyos rasgos ahora presentan una impresión concienzudamente distorsionada de quién y qué fue en realidad. La Iglesia católica romana exige que llegados a este punto nos detengamos y aceptemos las apariencias superficiales, por más curiosidad que sintamos porque no todo es lo que parece. Sin embargo, si vamos disolviendo las pinceladas más recientes, empiezan a emerger formas, tonalidades y texturas inesperadas. Una nueva capa de pintura completamente distinta queda expuesta a la vista. Si seguimos quitando capas, una tras otra, finalmente descubrimos el retrato que pintó el artista original. El verdadero rostro de María que aparece bajo las capas de relatos bíblicos y propaganda eclesiástica es infinitamente más convincente que el inventado.

Esta clase de examen crítico constituye un tema tabú entre los católicos romanos. El Vaticano sigue protegiendo con gran tenacidad la imagen fantástica y artificiosa de María. Su objeto de devoción ha sido idealizado a expensas de la realidad, cuando la misma autoridad católica se muestra dispuesta a menospreciar doctrinas como el hinduismo en que las personalidades de los dioses y diosas se ven igualmente idealizadas hasta proporciones de tira cómica.

La de María tiene que ser una historia de lo más compleja y enrevesada, sin embargo los textos bíblicos carecen por completo de profundidad. No sólo en María sino también en José, así como en Ana y Joaquín, los padres de María, parece que estemos contemplando figuras de cartulina que se mueven por un escenario monótono, casi intemporal. Se trata de una sensación de remota lejanía e irrealidad que afectó incluso a los primeros comentaristas cristianos para quienes estos acontecimientos trascendentales tuvieron que ser comparativamente recientes. En su libro *Paganism in the Roman Empire*, el autor estadounidense Ramsay MacMullen hace una sucinta observación sobre hombres como san Jerónimo (un apasionado defensor de la causa mariana que nació hacia 347 d.C. y vivió casi toda su vida en Roma, promocionando el mensaje cristiano y haciendo campaña contra los herejes): «La historia se extiende ante sus ojos pero ellos sólo ven acontecimientos y personas flotando en un pasado intemporal, sin vínculos causales entre ellos: una galería de anécdotas y retratos aislados que devienen clásicos por ser remotos.» Partiendo de un pobre crisol bidimensional, no obstante, María devino la inverosímil protagonista de un «misterio» apócrifo, un personaje legendario que trascendió la realidad. En nuestra época nada puede ilustrar más claramente una metamorfosis semejante que Diana, princesa de Gales, cuya muerte engendró la misma mezcla de mito y realidad.

No cuesta trabajo comprender que María siempre haya sido tenida en alta estima aunque, una vez más, las sorpresas abundan. Novecientos millones de devotos de todo el mundo siguen a María, literalmente hasta la muerte, pero mientras la suya reivindica ser una devoción sin tacha, el marianismo ha sido y es un asunto polémico y de división para el conjunto de los cristianos. El culto a María jugó un papel decisivo en el primer cisma entre la Iglesia griega de Oriente y la fe latina de Occidente. Desgarró la cristiandad europea con aterradora violencia en tiempos de la Reforma cuando, en 1529, los príncipes alemanes se rebelaron contra el catolicismo romano. Su protesta era que la autoridad de la Biblia debía ser restaurada de lo que consideraban los errores de Roma. Los portavoces protestantes que hicieron suyo el llamamiento —Lutero, Calvino y los obispos ingleses al servicio de Enrique VIII— creían que Roma se estaba permitiendo excesos sumamente sospechosos que a veces rayaban en lo herético. Los protestantes estaban preocupados en particular por las cartas credenciales de las creencias y prácticas vinculadas con el «envoltorio» de María. Puesto que su culto carece de fundamento en las escrituras del Nuevo Testamento, éste no se ha granjeado el cariño de la Iglesia protestante. Entre las causas de esta desavenencia no hay que olvidar la aparente aventura amorosa con principios que apenas permiten distinguir el catolicismo romano del paganismo. Sin embargo, paradójicamente, la naturaleza milagrosa del nacimiento de Jesús constituye para millones de cristianos la principal defensa del argumento de que él es el Hijo de Dios. Hasta los protestantes están dispuestos, cada domingo, a recitar la letra del Credo de san Anastasio que incluye la siguiente declaración:

Creo en Dios Padre Omnipotente,
Creador del cielo y de la tierra;
y en Jesucristo, su único Hijo, nuestro Señor,
que fue concebido por el Espíritu Santo,
nacido del vientre de la Virgen María...

En la búsqueda de la mujer real se han tenido presentes ciertos criterios fundamentales. La biografía de María es inseparable y depende de la de Jesucristo; cada una de ellas constituye la única clave de la otra. Cabe la tentación de imaginar a María como una mujer cristiana, que vivió en una sociedad cristiana y disfrutó de una buena educación católica. Ahora bien, ninguna de estas tres cosas es cierta. Al contrario, fue una muchacha judía de formación y creencias religiosas discutibles, que vivió en una región autónoma del Imperio romano, en el paisaje rural de Galilea, una provincia que antaño formara parte del reino del norte de Israel.

Sacar a la luz pruebas de quién y qué fue realmente María ha requerido un minucioso examen de pequeños detalles, que suelen pasar inadvertidos, de muchas fuentes y a distintos niveles. Ha sido preciso reunir y recopilar un buen número de elementos diversos, algunos extraídos de la arqueología, otros de la documentación histórica; otros tantos de crónicas contemporáneas sobre la situación política, social y económica y, por supuesto, de la propia leyenda.

La escala de tiempo es sobrecogedora, porque las raíces de la leyenda con frecuencia se encuentran en tradiciones que se remontan cientos, a veces miles de años desde el momento en que la historia alcanzó su forma conocida. La búsqueda ha supuesto pasar por la criba material que conduce, pasando por los archivos israelitas, hasta el difuso reino de la prehistoria.

Este libro argumenta que María nació en el seno de una familia que no suscribía el judaísmo ortodoxo, la religión de Moisés. Se presentarán pruebas para demostrar que su educación tuvo lugar en un entorno con marcadas tendencias paganas y que probablemente toda su vida tuvo creencias religiosas que englobaban las ideologías judía y pagana. Jesucristo fue fruto de un rito sexual en honor de una diosa madre pagana en cuyo servicio había sido iniciada María como sacerdotisa de especial categoría.

La Iglesia católica romana hará caso omiso de estas afirmaciones de la manera en que dicha organización suele defender sus posturas dogmáticas. Ahora bien, para aquellos de mente más abierta, poco inclinados a aceptar hipocresías antes que hechos, las pruebas revelarán que el culto mariano no sólo carece de fundamento histórico sino que además viene a ser lo mismo que una falsificación cuidadosamente lograda. El dogma oficial sobre la Santísima Virgen, parte del cual se ha extendido entre la cristiandad protestante, es una deformación consciente de la historia que ha sido promovida, y luego impuesta, por la Iglesia católica romana a conveniencia de sus necesidades. Al hacer eso, dicha institución ha eludido los principios fundadores del cristianismo y ha fomentado dos mil años de división y conflicto. En la actualidad, su ideología mariana todavía continúa condenando cruelmente a millones de mujeres a una ciudadanía de segunda clase.

Durante casi dos milenios, Madonna Maria Virgine ha presentado dos personalidades contradictorias sintetizadas en la impactante paradoja de la *Inmaculada Concepción* de Velázquez. Sacar a la luz la auténtica biografía de la Madre de Cristo, pone en tela de juicio algunas de las más preciadas de todas las creencias cristianas.

2

La pérdida de la gracia divina

En el caso contra María, el personaje de la novela bíblica, la primera y más importante aclaración es que no creció en el vacío ni vivió como una cristiana. María fue judía en la turbulenta Galilea del siglo I, la provincia fronteriza del norte de Palestina que hasta hacía poco no se había unido al estado de la Gran Judea, posterior al Exilio.[1] Para mayor comodidad, llamo «siglo I» al periodo de cincuenta años antes y después del nacimiento de Jesús de Nazaret.

La cultura a la que pertenecía María seguía tradiciones que se habían desarrollado a lo largo de más de mil años. En estas antiquísimas costumbres y creencias es donde encontraremos la clave para establecer, de forma convincente, cómo se vieron influenciados el carácter y el estilo de vida de María, su familia y sus amigos. Este capítulo y el siguiente expondrán tradiciones (algunas de ellas particulares de Galilea) que constituyen la base de una espiritualidad que está en profundo desacuerdo con la imagen transmitida a través de la sensiblería popular judía y cristiana y que ayudan a establecer qué fue lo que determinó el estilo y la textura del retrato original que nos ha sido ocultado.

Dejando a un lado la cuestión de su nacimiento, los defensores de la resplandeciente imagen cristianizada de María, co-

1. El cautiverio de los judíos en Babilonia. *(N. del T.)*

mo el distinguido teólogo ecuménico George H. Tavard, sostienen que fue una madre judía normal, fiel a la Torá y a las costumbres de su época. En la Biblia no hay la mínima prueba que respalde este argumento. Al contrario, las circunstancias de la juventud de María sugieren que no fue una madre corriente, como tampoco forzosamente entregada a las costumbres judías fijadas mediante las leyes de Moisés. Las pruebas señalan con mucha mayor fuerza hacia su lealtad a una fusión entre principios paganos y ley mosaica, o «sincretismo». Esta lealtad fue resultado, en parte espontáneo y en parte consciente, del contacto intercultural durante un prolongado periodo de asentamiento judío en Palestina.

Demasiados elementos contradicen la idea que nos dan los teólogos judíos y cristianos como George Tavard, no sólo sobre la fidelidad de María a la religión de Yahvé sino también sobre el pueblo judío en su conjunto. La cuestión que se plantea es: ¿cuáles fueron esos principios paganos y de dónde procedían? Las respuestas residen en los albores de la historia judía y para exponerlas es preciso que cavemos hasta los mismísimos cimientos de esa cultura.

Antes de hacerlo, mejor será aclarar algunos términos que pueden prestarse a confusión. Los antepasados de los israelitas fueron los Patriarcas, cuyas vidas transcurrieron a lo largo del incierto periodo de tiempo que va de Abraham a Moisés. También eran hebreos, palabra que en su antigua forma aramea *'ebrai* significa, literalmente, del otro lado, y que posiblemente fue acuñada por el pueblo autóctono de Canaán para designar a los inmigrantes procedentes de más allá del Éufrates. Dicha palabra también está relacionada con *'apiru*, una mezcla étnica de nómadas de la edad de bronce privada de derechos civiles y, según la Tabla de las Naciones (el informe genealógico, que figura en Génesis I y Crónicas I, que relaciona los pueblos antiguos con quienes Israel tuvo trato), con Eber, el antepasado epónimo de las doce tribus. Los hebreos emigraron de Mesopotamia poco después de 2000 a.C. y algunos se establecieron en la tierra de los cananeos. Otros *'ebrai* continuaron su migración hacia el sudoeste hasta llegar a Egipto, donde permanecieron aproximadamente hasta 1250 a.C. A su regreso a Canaán, se unieron a los primeros inmigrantes y formaron una confederación tribal, por poco tiempo unida como un único reino bajo el gobierno de David (1010-970 a.C.), para luego escindirse con acritud en dos monarquías autónomas, Judá en el sur e Israel en el norte. El moderno Estado de Israel, fundado en 1948, cubre aproximadamente el área de estos dos antiguos reinos.

El término «judío» en lugar de «israelita» alude al Estado ligado al Templo, posterior al Exilio, formado en 539 a.C. tras el regreso de los exiliados desde Babilonia, donde los estratos más altos de la sociedad israelita habían permanecido a la fuerza desde 587 a.C. Para ser exactos, «judaísmo» describe la religión del pueblo judío tras la destrucción del Segundo Templo por los romanos en 70 d.C. Ésta se centró en la sinagoga (aunque los oficios en la sinagoga comenzaron durante el Exilio) y el hogar más que en el Templo con su culto de sacrificios. Este último puede describirse convenientemente como «yahveísmo», reverencia al dios israelita Yahvé.

También es importante identificar lo que se quiere decir con «pagano», voz que suelo utilizar anacrónicamente. Esta palabra se originó como un término despectivo, *pagani*, acuñada por los cristianos del siglo IV para designar a los campesinos ignorantes que no se habían alistado como «soldados de Cristo» mediante el bautismo. Pagano también puede emplearse para designar un sistema doctrinal, y aunque algunos historiadores modernos sostendrán que el paganismo es esencialmente un conjunto de actos litúrgicos sin credo ni enseñanzas, su definición resulta demasiado estrecha de miras. Los paganos reconocían un panteón de dioses y diosas pero no estaban comprometidos con creencias *reveladas* en el sentido cristiano, como tampoco reconocían el concepto de herejía. Sin embargo, insinuar que ser pagano excluía el reconocimiento de una doctrina en el sentido de creencia religiosa carece de fundamento.

Palestina, el nombre de la región geográfica, no aparece en la Biblia, pero en líneas generales es sinónimo del reino de David, un poco más grande que el antiguo Canaán. El primero en acuñarlo fue el escritor griego Herodoto (aproximadamente 484-425 a.C.) como *Palaistine*, una corrupción del nombre de los «pueblos del mar», los filisteos, que infestaron el Mediterráneo oriental en el siglo XII a.C. En los tiempos bíblicos, Palestina comprendía la estrecha franja de tierra delimitada al oeste por el Mediterráneo y tierra adentro por el desierto de Arabia. Al sudoeste, separado por el Sinaí, se encontraba Egipto, y al norte quedaban los territorios occidentales de Siria.

Volviendo a 1250 a.C., encontramos a las tribus huyendo de los campos de trabajos forzados de Egipto y atravesando los yermos del Sinaí en busca de su Tierra Prometida. La ficción judía y cristiana nos ha hecho creer en una idílica imagen de los patriarcas agitando la bandera de su dios omnipotente y marchando en armonía hacia su nuevo reino, pero hasta los textos del Antiguo Testamento admiten que la realidad fue bastante distinta.

Desde el principio, el curso de la historia israelita se ve empañado por la *apostasía*, el abandono de los principios religiosos de la ley mosaica y la «reincidencia» en el paganismo. Sin embargo, nunca resulta fácil alcanzar una clara visión de la naturaleza y extensión de este fenómeno, pues los hombres que recopilaron los libros históricos del Antiguo Testamento participaban de la fe yahveísta. Puesto que eran acérrimos defensores de la religión de Moisés, no les convenía lo más mínimo admitir que el paganismo, o cualquier otra forma de corrupción, se había extendido entre ellos.

Hay otro sesgo que agregar con respecto a la apostasía que tuvo lugar en el reino norteño de Israel. Toda la información conservada ha llegado hasta nosotros de la mano de escribas establecidos en el sur. No queda ningún material de escritores leales al norte, cosa que indica que gran parte de los archivos de Israel fueron destruidos. Lo que se ha conservado como historia judía tiende a estar políticamente inclinado a favor de Jerusalén y las tribus de Judá y Benjamín, más que en favor del estado norteño de Israel, que comprendía las regiones de Samaria y Galilea y estaba dominado por la media tribu de Manasés.

La Biblia no es explícita en cuanto a que María naciera en el norte, pero es evidente que vivió allí buena parte de su vida, al menos desde los doce años, cuando José la llevó a Nazaret, y posiblemente desde su primera infancia si fue educada en un santuario religioso norteño. En el momento de su nacimiento, imperaba desde hacía cientos de años una cultura generalizada de condescendencia para con los norteños por parte de los judaítas, y la actitud de muchos, en particular hacia los galileos, era de un desdén apenas disimulado. Esto se remonta hasta el periodo de los Reyes, que abarcó los siglos comprendidos desde el reinado de David, a finales del primer milenio, hasta que Judá fue sometida por la fuerza como provincia babilónica en 588 a.C. e incluyó a los niveles más altos de la sociedad. La monarquía sureña aseguraba ser a un tiempo dinástica y «ordenada por Dios», con unos soberanos yahveístas a pies juntillas. Por otra parte, los reyes israelitas del norte eran meros pretendientes designados por profetas que reverenciaban a dioses ajenos. Típico de su retórica es un presunto edicto de Yahvé contra Israel tras la muerte de su rebelde fundador, Jeroboam.

> Por lo tanto, yo voy a llover desastres sobre la casa de Jeroboam, y destruiré de la casa de Jeroboam hasta los perros, y así lo precioso como lo vil y desechado en Israel; y borraré los rezagos de la familia de Jeroboam, como suele barrerse la basura, hasta que no quede ni rastro. [1 R. 14, 10]

Esta actitud de los judaítas se desarrolló en parte debido a que los galileos y sus vecinos samaritanos constituían una cultura híbrida, fruto de matrimonios mixtos, y se originó durante el siglo VIII a.C. con una política de «limpieza étnica».

Entre 733 y 732 a.C., el déspota asirio Tiglatpileser III se anexionó Galilea, convirtiéndola en la provincia asiria de Magiddu con la ciudad de Megido como centro. Parte de la estrategia de Tiglatpileser consistió en la deportación masiva y la repoblación, y un fragmento de tablilla asiria de la época menciona que 13.150 personas del reino norteño de Israel fueron desterradas a Mesopotamia. Sus sustitutos, tribus arameas y caldeas de Babilonia, se mezclaron con los israelitas que permanecieron en su tierra. Los galileos del siglo I eran descendientes de estos extranjeros (esencialmente inmigrantes paganos) que se habían casado con las clases campesinas de la sociedad judía dado que la elite cultural había sido despachada al exilio babilónico durante el siglo VI a.C. Este trasfondo explica por qué el profeta Esdras, al escribir en el siglo V a.C., describió a los norteños de forma anónima y bastante despectiva como «gentes de la tierra» en lugar de emplear sus nombres tribales.

Esdras también hizo otros comentarios mordaces. Llamó «adversarios de Judá» a los galileos que abordaron a los príncipes de las familias a su retorno del Exilio babilónico para ofrecer su cooperación en la construcción del nuevo Templo de Jerusalén. Fueron echados «con cajas destempladas» y la siguiente amonestación: «No podemos unirnos a vosotros para edificar la casa a nuestro Dios.» Esto provocó una reacción adversa y entonces nos dice Esdras que los norteños «inquietaban a los obreros del pueblo de Judá y les estorbaban la fábrica» exponiendo razones *contra* la reconstrucción de Jerusalén [Esdras, 4, 1 y ss.]. Las observaciones de Esdras hallan cierto respaldo en un comentario de pasada del escritor y sacerdote Zacarías. Su obra es en gran parte profética y se centra en una conversación con un ángel sobre la restauración de Jerusalén. Zacarías habla de los «vientos del cielo» como cuatro carrozas que salen a reunir la nueva Judea. «Mira, aquellos que se dirigen hacia la dicha tierra han hecho que reposase el espíritu mío sobre la tierra del aquilón» [Zac. 6, 8]. Algunos observadores creen que este comentario negativo alude al fracaso de los enviados de Judea cuya misión era completar satisfactoriamente las negociaciones con los norteños.

Estas actitudes no cambiaron. El Evangelio de Juan contiene un claro recordatorio del sentimiento predominante hacia los galileos tan tarde como en la primera era cristiana, en la cínica observación atribuida al por otra parte no identificado Natanael de Caná, un amigo de los discípulos: «¿De Nazaret puede salir cosa buena?» [Jn. 1, 46].

Sin duda fue en el norte donde las prácticas paganas fueron más persistentes y firmes. Jeroboam de Efraim, el primer rey del estado disidente hacia 922 a.C., no tuvo ningún reparo en reconocer su paganismo, y el Libro Primero de los Reyes alude abiertamente a «los pecados de Jeroboam» diciendo cómo «puso en Betel a los sacerdotes de los lugares altos que había construido». «Lugares altos» es la expresión bíblica habitual para designar los santuarios paganos. Se usa profusamente a lo largo del Antiguo Testamento.

> Habían, pues, los hijos de Israel ofendido al Señor Dios suyo con su mal proceder; y habíanse erigido altares en los lugares altos de todas sus ciudades, desde las torres de guardas hasta las plazas fuertes o grandes ciudades. Y habían plantado bosques o arboledas, y levantado estatuas en todo collado alto, y debajo de todo árbol frondoso. [2 R 17, 9-10]

Los apologistas han presentado la explicación popular de que, cuando Jeroboam hizo las estatuas bicéfalas del becerro de oro, una para Betel, la otra para Dan, no estaba encargando imágenes ostensiblemente paganas que promulgaran el culto cananeo al becerro. Bestias inocentes, eran similares a los querubines que guardaban el Templo de Jerusalén, bajo cuya protectora mirada el Dios de Israel reinaría seguro. Ahora bien, esta excusa se da de bruces contra las pruebas arqueológicas, que indican que el becerro era el símbolo del dios cananeo Baal, y contra las escrituras del Antiguo Testamento, que demuestran que Jeroboam era favorable al culto de Baal.

> Hizo también adoratorios en lugares elevados, y puso por sacerdotes a gentes del vulgo, y que no eran del linaje de Leví. [1 R 12, 31]

La difamación del norte se debió en gran medida a la propaganda sureña procedente de Jerusalén, y la historia real queda oculta. Mientras Judá adoptó un parecer esnob sobre la realeza judaíta y la ideología yahveísta, el interés pagano captó a toda la población israelita y los reyes judaítas y sus predecesores practicaron la apostasía mucho más de lo que sus escribas contratados estaban autorizados a reconocer. Así fue con constante regularidad desde aproximadamente 1500 a.C., cuando los inmigrantes eran liderados por Moisés.

> En este tiempo estaba Israel acampado en Setim [la última parada al este del Jordán en la tierra de Moab], y el pueblo prevaricó con las hijas de Moab [...] e Israel se consagró a Baalfegor [una deidad pagana]. [Nm. 25, 1 y ss.]

Prosiguió durante la época de los Jueces hasta la muerte de Saúl, a mediados o finales del siglo XI a.C.

> Esto nos manda deciros todo el pueblo del Señor: ¿Qué prevaricación es la vuestra? ¿Cómo habéis abandonado al Señor Dios de Israel, erigiendo un altar sacrílego y apostatando de su culto? [Jos. 22, 16]

Apenas disminuyó durante el periodo de los Reyes, desde David hasta el Exilio babilónico en el siglo VI a.C., y continuó, como veremos, tras el regreso de Babilonia hasta los tiempos del nacimiento de María y más allá. Los comentaristas judíos modernos se propusieron minimizar la debilidad nacional del pasado por las artimañas paganas pero la evidencia del Antiguo Testamento habla por sí misma. Los Salmos del Antiguo Testamento resumen la situación de manera sucinta.

> Pronto olvidaron sus obras [de Moisés], no confiaron en su consejo. Y cedieron a la concupiscencia en el desierto, y tentaron a Dios en la soledad. [...] Y se allegaron a Baalfegor y comieron víctimas de dioses muertos. [...] E inmolaron sus hijos y sus hijas a los demonios. Y derramaron sangre inocente: [...] y se contaminaron con sus obras y fornicaron con sus crímenes.
> [Sal. 105, 13 y ss.]

El profeta Jeremías manifestó un sentimiento similar y admitió que la apostasía pagana alcanzó incluso a los cimientos del yahveísmo, los profetas.

> Así como en los profetas de Samaria vi la insensatez de que profetizaban en nombre de Baal, y embaucaban a mi pueblo de Israel, así a los profetas de Jerusalén los vi imitar a los adúlteros, e ir en pos de la mentira, y que infundían orgullo a la turba de los malvados, para que cada uno de ellos dejase de convertirse de su maldad. [Jer. 23, 13]

Seductores avances, primero por parte de los egipcios, luego de los cananeos, los asirios y los babilonios, durante un prolongado periodo, se cobraron su inevitable peaje en la religión de Moisés, y se dice que la apostasía condujo a los israelitas a la perdición. Uno de los últimos profetas, Miqueas, que siempre lo veía todo negro, advirtió del merecido que estaban recibiendo.

> Por lo tanto, esto dice el Señor: He aquí que yo estoy pensando en enviar calamidades a esta familia, de las cuales no podréis vosotros libraros; y no andaréis ya erguidos, porque será tiempo en extremo calamitoso. [Mi. 2, 3]

Los escritores del Antiguo Testamento hicieron hincapié en que los réprobos siempre ganaban su justo desierto, señalando que la transgresión conlleva el castigo divino, de modo que Yahvé no era la deidad popular que los príncipes israelitas quizás hubiesen deseado. Las tribus no tardaron en descubrir las ventajas de fundir su austera religión con devociones importadas más seductoras. Tras recibir la Alianza en el monte Sinaí, Moisés ordenó a los israelitas que adorasen a una presencia universal enigmáticamente llamada Yahvé, «soy el que soy». Los escritores del Antiguo Testamento hicieron una descripción del personaje que, aunque elocuente, resultaba demasiado esquemática como para no dar pie a interpretaciones libres. Algunos teólogos cristianos, con inclusión del papa Juan Pablo II, sostienen que Yahvé es de sexualidad ambivalente pero esto se debe a una moda de corrección política en un clima moderno en el que las mujeres manifiestan un creciente antagonismo hacia la imagen patriarcal de la Iglesia. El Yahvé bíblico se identifica como el «Señor» o *adon*, término indiscutiblemente masculino. En el Libro del Génesis, la deidad que decide «Hagamos al hombre a imagen y semejanza nuestra» [Gn. 1, 26] se describe como Dios. Ahora bien, cuando la creación de un hombre se lleva efectivamente a cabo, la misma deidad deviene Señor.

> Formó, pues, el Señor Dios al hombre del lodo de la tierra, e inspiróle en el rostro un soplo o espíritu de vida. [Gn. 2, 7]

Sin embargo, aunque Yahvé sea varón, su naturaleza es acusadamente distinta de la de la mayoría de dioses del mundo antiguo que comen, beben, duermen, van al lavabo, toman esposas y por lo general hacen gala de un prodigioso apetito sexual tanto dentro como fuera del matrimonio. Estas deidades, en otras palabras, se comportan tal como lo hacen las personas terrenales. Yahvé, en cambio, es trascendente, sin necesidades sensuales que requieran satisfacción. Esto lo sitúa aparte de otras deidades y es de crucial importancia que ninguna consorte femenina se una a él en la alcoba celestial. El celibato permanente de Yahvé entre la grey humana significa que la sana fecundación de vírgenes en altares pierde todo sentido, puesto que los «revolcones rituales» no animan a este Dios un tanto atípico a enérgicos lances de procreación.

La prohibición oficial de que los israelitas practicaran ritos sexuales contrastaba con lo que estaba permitido en las naciones que los rodeaban. Los cananeos, asirios, babilonios, heteos y egipcios eran politeístas y sus panteones de dioses y diosas no sólo disfrutaban de uniones matrimoniales plenas sino que se buscaban problemas con relaciones extraconyugales. Los huéspedes del cielo pagano dedicaban una considerable cantidad de tiempo a la actividad sexual, y el ayuntamiento regular e infatigable era la clave de la salud y el vigor de la naturaleza y la nación. Según textos hallados en las excavaciones de la inmensa biblioteca de tablillas cuneiformes de Ugarit, la antigua ciudad cananea sita en Ras Shamra, en la costa norte de Siria, las diosas madres hacían el amor «de mil en mil» y sus consortes masculinos se las arreglaban para mantener una inagotable reserva de libido. Los pueblos de dichas naciones no necesitaban que los alentaran a proveer con generosidad a sus deidades, responsables de la prosperidad y el florecimiento en el mundo material.

Muchos israelitas corrientes sin duda tenían la impresión de estar «perdiéndose» los atractivos de un calendario religioso que hacía hincapié en el más fuerte y arrebatador de los impulsos humanos: el sexo. Los hebreos eran muy polígamos y el hebraísmo no se oponía a la actividad sexual per se sino a la prohibición impuesta por los dirigentes religiosos sobre el sexo «litúrgico». Era obvio que la mayoría de estados que suscribían los ritos de contenido sexual en favor de sus deidades —egipcios, cananeos, heteos, asirios y babilonios— gozaban de un eminente éxito tanto en lo político como en lo militar. Por consiguiente, resulta poco sorprendente que los hebreos comenzaran a cansarse de su ascético programa religioso sin sexo en favor de formas de culto más liberadas.

En cualquier caso, lo que Moisés exigía, sus mandamientos contra el adulterio y el culto a otros dioses, era fundamentalmente ajeno a la naturaleza hebrea. Los Patriarcas habían sido oriundos de Mesopotamia y su patrimonio religioso era estrictamente pagano. Sus antepasados fueron los pueblos nómadas indoeuropeos que colonizaron el fértil valle entre el Tigris y el Éufrates miles de años antes de que Moisés condujera a su grey hasta la Tierra Prometida. La orientación religiosa de los Patriarcas no es difícil de descubrir. La verdad es que el Génesis describe a algunos de ellos como politeístas. Labán, el padre de Raquel y Lía, conservaba estatuas de dioses del hogar, entre los que sin duda se contaban deidades de la fertilidad. Eran de tanta importancia para él que, cuando Raquel las sacó a escondidas de su tienda, Jacob, sobrino de Labán que no estaba al corriente de lo sucedido, exigió un castigo ejemplar para el ladrón.

> En cuanto al robo de que me reconvienes, cualquiera en cuyo poder hallares tus dioses, sea muerto a presencia de nuestros hermanos: haz tus pesquisas; y todo lo que hallares de tus cosas en mi poder llévatelo. Cuando esto decía, ignoraba que Raquel hubiese robado los ídolos. [Gn. 31, 32]

Durante la estancia forzosa de aquellos grupos que viajaban a Egipto, Moisés probablemente se vio influenciado por el inusual monoteísmo del faraón Akenatón [Amenhotep IV], quien optó por fusionar el vasto panteón de deidades egipcias en un solo ser superior, Atón. Ahora bien, incluso durante el cautiverio, los hebreos liderados por Moisés parecen haberse sentido más a gusto con la idolatría politeísta del lugar. Esto no fue olvidado ni perdonado y muchos siglos después la animadversión de los profetas seguía dirigiéndose contra Egipto.

> Y díjeles: Arroje fuera cada uno aquello que fascine sus ojos, y no os contaminéis con los ídolos de Egipto. Yo soy el Señor Dios vuestro. Ellos, empero, me irritaron, y no quisieron escucharme: ninguno de ellos apartó de sí lo que fascinaba sus ojos, ni abandonó los ídolos de Egipto. [Ez. 20, 7]

No es de sorprender que, para cuando Moisés condujo a las tribus lejos de la cautividad y selló un pacto con el austero y desconocido Yahvé, muchos miembros de su grey estuvieran «prostituyéndose de nuevo a dioses ajenos, y adorándolos» [Jue. 2, 17]. Tal hacían por preferirlo al sobrio culto a una deidad que aparte de haberles concedido por fin la libertad de la tiranía egipcia, les había hecho bien pocos favores y, al parecer, desaprobaba la fornicación y el jolgorio. La guerra ideológica entre los partidarios de la línea dura consagrados al yahveísmo y las más liberales bases de la comunidad aparece repetidamente en las escrituras del Antiguo Testamento.

> Así pues, los hijos de Israel habitaron en medio del cananeo, y del heteo, y del amorreo, y del fereceo, y del heveo y del jebuseo, y se casaron con sus hijas, y dieron las suyas a los hijos de ellos, y sirvieron a sus dioses; con lo que pecaron los hijos de Israel en la presencia del Señor, y se olvidaron de su Dios por servir a Baal y Astarot. [Jue. 3, 5-7]

Durante la época de los Jueces y en los primeros siglos de la realeza que la siguió, desde aproximadamente 1000 a.C., la presión externa más fuerte sobre los israelitas pasó de ser ejercida por Egipto a serlo por Canaán, país que alcanzó su punto cultural culminante en algún momento entre 1600 y 1200 a.C. El dios nacional cananeo Baal, una poderosa deidad de la fertilidad y también un dios que moría y renacía anualmente en armonía con las cambiantes estaciones agrícolas, atrajo a los recién llegados casi desde el mismo instante en que entraron en la región. Su compañera de incesto era la diosa madre Asherah, que figura en documentos hallados en Ugarit como una de las muchas esposas del dios creador Il, y como la madre de al menos setenta hijos entre los que se cuenta Baal. El culto a Baal y Asherah solía atraer a mujeres entre sus seguidores israelitas, para con quienes Moisés no tuvo ninguna piedad.

> Y dijo Moisés: ¿Cómo es que habéis dejado con vida a las mujeres? ¿No son ésas las mismas que, por sugestión de Balaam, sedujeron a los hijos de Israel, y os hicieron prevaricar

> contra el señor con el pecaminoso culto de [Baal] Fegor, por cuya causa fue también castigado el pueblo? Matad, pues, todos cuantos varones hubiere, aun a los niños, y degollad a las mujeres que han conocido varón. [Nm. 31, 15-17]

Fegor era uno de los apelativos más comunes de Baal. El Libro del Éxodo transmite la idea de que el culto cananeo conllevaba una serie regular de ritos orgiásticos y rituales explícitamente sexuales.

> Guárdate de contraer jamás amistades con los habitantes de aquella tierra [...] no sea que después de haberse corrompido con sus dioses y adorado a sus estatuas o simulacros, alguno te convide a comer las cosas sacrificadas. Ni desposarás a tus hijos con las hijas de ellos, no suceda que después de haber idolatrado ellas, induzcan también a tus hijos a corromperse con la idolatría. [Éx. 34, 12 y ss.]

Los vestigios escritos hallados en Ugarit indican, no obstante, que esta interpretación puede ser en buena parte injustificada y que la religión cananea no era sinónimo de libertinaje y excesos.

El interés israelita por Baal se centró rápidamente en el norte. El Libro de Josué relata cómo, mucho antes de la formación del reino escindido de Israel, Moisés ordenó a las tribus de Rubén y Gad y a la mitad de la tribu de Manasés que emigraran al norte hasta la región transjordana de Gilead. Allí decidieron construir un gran altar descrito como un «pecado contra el Señor Dios de Israel» y como «la iniquidad de [Baal] Fegor» [Jos. 22, 16-17]. Por consiguiente, queda claro que se trataba del punto central de un santuario consagrado a Baal. Cuando corrió la voz de la existencia del santuario se desencadenó un despiadado conflicto entre los israelitas de Silo, el principal centro religioso yahveísta anterior a la división de las tribus, y los de Gilead, donde los elementos renegados se enfrentaron a la acusación de apostasía pagana. Las tribus rebeldes finalmente aceptaron disculparse ante Yahvé pero ya nada detendría la adulteración de la religión de Moisés.

Los fieles israelitas del culto a Baal con frecuencia daban un apelativo a sus santuarios. Basta con echar un breve vistazo al Antiguo Testamento para hallar santos lugares en Baalberith, Baal-hamon, Baal-meon, Baalfegor y en varios otros. Parece bastante probable que, en la práctica, el culto a Yahvé corriera parejas con los ritos de fertilidad realizados en honor a Baal y que lo único que podían hacer los miembros del consejo yahveísta fuese enfurecerse inútilmente por la difusión de la idolatría.

> Destruiré vuestras alturas en que adoráis a los ídolos, y despedazaré vuestros simulacros. [Lv. 26, 30]

> Esto nos manda deciros todo el pueblo del Señor: ¿Qué prevaricación es la vuestra? ¿Cómo habéis abandonado al Señor Dios de Israel, erigiendo un altar sacrílego y apostatando de su culto? ¿Os parece aún poco el haber pecado con adorar a Baalfegor, y el que permanezca hasta hoy día entre nosotros la mancha de este delito, después de haber costado la vida a tantos de nuestro pueblo? [...] Mas no desertéis del Señor y de nuestra comunión, alzando un altar contra el altar del Señor Dios vuestro. [Jos. 22, 16]

También advertían del furioso castigo de Dios, del que decían haber sido ya testigos cuando varias tribus indígenas adoradoras del Baal fueron masacradas durante la invasión israelita de Canaán.

> Bien han visto vuestros ojos lo que hizo el Señor contra el ídolo Baalfegor, cómo exterminó de en medio de vosotros a todos sus adoradores. [Dt. 4, 3]

Durante un tiempo, hacia 1200 a.C. tras la muerte del juez yahveísta de línea dura Gedeón, los israelitas se convirtieron formalmente al culto de Baal bajo el título de Baal-berith y el hijo de Gedeón, Abimelec, juró su cargo bajo una alianza pagana.

> Mas después que murió Gedeón, apostataron otra vez los hijos de Israel, y se prostituyeron a los ídolos, y pactaron alianza con Baal, para que fuese su Dios. [Jue. 8, 33]

> Y diéronle [a Abimelec] setenta siclos de plata del templo de Baal-berith, con los cuales tomó a su sueldo gente necesitada y vagabunda, que le siguió. [Jue. 9, 4]

El culto a Baal se celebraba en santuarios, a lo largo y ancho de Palestina, conocidos como «altos lugares» o *bamahs*. Estos templos al aire libre eran objeto de un constante torrente de invectivas bíblicas, cosa que indica su popularidad entre la gente corriente. La descripción españolizada no significa que los *bamahs* estuvieran siempre situados en lo alto de colinas. El término describía otrora la espalda de un animal y designaba meramente un punto más alto que sus aledaños. Podía ser una cumbre pero asimismo una tribuna de piedra levantada por el hombre, como el antiguo altar pagano de Megido.

> Pues habiéndolos yo llevado a la tierra que con juramento había prometido darles, pusieron los ojos en todo collado elevado, y en todo árbol frondoso, y se fueron a inmolar allí sus víctimas. [...] Y díjeles yo entonces: ¿Qué viene a ser esa altura a donde vais? Y el nombre de altura *[bamah]* le ha quedado hasta el día de hoy. Por lo tanto di a la casa de Israel: Esto dice el Señor Dios: Ciertamente que vosotros os contamináis siguiendo la conducta de vuestros padres, y os entregáis a la misma fornicación que ellos. [Ez. 20, 28 y ss.]

El *bamah* podía incluso formar parte de un edificio. Muchos equivalían a capillas domésticas o familiares, y en los pueblos y ciudades se ubicaban en los tejados.

> Habían, pues, los hijos de Israel ofendido al Señor Dios suyo con su mal proceder; y habíanse erigido altares en los lugares altos de todas las ciudades, desde las torres de guardas hasta las plazas fuertes o grandes ciudades. Y habían plantado bosques o arboledas, y levantado estatuas en todo collado alto, y debajo de todo árbol frondoso. [2R. 17, 9]

Los primeros libros históricos del Antiguo Testamento no son los únicos que arrojan luz sobre las prácticas paganas. Incluso los Salmos en ocasiones refrendan el coro de quejas contra el grado de «recaída» en el culto a Baal.

> Pronto olvidaron sus obras; no confiaron en su consejo. Y cedieron a la concupiscencia en el desierto, y tentaron a Dios en la soledad. [...] Hicieron un becerro en Orbe, y adoraron el ídolo de oro fundido. Y trocaron su Gloria (su Dios) por la semejanza de un toro que comía heno. [...] Y se allegaron a Baalfegor y comieron víctimas de dioses muertos. [...] E inmolaron sus hijos y sus hijas a los demonios. Y derramaron sangre inocente: la sangre de sus hijos y sus hijas, que inmolaron a los ídolos de Canaán. Y la tierra quedó manchada con sangre, y se mancharon con sus obras y fornicaron con sus crímenes. [Sal. 105, 13 y ss.]

Es posible que alguna que otra vez las tribus creyeran en el castigo divino, como el mortal brote de peste que hizo estragos poco después de la construcción del altar pagano de Gilead. Ahora bien, tales «advertencias» se olvidaban pronto y el culto a deidades paganas continuó a ritmo acelerado mucho después de la época de los Patriarcas y los Jueces.

Tras el reinado de David, el cual tuvo lugar más o menos después de la rebelión de Saúl contra la autoridad teocrática, su sucesor Salomón inició un impenitente giro hacia la apostasía que sentaría el precedente para el resto de siglos de realeza. La tradición sostiene que los santuarios paganos de Salomón permanecieron en activo durante al menos trescientos años, hasta que fueron derribados en el siglo VII a.C. por uno de los pocos reformistas verdaderamente yahveístas, Josías.

> Además, profanó el rey los lugares altos de junto a Jerusalén, que estaban a la derecha del monte Olivete, llamado del escándalo, erigidos por Salomón, rey de Israel, al ídolo de los sidonios Astarot, y a Camos, escándalo de Moab; y a Melcom, oprobio de los hijos de Amón; y destrozó las estatuas, y taló los bosques sacrílegos, y llenó aquellos lugares de huesos de muertos. A más de esto, el altar que había en Betel, y el lugar excelso formado por Jeroboam, hijo de Nabat, el que hizo pecar a Israel, uno y otro los destruyó, y abrasó, y redujo a cenizas; y quemó también el bosque. [2 R. 23, 13-15]

Cuando se produjo el cisma de las tribus a principios del siglo X a.C., el paganismo se identificó aún con más firmeza con el norte, donde fue apoyado sin titubeos a partir del reinado de Acab, siendo éste quien introdujo oficialmente el culto a Baal bajo presión de su esposa Jezabel, una sacerdotisa pagana, a mediados del siglo IX.

> Acab tomó por mujer a Jezabel, hija de Etbaal, rey de los sidonios; por donde vino a servir a Baal y a adorarle. Y erigió un altar a Baal en el templo que le había edificado en Samaria, y le plantó y consagró un bosque. Y prosiguió Acab en su mal obrar, irritando al Señor Dios de Israel más que todos los reyes de Israel sus predecesores. [1 R. 16, 31-33]

Como para recalcar el punto, el primer Libro de los Reyes también incluye una prolija descripción de la ocasión en que Elías contó a cuatrocientos cincuenta profetas de Baal-Asherah disfrutando de un banquete en la mesa de Jezabel. Si hubo alguna disminución de la apostasía norteña ésta se produjo sólo en el siglo IX, durante los reinados de Jehoram y Jehu, quienes aun no siendo completamente fieles a la Alianza mosaica, tampoco se oponían al culto a Baal. Éstas, no obstante, fueron las más destacadas excepciones de una aventura amorosa por lo demás absoluta con el paganismo.

3

Diosas y prostitutas

El culto a Baal, seguido de todo corazón por el grueso de la población hebrea, conllevaba una íntima relación con la diosa madre cananea, Asherah, y aunque suele vincularse sexualmente a Baal con su hermana Anat, los papeles de ambas diosas son intercambiables. Asherah dio su nombre a un extraño objeto que iba a suscitar un persistente rencor entre los escritores del Antiguo Testamento. El *asherah* era un símbolo sagrado que representaba la presencia de la diosa de la fertilidad y, aunque hay indicios de que a veces se modelaba a semejanza de la deidad, la mayor parte de las inscripciones votivas antiguas apuntan hacia la forma de un árbol. Probablemente se originó en la Antigüedad como un árbol vivo, pero evolucionó hacia una imagen estilizada de madera o tótem, y su nombre, *asheh-rah*, אשרה (*asheroth* en plural), ha sido traducido en la versión del rey Jacobo del Antiguo Testamento como «arboleda». La dedicatoria de un fenicio de Kition va dirigida a «su señora la madre del *asherah*», y en Ma'zub, cerca de Ptolemais, se construyó un pórtico de templo para «Ashtoreth en el *asherah*».

«Arboleda» es un término confuso, porque también se utiliza en contextos que carecen de importancia religiosa aparente, cuando se traduce la palabra hebrea que designa un árbol vivo, *eh-shel*, אשל. La ambigüedad es todavía mayor porque, mientras que la Biblia de Jerusalén establece diferencias entre el hebreo *peh-sel*, פסל, un ídolo tallado o esculpido, y *mas-seh-chah*, מסכה, un símbolo más abstracto de metal fundido, la traducción del rey Jaime es invariablemente la de «arboleda».

Los escritores del Antiguo Testamento clamaron contra el *asherah* a lo largo de buena parte de la historia de Israel, comenzando por el culto cananeo. Cuando el poderoso reino mesopotámico de Asiria empezó a ejercer su fuerza militar sobre Palestina en el siglo IX a.C. y los homólogos mesopotámicos de Baal y Asherah acapararon la atención del público, el estilo asirio del *asherah* probablemente sustituyó al de Canaán por presiones diplomáticas. El nombre de la diosa asiria Ishtar no aparece en el Antiguo Testamento, pero su consorte, Tammuz, es mencionado por Ezequiel. Otras diosas, como Ashtoreth y Ashtaroth, quienes se inmiscuyen en los textos bíblicos de vez en cuando, sólo constituyen variantes regionales de su nombre. Tal era la devoción hacia la diosa de la fertilidad que su *asherah* permaneció durante siglos en el Templo de Jerusalén junto al altar del Yahvé. Bajo la posterior dominación de los babilonios y los griegos siguió teniendo plena vigencia, y así fue hasta la primera parte de la era romana.

Podemos hacernos una idea bastante aproximada del aspecto que presentaba el *asherah* basándonos en varias fuentes. Durante el reinado de Joaquín (609-598 a.C.), un soberano que estuvo muy influenciado por los cultos babilónico y asirio, el profeta Jeremías hizo una observación sorprendentemente franca de un poste o tronco de madera que estaba decorado con metales preciosos. Lo adornaban con telas y a veces lo sacaban en procesión en lugar de permanecer fijo en un sitio. Jeremías quizá describió un *asherah* que se erguía en el Templo de Jerusalén. Puesto que, no obstante, alude a «naciones no circuncidadas» y su libro del Antiguo Testamento incluye un largo discurso sobre el culto a la Reina del Cielo «entre los judíos que habitan la tierra de Egipto», algunos estudiosos de la Biblia han sostenido que aprendió los pormenores del *asherah* mientras estuvo refugiado en Egipto. Había escrito casi toda su obra en Jerusalén hacia 627 a.C., y sus experiencias abarcaban los últimos cinco reinados de Judá, pero en 586 a.C. fue obligado a huir de Palestina, donde había vivido durante buena parte del Exilio babilónico. No podemos decir a ciencia cierta que su descripción sea una observación directa del *asherah* del Templo de Jerusalén. El argumento de la «conexión egipcia» resulta muy especulativo y probablemente haya sido fomentado para minimizar el alcance del paganismo judaíta.

> Porque las leyes de los pueblos vanas son; visto que un escultor corta con el hacha un árbol del bosque, y le labra con su mano: le adorna con plata y oro: le acopla y afianza con clavos, a golpe de martillo, para que no se desuna: esta estatua ha salido recta como una palma; pero no habla: y la toman y la llevan; porque ella de por sí no puede moverse. No temáis, pues, tales cosas o ídolos, pues que no pueden hacer ni mal ni bien. ¡Oh Señor, no hay nadie semejante a ti! [...] De necios e insensatos quedarán convencidos todos ellos; el leño, que adoran, es la prueba de su vanidad. Tráese de Tarsis la plata en planchas arrolladas, y el oro de Ofaz: le trabaja la mano del artífice y del platero: es vestida luego la estatua de jacinto y de púrpura: obra de artífice es todo eso. [Jer. 10, 3 y ss.]

La descripción de Jeremías puede relacionarse con los vestigios de tallas de piedra hallados en la antigua ciudad asiria de Kalaj, la Calah del Génesis, sede monárquica del tiránico rey Ashurnasirpal II, cuyo reinado comenzó en 884 a.C. Las escenas muestran a Ashurnasirpal y a su ayudante sacerdotal adorando un *asherah* que se cree representa a su diosa nacional Ishtar. Es la caricatura de un árbol, un extraño manojo de ramas envuelto con cintas de metal o de otra sustancia y que acaba en estilizados dibujos de hojas de siete lóbulos conocidas como *palmettes*. A menudo los relieves presentan al rey y a una criatura que parece anticiparse a los ángeles custodios alados de la tradición bíblica. El rey sostiene un balde y una piña que apunta hacia el árbol. Todo hace pensar que los *palmettes* representan los siete lóbulos que antaño se creía constituían el útero humano. La piña, fálica de apariencia, tras haber sido mojada en el balde que contiene agua y aceite benditos, el semen de los dioses, simboliza la fertilización de la diosa. La analogía del semen se perfila con suma claridad en un cántico mesopotámico de finales del siglo III a.C.

> *Después de elevar la vista por encima del Éufrates*
> *el Padre Enki se yergue orgulloso como un toro rampante.*
> *Alza su pene, eyacula,*
> *llena el Tigris de brillante agua.* [Kramer, 1969]

El culto al árbol de Ashurnasirpal II no fue un caso aislado de devoción en Asiria. Tres siglos después de su reinado, cuando el imperio agonizaba, seguía vigente bajo Ashurbanipal, el rey erudito que construyó la legendaria ciudad de Nínive e incorporó la imaginería del *asherah* a sus obras de arte.

Jeremías describió el *asherah* «junto a todo árbol frondoso» asociándolo con zonas arboladas, aunque una de las más fuertes y persistentes quejas de los yahveístas era a propósito de la erección del *asherah* cerca o dentro del Templo.

> No plantarás bosques ni árbol ninguno cerca del altar del Señor Dios tuyo. [Dt. 16, 21]

Al igual que en otras partes del antiguo Oriente Próximo, la ubicación más frecuente quizá fuese en santuarios rurales en lo alto de colinas. Así lo confirman varias descripciones diseminadas por el Antiguo Testamento, de modo que las «arboledas» debieron de ser un paisaje común por toda la Tierra Santa.

> Asolad todos los lugares en donde las gentes, que habéis de conquistar, adoraron a sus dioses sobre los altos montes y colla-

> dos, y a la sombra de todo árbol frondoso. Destruid sus altares y quebrad sus estatuas; entregad al fuego sus bosques profanos; desmenuzad los ídolos y borrad sus nombres de aquellos lugares. [Dt. 12, 2-3]

Según el Libro de los Reyes, la construcción de santuarios paganos conoció su apogeo durante el reinado del rey judaíta Rejeboam, el sucesor de Salomón.

> Y la tribu de Judá ofendió al Señor [...] porque erigió altares y simulacros y bosques sobre todos los collados altos, y debajo de todo árbol frondoso. [1 R. 14, 22-23]

Los libros que abarcan la época de Moisés y los Jueces están plagados de graves advertencias contra el culto al *asherah*. Cabe interpretar la mera frecuencia de dicha condena como medida de la popularidad de la diosa.

> Entonces los hijos de Israel pecaron a vista del Señor, y sirvieron a los ídolos; y apostataron del Señor, Dios de sus padres [...] y se fueron tras los dioses ajenos, dioses de los pueblos circunvecinos, y los adoraron; y provocaron la saña al Señor, abandonándolo a Él por servir a Baal y a Astarot. [...] Suscitó el Señor jueces que los librasen de las manos de sus opresores [...] mas luego que moría el juez [término colectivo], reincidían, y hacían cosas mucho peores que las que habían hecho sus padres, siguiendo a los dioses ajenos, sirviéndolos y adorándolos. No dejaron sus devaneos, ni el obstinado tenor de vida a que se habían acostumbrado. [Jue. 2, 11 y ss.]

> Guárdate de contraer jamás amistades con los habitantes de aquella tierra, lo que ocasionaría tu ruina; antes bien, destruye sus altares, rompe sus estatuas y arrasa los bosques consagrados a sus ídolos. [Éx. 34, 12-13]

> Por el contrario, esto es lo que debéis hacer con ellos: derribad sus altares y haced pedazos las estatuas, talad sus bosques profanos y quemad los ídolos. [Dt. 7, 5]

Un segundo objeto, un pilar de metal o de piedra conocido como *massebah* o *matz-tzeh-vah*, מצבה, solía levantarse al lado del *asherah*. Simbolizaba la presencia de Baal y probablemente presentaba un aspecto muy fálico. En los tiempos de los Patriarcas el *massebah* había sido un mero montón de piedras o una única gran piedra erigida como monumento conmemorativo. De ahí que en las versiones inglesas del Pentateuco, los cinco libros del Antiguo Testamento que abarcan el principio de la historia (Génesis, Éxodo, Levítico, Números y Deuteronomio), *massebah* aparezca traducido como «pilar». En libros posteriores suele figurar como «imagen».

El Deuteronomista (nombre dado a uno de los autores anónimos del Pentateuco) instó a los yahveístas leales a luchar contra los idólatras paganos, «derruyendo sus altares y rompiendo sus pilares», pero finalmente el *massebah* logró hacerse un sitio en las ceremonias rituales tanto del norte como del sur. La frecuencia con que aparece dicha palabra en la Biblia indica un grado de popularidad que continuó por lo menos hasta la época de los llamados «profetas escritores», quienes vivieron hacia finales del periodo de la monarquía.

El paganismo de los israelitas consiguió un considerable apoyo externo cuando el reino norteño sufrió un catastrófico cambio de destino en el siglo VIII a.C. En 722 a.C., con buena parte de su elite expulsada bajo la dominación asiria durante el reinado de Tiglahpileser III, el último desventurado soberano de Israel, Oseas, se rebeló, e Israel dejó de existir como Estado político. Galilea ya era entonces una provincia asiria y durante el reinado del rey asirio Chalmaneser V le tocó a Samaria ser invadida por la fuerza. El sucesor de Chalmaneser, Sargón II, ordenó nuevas deportaciones masivas de israelitas a Mesopotamia, donde fueron utilizados como mano de obra esclava, y los sustituyó por otros pueblos cautivos. A partir de este traumático momento apenas tenemos documentos sobre lo que sucedió en el norte y casi toda la información disponible hace referencia al reino sureño de Judá.

Asiria sin duda había ejercido una poderosa influencia sobre la cultura y las tradiciones religiosas de Palestina tiempo antes de invadir el norte, y el *asherah* cananeo probablemente adoptara un estilo asirio tan pronto como en el siglo IX a.C., cuando Asiria se había convertido en la potencia política y militar dominante de Asia occidental.

La última mención del *asherah* y el *massebah* en un mismo contexto aparece en el Libro de Miqueas. El profeta menor Miqueas, que vivió desde aproximadamente 740 hasta 697 a.C., se mostró particularmente hostil hacia los adoradores del *asherah* y fue un entusiasta de la idea del castigo divino.

> Y arrancaré de en medio de ti tus bosques profanos, y reduciré a polvo tus ciudades. Y con furor e indignación ejerceré mi venganza en todas las gentes que no han escuchado mi voz.
> [Mi. 5,13-14]

Cabe recabar otros pocos fragmentos de información pertinente sobre el *asherah* en fuentes no judías. En la leyenda hetea de Telepinu, el dios de la fertilidad desaparecido, se levantaba ante él un *asherah* de hoja perenne engalanado con ofrendas, y esta idea de decorar el objeto parece haber sido la convención en gran parte de Oriente Próximo. Resulta intrigante descubrir que tal práctica también fue copiada en Jerusalén. En tiempos de las reformas de Josías, el escritor del Antiguo Testamento presenta la imagen de un grupo de devotas del culto sentadas a las puertas del Templo tejiendo adornos de colores para el *asherah*.

> Asimismo, destruyó las casillas o pabellones de los afeminados, que se habían formado en la casa del Señor, para quienes las mujeres tejían unos como pabellones al servicio del ídolo del bosque. [2 R. 23, 7]

En el Antiguo Testamento el ritual pagano asociado con el *asherah* y el *massebah* nunca se describe de forma pormenorizada, pero éstos eran símbolos de la fertilidad y, tal como se explicará con más detalle, los ritos de cananeos, asirios y babilonios incluían actividad sexual. Un rasgo esencial de la queja contra los cultos importados del extranjero, a menudo disimulado con eufemismos o vagas generalidades, es el sexo ritual. La vaguedad tras la que se parapetan los escritores queda perfectamente resumida en los comentarios de dos profetas, Ezequiel y Oseas.

> Hubo dos mujeres hijas de una misma madre, las cuales [...] se prostituyeron en su mocedad; allí perdieron su honor, y fueron desfloradas al entrar en la pubertad. Llamábanse la mayor Oola, y la hermana menor Oliva. Me desposé con ellas, y parieron hijos e hijas. Por lo que hace a sus nombres, Oola es Samaria, y Oliva es Jerusalén. Oola, pues, me fue infiel y perdió el juicio yéndose tras de sus amantes los asirios, sus vecinos.
> [Ez. 23, 2 y ss.]

> Han ofrecido sacrificios sobre las cimas de los montes, y sobre los collados quemaban el timiama y debajo de la encina, y del álamo, y del terebinto, por serles grata su sombra: por eso vuestras hijas darán al traste con su honor, y serán adúlteras vuestras esposas. [Os. 4, 13]

El profeta Jeremías fue más concreto en su acusación, aludiendo al «adulterio con piedras y con leños». En el contexto del culto, «piedra» sólo puede ser el *massebah*, la representación del dios de la fertilidad. «Leño» se usa de dos maneras en el Antiguo Testamento: para describir un dispositivo que sujetaba a los criminales o, tal como se aplica en este caso, para designar un tocón de madera, en otras palabras, un eufemismo para el *asherah* de la diosa. Por lo tanto, Jeremías se queja del trato sexual en asociación con el *masherah* y el *massebah* de los «lugares altos».

> Y su hermana Judá la prevaricadora vio que por haber sido adúltera la rebelde Israel yo la había desechado, y dado libelo de

repudio; y no por eso se amedrentó su hermana la prevaricadora Judá, sino que se fue e idolatró también ella. Y con la frecuencia de sus adulterios o idolatrías contaminó toda la tierra, idolatrando con las piedras y con los leños. [Jer. 3, 8-9]

En los ritos de la fertilidad de los asirios, a quienes se refiere Ezequiel, participaban sacerdotisas que servían como prostitutas sagradas, y las fuentes literarias mesopotámicas dan una detallada descripción de estos ritos (que investigaremos brevemente). Se parecen mucho a ceremonias descritas en documentos cananeos y es lógico suponer, partiendo del énfasis bíblico sobre los israelitas «que seguían» las tradiciones de los países paganos que los rodeaban, que esos mismos ritos fueron copiados por los israelitas, en cuyo caso comprendían prácticas de prostitución ritual.

En la sociedad judía de los tiempos bíblicos la prostitución no era tal como puede parecer tras una lectura superficial de los textos del Antiguo Testamento. Sin embargo, constituye una parte crucial de la investigación sobre María. La ley mosaica trazaba una frontera difusa entre dos áreas de conducta sexual incorrecta, como eran el adulterio y la prostitución, y las circunstancias solían causar confusión. La ley prohibía la actividad de las rameras y los hijos del comercio de una de éstas se veían privados de los derechos hereditarios normales. Tal como lo expresó el historiador judío Filo en el siglo II:

> Según los mandamientos de las Sagradas Escrituras la constitución de la ley no admite a las rameras; pues son personas alejadas del orden, la modestia y la castidad.
>
> [Filo, *De Specialibus Legibus* III, 51]

De todas maneras las prostitutas profesionales en realidad eran tratadas con mucho más respeto que en la actualidad. Ir de putas era una actividad muy extendida y por lo general vista con buenos ojos entre las masas populares judías. En la polígama sociedad israelita, los miembros más poderosos de la clase dirigente solían poseer varias consortes, y existen numerosos documentos sobre hombres que tomaron a prostitutas como esposas o concubinas. Una hija también podía ser explotada como prostituta para aliviar la pobreza del padre, lo que abría el camino a fáciles iniciativas comerciales. Una esposa estéril podía entregar sin problemas una sirvienta, de hecho concubina, a su marido con el propósito de que le diera hijos. Con esta condición Raquel entregó Bila a Jacob [Gn. 30, 9]. La concubina renunció a todos los derechos sobre el hijo de esa unión, el cual devino, ante los ojos de la ley, el hijo legítimo de la madre adoptiva.

Los problemas surgían cuando una esposa, o incluso una prometida, era sospechosa de mala conducta sexual. Una mujer que acudiera al lecho de su marido la noche de bodas debía demostrar su virginidad mediante inspección de las sábanas a la mañana siguiente, y se ganaba la acusación de adulterio si no lo lograba. Uno de los puntos flacos del aparato legal hebreo patriarcal era que un marido podía tener relación con una mujer soltera sin censura, pero una mujer casada que cometiera el mismo acto era considerada culpable de un crimen tan grave que exigía la aplicación automática de la pena de muerte.

> Mas si es verdad lo que le imputa, y la muchacha no fue hallada virgen, la echarán fuera de la casa de su padre, y morirá apedreada por los vecinos de aquella ciudad, por haber hecho tan detestable cosa en Israel, pecando o prostituyéndose en casa de su mismo padre. [Dt. 22, 20-21].

La fina línea divisoria entre el adulterio y la prostitución queda clara en la enmarañada relación de Tamar y el patriarca Judá, descrita en el Libro del Génesis. Tamar, de quien se piensa que fue una cananea, se convirtió en la esposa del primogénito de Judá, Her. Cuando Her murió prematuramente por haber sido «malvado a la vista de Dios», fue responsabilidad de su hermano menor, Onán, el tener hijos con Tamar en cumplimiento de una ley conocida como Levirato, la obligación que recae en un hombre de casarse con la viuda sin hijos de su hermano. Por razones no explicadas, Onán declinó su deber y Tamar fue requerida a «permanecer viuda en casa de su padre». Ella no tenía intención de quedar vulnerable como mujer sin hijos de modo que urdió un plan para quedar embarazada de Judá. Disfrazada de prostituta, con el rostro velado y por tanto anónima según la convención israelita, ocupó su puesto en una encrucijada, el lugar tradicional donde las cortesanas ejercían su oficio.

> La cual [Tamar], depuesto el traje de viuda, tomó un manto o manta grande, y mudando de traje, sentóse en la encrucijada del camino que va a Tamnas [...] Judá, luego que la vio, sospechó que era una mujer pública; porque se había cubierto el rostro para no ser conocida. [Gn. 38, 14]

El *affaire* se consumó sin inconvenientes, pero Tamar, conocedora de las implicaciones legales que le acarrearía el quedar embarazada, se aseguró el tanto haciéndose con algunos efectos personales de Judá, como su sello, unos brazaletes y un cayado. Estuvo muy acertada, porque en cuanto Tamar ya no pudo disimular su preñez, Judá la acusó de adulterio y la condenó a muerte. Sólo consiguió el indulto una vez que hubo mostrado las pruebas para identificar al padre de la criatura.

La cortesana comercial no era, sin embargo, la única clase de prostituta de la sociedad israelita. Los traductores de la Biblia del rey Jacobo emplearon la palabra «ramera» indiscriminadamente y, al hacerlo, a veces distorsionaron el sentido del original. El incidente de Tamar incluye dos términos distintos en el original hebreo. Al explicar cómo Tamar se ofreció a Judá, el escriba empleó la palabra *zona*, que designa a la profesional que acepta pago por sus servicios sexuales, o quizás a una mujer que ha mantenido relaciones sexuales antes del matrimonio. Ahora bien, la palabra que el escriba pone en boca del amigo de Judá, Hiram el Adulamita, cuando investiga a la misteriosa mujer con la que se acostó Judá, es *qdesha*.

Qdesha aparece en los textos del Antiguo Testamento en un reducido número de casos, mientras que *zona* es más común, y la diferencia entre ambas se resume sucintamente en el Libro de Oseas.

> No castigaré a vuestras hijas cuando hayan pecado, ni a vuestras esposas cuando hayan cometido adulterio; pues que los mismos padres y esposos tienen trato con las rameras *[zonim]* y van a ofrecer sacrificios con los hombres afeminados y corrompidos *[qadesot]*. [Os. 4, 14]

Los escritores del Antiguo Testamento fueron tan reacios al uso del término *qdesha*, que sólo aparece en unos pocos casos. Tal palabra se aplica a Tamar en Génesis 38. Se menciona en relación con la prohibición de financiar templos con los beneficios de las prostitutas en Deuteronomio 23. Describe a la esposa de Oseas, Gomer, en Oseas 1.

Qdesha es un préstamo del mesopotámico *qadistu* y se refiere a una sacerdotisa del templo. Uno de los aspectos centrales del culto mesopotámico era honrar a Ishtar, la diosa de la fertilidad. En sus templos servían mujeres devotas que satisfacían sus necesidades cotidianas y algunas de las cuales participaban en su rito más sagrado, el Matrimonio. Las responsabilidades asumidas por estas mujeres se detallan en los Códigos Legales Mesopotámicos. En síntesis, eran requeridas para interpretar a la *diva* de la fertilidad en dramas con una fuerte carga sexual, obras que alentaban la imitación divina con vistas a salvaguardar la prosperidad y la fecundidad del mundo natural.

Los escritores del Antiguo Testamento quizás eludieron el término *qdesha* salvo por implicación. Una referencia muy probable emerge hacia el final del Éxodo cuando el artesano Bezalel está construyendo el altar de Yahvé.

> Fabricó también la concha de bronce con su basa y la hizo de los espejos de acero que ofrecieron las piadosas mujeres que hacían la vela en la puerta del Tabernáculo. [Éx. 38, 8]

La descripción de mujeres tejiendo colgaduras para el *asherah* en 2 Reyes puede que aluda asimismo a devotas de la diosa. Cabe deducir de ello que era corriente ver sacerdotisas en Jerusalén, al menos durante una parte del periodo de la realeza.

En ese contexto, Judá, el patriarca hebreo, habló de una cortesana comercial, puesto que tener trato con una prostituta sagrada era inadmisible para él, pero Hiram, un hombre de cultura pagana cananea, se refirió a Tamar como sacerdotisa. El término de Hiram, como pronto descubriremos, probablemente fuese más próximo a la verdad y por este motivo el incidente de Judá y Tamar sigue siendo políticamente delicado para los judíos de la actualidad. Es uno de los cuatro únicos pasajes del canon que la Mishná ordena sean leídos en la sinagoga en hebreo en lugar del más conocido arameo.

Los escribas del Antiguo Testamento carecían de una palabra para designar a una sacerdotisa, puesto que tales personas oficialmente no existían bajo la ley mosaica. Necesitaban diferenciarla de una *zona* pero la palabra *qdesha* resultaba problemática porque significa, sencillamente, «santa mujer», un término poco preciso que técnicamente podía incluir a devotas sin ninguna relación con la prostitución. Por lo general, los escritores parecen haber utilizado *qdesha* como un eufemismo cuando querían identificar a mujeres iniciadas como prostitutas sagradas o del templo; la Versión Revisada de la Biblia en inglés traduce *qdesha* más abiertamente que el rey Jacobo como «prostituta litúrgica». La distinción entre la prostituta comercial y la religiosa deviene prácticamente imposible en el Nuevo Testamento, dado que los textos y sus primeras copias fueron escritos en griego, lengua que sólo reconocía la palabra *porne*, que designaba a las mujeres que tenían trato sexual extramatrimonial por dinero.

La postura legal mosaica ante las prostitutas sagradas era muy distinta de la de Mesopotamia, en cuyo Código Legal de Hammurabi se fundamentaba gran parte de la legislación hebrea. En casi todo el antiguo Oriente Próximo la prostitución religiosa era reconocida legalmente, pero para la ley judía constituía anatema. Sin embargo, a la vista de los vigorosos esfuerzos por suprimirlas, y a pesar de la negación general, las sacerdotisas litúrgicas fueron reconocidas durante largos periodos de la historia judía. De las amonestaciones contenidas en los Salmos de Salomón (texto del siglo I a.C. obra de un grupo de judíos devotos para responder a la toma de Jerusalén por parte de los romanos) y en la Mishná se desprende con la misma claridad que la vocación perduró hasta bien entrado el siglo I.

En tiempos anteriores al Exilio, las prohibiciones contra la *qdesha* incluían el rechazo de todo beneficio monetario entregado como donativo al templo.

> No haya entre las hijas de Israel ninguna ramera; ni hombre fornicador entre los hijos de Israel. No ofrecerás en la casa de tu Señor Dios para cumplir cualquier voto que hayas hecho, la paga de la prostitución ni el precio del perro *[keleb]*, por ser uno y otro abominables en la presencia del Señor Dios tuyo.
>
> [Dt. 23, 17-18]

> No prostituyas a tu hija, para que no se contamine la tierra y se llene de maldad. [Lv. 19, 29]

A pesar del rechazo oficial, la *qdesha* fue objeto de reconocimiento bíblico desde tiempos tan remotos como los de Samuel, cuando Helí, uno de los últimos Jueces menores, era sumo sacerdote del santuario de Silo.

> Helí, empero, era muy viejo; y llegó a saber el modo de portarse de sus hijos con todo el pueblo; y que dormían con las mujeres que venían a velar y orar en la puerta del Tabernáculo.
>
> [1 S. 2, 22]

En la prostitución ritual en el Jerusalén anterior al Exilio participaban tanto hombres como mujeres. El devoto descrito en el Deuteronomio debería calificarse correctamente como *qadesh*, pero el escritor es lo bastante despectivo como para llamarle *keleb* o perro. En la Biblia del rey Jacobo *qadesh* se convierte en «sodomita», mientras que en la Versión Revisada se traduce como «prostituto del culto». De vez en cuando hay desacuerdo a propósito del significado: en la traducción griega septuaginta del Libro de Job [36, 14], fechada en el siglo III a.C., *qedeshim* (plural) se convierte en «ángeles», mientras que Jerónimo, el autor de la Vulgata Latina de finales del siglo IV, se refiere a ellos como «afeminados».

La frecuencia de los ataques verbales contra los ritos de la fertilidad por parte de los escritores del Antiguo Testamento rebate cualquier pretensión de que se tratara de aberraciones marginales. Hallamos encendidas críticas en el Pentateuco, pero las acusaciones se repiten en los libros de los Jueces, de Samuel y de los Reyes, así como en los más tardíos de las Crónicas. Éstas se dirigen por lo general contra israelitas que consienten en mantener relaciones sexuales con sus vecinos extranjeros y, debido a antiguas enemistades, suele señalarse a los egipcios, en ocasiones con cierta envidia masculina.

> En este tiempo estaba Israel acampado en Setim, y el pueblo prevaricó con las hijas de Moab [...] e Israel se consagró a Baalfegor, por lo que el Señor se enojó con Israel.
>
> [Nm. 25, 1 y ss.]

> Mas abandonaron al Dios de sus padres, e idolatraron yendo en pos de los dioses de aquellas naciones, a las cuales el mismo Dios había destruido después que llegaron. [1 C. 5, 25]

> Y pecaste con los hijos de Egipto, vecinos tuyos, muy corpulentos, multiplicando así las idolatrías para irritarme.
>
> [Ez. 16, 26]

Los matrimonios mixtos con extranjeros eran vistos por los ancianos de las tribus como una puerta abierta al «paganismo de dormitorio» y se introdujo una legislación para poner freno a tales uniones aunque no se llegó a su prohibición absoluta. El Libro de los Números [36, 1-12] probablemente sea el que refleja esta postura más fielmente cuando discrimina a las herederas que se casan fuera de sus propias tribus, pero esta limitación no fue ampliamente pregonada y puede que la ley, en ocasiones, se interpretara con exceso de celo para desalentar los matrimonios con extranjeros. El Deuteronomio [7, 3-4] rechaza de forma explícita semejantes contratos, tanto si la novia era heredera como si no. El Éxodo [34, 15-16] y Josué [23, 12-13], sin llegar a una rotunda condena, hacen la nada halagüeña advertencia de que los hijos de Israel que tomen esposa extranjera corren el riesgo de ser seducidos a adorar a dioses extranjeros. Tan tarde como en el siglo II a.C., el autor judío palestino del Libro de Jubileos, compilado a modo de relato retrospectivo de las órdenes que Dios transmitió a Moisés, sostenía que la alianza requería una prohibición más general.

> Y si hay algún hombre en Israel deseoso de entregar su hija o su hermana a cualquier hombre que proceda de la progenie de los Gentiles, que halle la muerte, y que sea lapidado porque ha causado vergüenza a Israel. Y también la mujer será quemada con fuego porque ha mancillado el nombre de la casa de su padre y así quedará desarraigada de Israel. [Jubileos 30, 7]

En la práctica, los padres israelitas corrientes no tenían ningún reparo en que sus hijas se casaran con extranjeros. Tales matrimonios solían traer aparejada la recompensa de establecer vínculos con familias acomodadas y mejoraban las relaciones diplomáticas. En cualquier caso, los Patriarcas habían establecido un oportuno precedente. Rubén se había casado con una cananea llamada Ada, Simeón se unió en matrimonio con otra cananea llamada Adiba'a, Leví esposó a una aramea, Melka, y Judá tomó por esposa a una cananea llamada Betasu'el. Ahora bien, los matrimonios mixtos también allanaban el camino para que las prácticas religiosas extranjeras se fusionaran con bastante facilidad con aquellas de la Alianza Mosaica.

> Así, pues, los hijos de Israel habitaron en medio del cananeo, y del heteo, y del amorreo, y del fereceo, y del heveo y del jebuseo, y se casaron con sus hijas, y dieron las suyas a los hijos de ellos, y sirvieron a sus dioses. [Jue. 3, 5-7]

Para cuando Asiria conquistó Israel en 722 a.C., la conducta sexual que suscitaba la objeción de los miembros del consejo ya no comprendía sólo a las mujeres extranjeras. Gran parte de esa importunidad tenía lugar entre conciudadanos israelitas y, tanto si cruzaba líneas divisorias étnicas o culturales como si no, fue considerada la causa principal del declive de Israel.

> Y el Señor dijo también: Por cuanto se han empinado las hijas de Sión, y andan paseando con el cuello erguido, guiñando con los ojos, y haciendo gestos con sus manos y ruido con sus pies, y caminan con pasos afectados: raerá el Señor la cabeza de las hijas de Sión, y las despojará de sus cabellos [«desnudará sus partes íntimas», en hebreo]. [Is. 3, 16-17]

Miqueas, quien probablemente fue contemporáneo de Isaías en el siglo VIII a.C., no abrigaba la menor duda acerca de que la prostitución religiosa vinculada a la apostasía, particularmente en el norte, era la principal culpable.

> Todo esto por culpa de la maldad de Jacob, y por los pecados de la casa de Israel. ¿Y cuál es la maldad de Jacob, sino las idolatrías de Samaria? ¿Y cuáles los lugares excelsos de Judá, sino los de Jerusalén? Por lo tanto, pondré a Samaria como un montón de piedras en el campo cuando se planta una viña; y arrojaré sus piedras en el valle, y descubriré hasta sus cimientos. Y

serán destrozados todos sus simulacros, y arrojadas al fuego todas sus riquezas, y yo destruiré todos sus ídolos; porque todos sus bienes los ha juntado Samaria con el precio de la prostitución, y precio de meretriz volverán a ser. [Mi. 1, 5-7]

Durante el reinado de Jeroboam II, en la segunda mitad del siglo VIII a.C., Oseas, otro profeta menor, compartía puntos de vista similares.

El Señor comenzó a hablar a Oseas, y le dijo: Anda, cásate con una mujer ramera y ten hijos de fornicación; porque la tierra de Israel no ha de cesar de fornicar o idolatrar contra el Señor. Fue, pues, y se casó con Gomer, hija de Debelaím; la cual concibió y le dio a luz a un hijo. Y dijo el Señor a Oseas: Ponle de nombre Jezrael; porque dentro de poco yo tomaré venganza de la casa de Jehú por la sangre que ha derramado en la ciudad de Jezrael, y acabaré con el trono de la casa de Israel. [Os. 1, 2-4]

Dios había ordenado a Oseas que redimiera a su esposa Gomer de la prostitución, y es harto probable que ella fuese una *qdesha*, puesto que Oseas es uno de los pocos escritores del Antiguo Testamento que utiliza el término explícitamente. Hace reiteradas alusiones a la devoción de Gomer para con Baal y a las recompensas obtenidas por sus servicios en el culto cananeo del dios.

Y no sabía ella que fui yo quien le dio el trigo, y el vino, y el aceite, y el que le dio la abundancia de plata y de oro que ofrecieron a Baal. [...] Y ejerceré en ella mi venganza por los días que sirvió a Baalim, en los cuales le ofrecía incienso, y se ataviaba con sus zarcillos y con sus galas, e iba en pos de sus amantes, y se olvidaba de mí, dice el Señor. [Os. 2,8-13]

La prostitución ritual proporcionó vitriólicos argumentos a las plumas de otros escritores durante y después del Exilio. Ezequiel, menospreciando la conducta de ambos reinos, reservó sus más encendidas críticas para la prostitución religiosa en el norte.

> Hubo dos mujeres hijas de una misma madre, las cuales se prostituyeron estando en Egipto; se prostituyeron en su mocedad; allí perdieron su honor, y fueron desfloradas al entrar en la pubertad. Llamábanse la mayor Oola, y la hermana menor Oliva. Me desposé con ellas, y parieron hijos e hijas. Por lo que hace a sus nombres, Oola es Samaria, y Oliva es Jerusalén. Oola, pues, me fue infiel, y perdió el juicio yéndose tras de sus amantes los asirios, sus vecinos. [Ez. 23, 2-5]

Aunque la constancia escrita del culto en el norte se interrumpe de forma abrupta tras la conquista asiria de 722 a.C., las pruebas de apostasía y de la prostitución con que se asociaba continuaron en el estado de Judá. Hay reiteradas pruebas bíblicas de que el *asherah* estuvo instalado en el Templo de Jerusalén durante largos periodos entre la ascensión al trono de Salomón, hacia 970 a.C., y la deportación de Zedequías a Babilonia, en 598 a.C. Dondequiera que se erigiese el *asherah* en el antiguo Oriente Próximo, su propia naturaleza como encarnación de la diosa de la fertilidad sin duda requería la presencia de sacerdotisas.

Entre los soberanos paganos más extremos de Judá estuvo Manasés, el sucesor de uno de los reyes reformistas, Ezequías.

> Y volvió a reedificar los lugares excelsos, derribados por su padre Exequias, y erigió altares a Baal, y plantó bosques en honor suyo, como había hecho Acab, rey de Israel, y adoró todos los astros del cielo y les rindió culto. Y erigió altares profanos en la casa del Señor, de la cual el Señor había dicho: Estableceré mi nombre en Jerusalén; y en los dos atrios del templo del Señor edificó altares a todos los astros del cielo. [2 R. 21, 3-5]

El reinado de Manasés fue tan controvertido que éste no escapó a la desaprobación en las Crónicas. Comparados con los de los Reyes, estos documentos son mucho menos severos en su crítica de las prácticas paganas.

> Y restableció [Manasés] los adoratorios en los lugares altos, demolidos por su padre Ezequías; y erigió altares a los Baales o ídolos, y plantó arboledas en honor suyo, y adoró a toda la milicia del cielo, y rindióle culto. Fabricó también altares en la casa del Señor, de la cual tenía el Señor dicho: en Jerusalén se invocará mi nombre eternamente. Y estos altares los erigió a todo el ejército del cielo en los atrios del templo del Señor.
> [2 C. 33, 3-5]

La dirección religiosa de Judá cambiaba constantemente de rumbo. Cuando en 640 a.C. Josías accedió al trono judaíta que ocupó Amón en su corta vida como sucesor pagano de Manasés, intentó reformar el país, una vez más, de vuelta al yahveísmo.

> Al mismo tiempo mandó el rey al pontífice Helcías y a los sacerdotes del segundo orden, y a los porteros que arrojasen del templo del Señor todos los vasos o alhajas consagradas a Baal, y al ídolo del bosque, y a todos los astros del cielo [...] Y exterminó los agoreros, instituidos por los reyes de Judá en las ciudades de Judá y alrededores de Jerusalén para sacrificar en los lugares altos. [2 R. 23, 4 y ss.]

Ahora bien, los cambios de Josías resultaron tan poco populares como los de Ezequías. Judá se encontró con una creciente presión extranjera ejercida por Mesopotamia y, para cuando Zedequías subió al trono, la apostasía ya se había vuelto crónica en el sur, tal como lo había sido en el norte antes de que éste perdiera la independencia.

> Igualmente, todos los príncipes de los sacerdotes y el pueblo prevaricaron también impíamente, imitando todas las abominaciones de los gentiles, y profanaron el templo del Señor, que él se había consagrado para sí en Jerusalén. [...] Mas ellos se

mofaban de los enviados de Dios, ni hacían caso alguno de sus palabras, e insultaban a los profetas, hasta que descargó el furor del Señor sobre su pueblo, y no hubo ya remedio.

[2 C. 36, 14 y ss.]

Así estaban las cosas mientras la influencia asiria decrecía y Judá se enfrentaba a la tiranía de un nuevo vecino ansioso de poder, Babilonia. El paganismo, y en particular el culto a la fertilidad de la diosa madre, llevaba camino de seguir abarcando todos los estratos de la sociedad judía.

4

El Exilio

La mayor influencia sobre los israelitas que vivieron en los siglos posteriores al desmoronamiento del poder asirio sería la de los neobabilonios, la segunda dinastía babilónica instaurada en 614 a.C. cuando Ciajares el Medo marchó sobre Asiria, seguido por Nabopolasar, el rey de Babilonia. Éste y Ciajares firmaron un tratado por el que dos años después la capital asiria de Nínive se vio reducida a escombros. Si existe un nombre que por sí solo personifique la idolatría y el esplendor pagano del antiguo Oriente Próximo, sin duda es el de Babilonia, palabra acadia que significa «puerta de Dios». En 586 a.C., después que Zedequías se hubiese rebelado contra el nuevo hombre fuerte babilónico, Nabucodonosor II, Jerusalén fue sitiada. Cuando cayó, Nabucodonosor llevó a los miembros más ancianos del clero a un pueblo llamado Ribla y los ejecutó. Jerusalén fue totalmente destruida según sus órdenes y el resto de la elite israelita, incluidos los altos cargos que quedaban del clero, los sadoquitas, fue enviada a pudrirse en Babilonia. Sólo los judaítas más pobres permanecieron como arrendatarios de la «Tierra Prometida».

¿Qué pensaron en realidad los judíos de a pie sobre todos estos trascendentales y traumáticos acontecimientos? El asunto es importante porque el cambio de su sino influyó sobre sus creencias. La religión no era el culto abstracto y encasillado en que se ha convertido en el mundo moderno sino una fe que englobaba toda una forma de vida, y nos encontramos con que las gentes reaccionaron de maneras distintas. La hipocresía yahveísta, promovida por dirigentes religiosos como Ezequiel y Jeremías, achacaba los problemas de los judíos a sus pecados de idolatría del pasado y, en particular, a los cuarenta y cinco años de paganismo de Manasés. Los patriarcas yahveístas se hicieron fuertes en la opinión de que la maldición de la subyugación había recaído sobre ellos por haber pecado sistemáticamente contra su Dios.

> Y así os arrojaré de esta tierra a otra desconocida de vosotros y de vuestros padres; donde día y noche serviréis a dioses ajenos, que nunca os dejarán en reposo. [Jer. 16, 13]

> El pecado de Judá está escrito con punzón de hierro, y grabado con punta de diamante sobre la tabla de su corazón, y en los lados de sus sacrílegos altares. Ya que sus hijos se han acordado de sus altares, y de sus bosques, y de los árboles frondosos que hay en los altos montes. [Jer. 17, 1-2]

Otros, no obstante, llegaron a una conclusión distinta sobre las causas fundamentales del éxito y el fracaso nacionales. Dado que las dos potencias dominantes en la región, los asirios y sus sucesores babilónicos, consideraban el rechazo de sus deidades por parte de los estados vasallos, incluidos Judá e Israel, como actos de rebeldía, los periodos de represión y penurias en Judá habían tendido a coincidir con las reformas contra la idolatría pagana. El yahveísmo de línea dura era visto en los centros del poder mesopotámico como el motor de la sublevación de un pueblo que ya se había granjeado desde tiempo atrás la reputación de estar siempre dando la lata. Así pues, fue combatido con severidad. Hacia 704 a.C., Senaquerib, el déspota asirio, envió un mensaje espeluznante al rey judaíta reformista, Ezequías, tras lo cual tomó cuarenta y seis ciudades de Judá.

> Esto diréis a Ezequías, rey de Judá: No te dejes engañar del Señor Dios tuyo, en quien pones tu confianza; y no digas: Jerusalén no será entregada en poder del rey de los asirios; ya que tú mismo has oído lo que han hecho los reyes de los asirios en todos los demás países, y cómo los han asolado.
>
> [2 R. 19, 10-11]

Los periodos en los que el culto y los santuarios paganos fueron gratos a los soberanos judaítas, probablemente tanto por conveniencia política como por cualquier convicción puramente religiosa, se caracterizaron, en cambio, por una relativa paz y prosperidad. El reinado de Jeroboam, dos siglos antes que el de Ezequías, vio florecer la idolatría en el reino del norte. También fue un reinado de crecimiento económico y prosperidad. Josías, otro yahveísta acérrimo, heredó una considerable estabilidad y prosperidad económicas de su predecesor pagano Manasés. La última época del reinado de Josías, no obstante, conoció convulsiones y cambios que culminaron en su muerte cerca de Megido a manos de los egipcios durante una de sus periódicas y agresivas incursiones en Palestina. Para un pueblo esencialmente supersticioso, que ya había sucumbido a los atractivos del culto y los ideales paganos, el mensaje de la historia distaba mucho de estar claro.

Incluso Jeremías, tragándose lo que sin duda fue una amarga píldora para él, se vio obligado a referir la actitud desafiante de las gentes de a pie, quienes creían precisamente lo *contrario* del argumento de que el yahveísmo era el camino hacia la salvación.

> Haremos absolutamente todo cuanto nos pareciere bien; y ofreceremos sacrificios y libaciones a Diana, la reina del cielo, conforme lo hemos practicado nosotros, y nuestros padres, y nuestros reyes, y nuestros príncipes en las ciudades de Judá, y en las plazas de Jerusalén; con lo cual tuvimos abundancia de pan y fuimos felices, y no vimos ninguna aflicción. Desde aquel tiempo, empero, en que dejamos de ofrecer sacrificios y libaciones a la reina del cielo, estamos faltos de todo, y nos vemos con-

sumidos por la espada y por el hambre. Y si nosotras ofrecemos sacrificios y libaciones a la reina del cielo, ¿por ventura le hemos hecho la ofrenda de las tortas, para tributarla culto, y ofrecerle libaciones, sin consentimiento de nuestros maridos?

[Jer. 44, 17-19]

La historia del Antiguo Testamento revela detalles sorprendentes y aleccionadores sobre el legado cultural que heredaron los antepasados más recientes de María y sobre el grado en que el paganismo había atraído a los hebreos de toda clase y condición.

Una examen minucioso de los testimonios que se detallan en 1 y 2 Reyes y en 1 y 2 Crónicas revela las estadísticas de las inclinaciones paganas durante el periodo de las monarquías en los dos reinos de Judá e Israel, a partir del reinado de David. En el norte, aunque la identidad y la integridad nacionales fueron comparativamente efímeras, el estado disidente de Israel nunca fue clara e inequívocamente yahveísta sino que optó por el sincretismo desde su fundación en tiempos de Jeroboam hasta su conquista por parte de Asiria. Entonces el culto a Ishtar pasó a ser obligatorio, y ejerció una influencia cada vez más acusada sobre el sur a partir del siglo IX a.C. y en adelante.

En el estado sureño de Judá la monarquía se prolongó durante veintitrés reinados, desde Saúl, a mediados o finales del siglo XI a.C., hasta Zedequías. De entre los soberanos judaítas sólo seis, nos informan los cronistas del Antiguo Testamento, fueron yahveístas comprometidos (David, Asá, Josafat, Ezequías, Josías y Joacaz), poco más de un tercio del periodo global de monarquía en Judá. Con la discutible excepción de Saúl, otros como Salomón, Rejeboam, Abiam, Joás, Amasías, Usías y Jotam fueron ambivalentes, pues o bien permitieron abiertamente las prácticas paganas en Jerusalén o bien se convirtieron al paganismo durante sus reinados. Los nueve reyes restantes, Jehoram, Ococías, Atalía (la madre de Ococías que devino regente), Acaz, Manasés, Amón, Joaquín, Jeconías y

Zedequías, fueron idólatras a carta cabal. Por consiguiente, el paganismo prevaleció en Jerusalén, a título oficial, durante al menos doscientos cincuenta y seis de los aproximadamente cuatrocientos veinticinco años de gobierno de los reyes.

Con el exilio a Babilonia nuestras fuentes cambian. Los libros del Antiguo Testamento pueden separarse en tres secciones principales. La primera, que comprende el Pentateuco (Génesis, Éxodo, Levítico, Números y Deuteronomio) y otras pocas obras relacionadas como Josué y Jueces, cubre eficazmente la «era romántica» de la historia israelita hasta el fallecimiento de Saúl. La historia política desde la ascensión de David hasta el Exilio babilónico documentada de forma más realista está contenida mayormente en los libros de los Reyes y las Crónicas. A partir del Exilio, no obstante, la situación depende más de la retórica de profetas del Exilio y posteriores como Ezequiel y Jeremías y, por consiguiente, resulta más incierta.

Estas últimas escrituras revelan que, aparte de los estratos más bajos de la sociedad, un importante grupo permaneció en Palestina, parte de la tribu sacerdotal de Leví, que mantuvo la apariencia de una vida religiosa yahveísta. En cuanto al resto de la población, sin duda continuó con su culto en los «lugares altos» que se habían vuelto a abrir tras el fracaso de las reformas de Josías. Tal situación queda clara en las escrituras de Jeremías. La molesta mezcla de yahveísmo y paganismo estaba llamada a continuar en lo que quedaba de Judá, tal como lo había hecho en los siglos pasados.

Mientras tanto, el grueso de los judaítas fue obligado a establecerse a orillas del río Chebar, cerca de la ciudad de Nippur, donde permaneció durante cuarenta y siete años hasta que, en 539 a.C., la invasión de los ejércitos persas de Ciro el Grande puso fin a la hegemonía babilónica. Durante medio siglo, no obstante, se crearon vínculos entre los exilados en sus recién formadas sinagogas y los babilonios paganos. Como consecuencia, muchos expatriados probablemente llegaron a ver la destrucción del Templo de Jerusalén y la subsiguiente pérdida de independencia no tanto como un castigo de Yahvé sino más bien como prueba de la superioridad de las tropas celestiales de Babilonia.

Durante los años de cautiverio también aumentaron las diferencias internas entre las órdenes religiosas judías. Mucho antes del Exilio, se habían trazado líneas divisorias entre los levitas, quienes habían sido los primeros dirigentes religiosos designados bajo Aarón, y la poderosa familia sadoquita, que ahora dominaba el sacerdocio. Los sadoquitas administraban el sacrificio mientras que los levitas se habían visto relegados en su mayoría a tareas de baja categoría, entre otras razones por el recuerdo de un *faux pas* que siglos atrás cometieran en el Sinaí. Aburridos de esperar a que Moisés bajara de su cita con Dios en la montaña, los israelitas habían caído en la forma más descarada de apostasía al animar a Aarón a fundir un becerro de oro como ídolo que sería llevado en procesión abriendo la marcha hacia la Tierra Prometida. Aarón no había sido olvidado ni perdonado por la nueva casta sacerdotal.

El paganismo estaba llamado a continuar en el estado de Judea posterior al Exilio. Cuando los hebreos por fin fueron liberados, siendo ya conocidos como judíos, Ciro les permitió regresar a Jerusalén para iniciar lo que ha dado en llamarse el Segundo Templo o periodo de restauración bajo su patrocinio. Al principio parecieron resueltos a no volver a las costumbres paganas. Ahora bien, si examinamos detenidamente los comentarios de algunos escritores posteriores al Exilio, descubrimos reveladores indicios de que no todas las cosas eran como los yahveístas de línea dura hubiesen deseado. Puesto que muchos decidieron permanecer en su país adoptivo como parte de la primera *diáspora* judía, aquellos que regresaron fueron sólo una minoría de los judíos babilonios deportados. Formaban parte del grupo de la restauración escasísimos levitas, quizá poco animados a regresar a la patria debido a la discriminación en favor de los sacerdotes. Por otra parte, las caravanas con destino al oeste estaban formadas por las cuatro familias sadoquitas que constituirían el núcleo del

Gobierno de reconstrucción en Jerusalén. Estas familias, junto con otros miembros de la elite desplazada, estaban familiarizadas desde hacía varias décadas con las tradiciones de Babilonia. Dichas tradiciones comprendían el gobierno de reyes-dioses, los festivales mesopotámicos de muerte y renovación que se celebraban todos los años en primavera y los «matrimonios sagrados», que constituían el punto álgido del culto a la fertilidad, concebidos para asegurar la continuada fecundidad de la tierra, su ganado y sus gentes. Fue inevitable que al menos algunos individuos no escaparan de enamorarse de la religión babilónica.

Un aspecto del culto babilónico con el que los exiliados habrían tenido un contacto directo fue la prostituta sagrada, la sacerdotisa del culto a la fertilidad. Puesto que la *qdesha* hebrea sólo puede haber sido copiada del modelo cananeo o mesopotámico, la función y posición de la sacerdotisa babilónica en la sociedad abre una ventana de vital importancia sobre el trasfondo cultural de María.

El sistema legal mesopotámico concedía a las prostitutas sagradas una credibilidad mucho mayor y aunque gran parte del mundo semítico decidió suprimir progresivamente la actividad de tales mujeres, los documentos legales babilónicos indican que su profesión siguió vigente al menos hasta principios de la era cristiana.

Incluso las prostitutas corrientes eran objeto de más consideración en Mesopotamia que en ningún otro lugar. Bajo la legislación sumeria antigua [SC II $ 18, en Langdon, 1920], el hombre que engendraba un hijo con una prostituta cuando su esposa no tenía hijos debía mantenerla y convertir al hijo de dicha unión en su heredero. En Babilonia, una prostituta podía casarse con un hombre libre y adquirir los derechos de la primera esposa o esposa legal, mientras que en Asiria, según una ley conocida como la *Mare Estrata* [MAL 41, 1.II, en Pritchard, 1950] los hijos adquirían derecho de herencia cuando el padre no tenía descendencia con su verdadera esposa.

El rango más alto entre las prostitutas sagradas era el de *entum*, voz que se refiere simplemente a «una señora» o a «una dama» aunque en su forma sumeria, *lukur*, puede significar «novia» o «hermana del dios». Muchas eran princesas, bien hijas o hermanas del rey, pero la *entum* también era la hija de los dioses y vivía al servicio de una serie de deidades. No sólo estaba por encima de cualquier mancha o vergüenza sino que era inmensamente respetada en sociedad. La propia diosa con frecuencia era llamada la prostituta y admitía de buena gana: «Soy una prostituta compasiva.» La *entum* era ensalzada por tener «entrañas apropiadas por su pureza para el *en*» y cualquier falsa imputación sobre su conducta moral se consideraba de muy mal gusto. Hasta el momento de la unión con su rey-dios permanecía «virgen santa», intacta y aislada.

Las restricciones que obligaban a estas sacerdotisas a la castidad no significaban forzosamente que permanecieran vírgenes o que rehusaran el sexo, sino que estaban protegidas de la violación secular. Su función sexual, mientras ocupaban el cargo, se limitaba al Templo y al culto. No sólo eran enérgicamente protegidas contra la calumnia, sino que su bienestar material estaba garantizado. El primer Código Legal mesopotámico, el Lipit-Ishtar, daba seguridad a la *entum* a lo largo de toda su vida.

> Si el padre vive, su hija, tanto si es suma sacerdotisa como sacerdotisa o *hierodule* [sirvienta de una deidad del templo] deberá vivir en casa de aquél como heredera.
>
> [Lipit-Ishtar 22, en Pritchard 1950]

La primera información que tenemos acerca de la *entum* aparece inscrita en un vaso hallado durante las excavaciones efectuadas en la antigua ciudad de Ur, que se encontraba a orillas del río Éufrates, cerca de la costa del golfo Pérsico, y que alcanzó su apogeo hacia el final del tercer milenio a.C. La inscripción sólo incluye el nombre y el rango de la sacerdotisa, Ninmetabarri, la hija de un rey de la ciudad-estado sumeria de Mari hacia el final de la Primera Dinastía, en el siglo XXIV a.C.

Una de las sumas sacerdotisas mejor documentadas de tiempos posteriores es Enheduana, la hija de Sargón el Grande; otras notables fueron Naram-Sin de Akkad, Ur-Bau de Lagash, Ur-Nammu y Shulgi. El último rey de Babilonia, Nabonid (556-539 a.C.), nombró a su hija, Bel-shalti-Nannar, suma sacerdotisa de Ur, y de ahí se desprende que el rito a veces conllevaba incesto. Al parecer, la *entum* ostentaba el cargo durante un periodo determinado de tiempo antes de retirarse para cederlo a una mujer más joven. Según los archivos mesopotámicos una sacerdotisa llamada Enanedu fue nombrada *entum* durante el sexto año del reinado de Warad-sin, en 1816 a.C. para relevar a su predecesora, Enshakiag-Nanna, que había ocupado el cargo en el vigésimo tercer año del reinado de un soberano anterior, Sumu-Ilu. Enshakiag-Nanna probablemente tendría cincuenta y tantos años cuando concluyó su periodo de servicio. Una *entum* jubilada estaba autorizada a casarse, pero se desaconsejaba que tuviera más hijos y, bajo ciertas conjunciones astronómicas, se consideraba un mal augurio que los hombres tuvieran relaciones sexuales con una mujer que hubiese ejercido como *entum*.

La *qdesha* quizá se equiparase con una o más categorías de sacerdotisas. Debajo del ilustre rango de *entum* había una *naditum*, que también podía estar en el harén del dios y que vivía en un claustro protegido reservado a las mujeres. Igual que la *entum*, era muy respetada en sociedad y con frecuencia gozaba de una considerable fortuna personal. Los antiguos contratos económicos babilónicos de Sippar demuestran que en casi el setenta por ciento de sus transacciones comerciales participaba al menos una *naditum*. Ésta podía estar casada pero no así tener hijos legalmente, puesto que, obviamente, no podía desempeñar sus deberes como devota si además hacía de madre. Según algunos autores, cabe incluso que fuese esterilizada, en cuyo caso estaba obligada a entregar a su marido una muchacha esclava para que le diera descendencia. Si se le exigía que hiciera voto de castidad tenía derecho, igual que la *entum*, a protección legal contra las calumnias.

Una tercera clase de sacerdotisa conocida como *sugetum* se describe en varias partes del Código de Hammurabi [CH 137, 144, 145, 183, 184, Pritchard, 1950], que reemplazó al Código de Lipit-Ishtar. La *sugetum*, que era más bien una sacerdotisa lega que haría las veces de concubina, no gozaba de la protección ofrecida a una esposa legítima y, aunque tuviera hijos fruto de una relación, el hombre estaba autorizado a abandonarla sin castigo. Al parecer pertenecía a una categoría inferior que la *entum* o la *nadinum*, pues estas dos últimas se catalogaban como *hierodules*, es decir, pertenecientes al servicio sacerdotal oficial.

> Si un hombre se casó con una *hierodule* y ésta no le proporcionó hijos y él toma la decisión de casarse con una *sugetum*, ese hombre podrá casarse con la *sugetum*, llevándola a vivir a su casa, aunque dicha *sugetum* jamás igualará en rango a la *hirodule*.
> [Pritchard, 1950, CH 145]

Todo indica que era la categoría más alta, fuera la *entum* babilónica o la *lukur* sumeria, la que participaba en el Matrimonio Sagrado: el coito extático de un soberano divino y su suma sacerdotisa interpretando el papel de la diosa de la fertilidad y su incestuoso consorte, el dios que muere y renace. El Matrimonio constituía un rito esencial de renacimiento que tenía lugar en el primer mes del Año Nuevo, Nisan, en la época de la cosecha, cuando los efectos de la sequía podían revestir mayor gravedad. Las pruebas documentales del Matrimonio entre la diosa de la fertilidad Inana y su hijo Dumuzi en las ciudades-estado de Sumeria se remontan a fechas tan tempranas como el tercer milenio a.C. Los cánticos y leyendas indican que su propósito era invocar la nueva germinación de los cultivos tras las crecidas de los cauces del Tigris y el Éufrates, aunque también librarse de la inmensa capacidad destructora de ambos ríos cuando se desbordaban. La cuestión se hallaba en las caprichosas manos de Inana, cuyo útero cultivaban los campesinos. La tierra era su ser temporal, así como todo lo que en ella crecía, y salvo que la hambruna y la desolación tuvieran que reinar, el útero debía ser fertilizado, en el mito por Dumuzi pero en realidad por la lluvia seminal de los cielos para traer nueva vida a los campos y huertos.

Este rito no era un remedo de orgía ritual y la sacerdotisa se granjeaba un enorme respeto. Ella y el rey-dios representaban la consumación celestial pedida a la diosa. Una extática canción de amor dedicada a Shu-Sin, soberano de la Tercera Dinastía de Ur hacia 2221 a.C., revela una conmovedora ternura y afecto mutuos.

¡Oh mi [señor] que es [...] de palabra, mi hijo de Shulgi!
Porque lo proferí, porque lo proferí, el señor me hizo un [presente,
porque proferí un grito de alegría, el señor me hizo [un presente,
un colgante de oro, un sello de lapislázuli, el señor me dio [como presente,
un anillo de oro, un anillo de plata, el señor me dio como [presente.
Oh señor, tu presente rebosa de [...], [levanta] tu rostro [hacia mí].
Oh Shu-Sin, tu presente rebosa de [...], [levanta] tu rostro [hacia mí.

¡Oh mi Shu-Sin que me ha favorecido,
oh mi Shu-Sin que me ha favorecido, que me ha acariciado,
oh mi Shu-Sin que me ha favorecido,
oh mi amado de Enlil, mi Shu-Sin,
oh mi rey, el dios de esta tierra!

[Kramer, 1969]

En las ruinas de la ciudad de Uruk se halló un collar cerca del santuario Eanna de Inana. Una pieza exquisita de joyería, incrustada de piedras semipreciosas y lapislázuli, en la que aparecen grabadas las siguientes palabras: «Kubatum, la sacerdotisa-*lukur* de Shu-Sin.» Ella no pensaba que le aguardase un suplicio pues, a sus ojos, iba a ser desflorada por un dios. Su cónyuge, su rey, era la encarnación viva del dios que muere y renace y en esa noche de pasión y placer él sería el incestuoso *amante e hijo* de la diosa de la fertilidad.

En la época babilónica el rito tenía lugar dentro de una habitación especial que formaba parte de la *giparu*, la residencia oficial de la sacerdotisa, quizá decorada como una frondosa enramada bajo los verdes árboles que habían constituido el escenario original. Una inscripción indica que la *entum* Enanedu era la «patrona que tenía la *giparu* construida como gabinete de la *entum* en el lugar sagrado» y Enanedu habla de «mi morada el *entum*-ario». Asimismo, Nabonid, que reconstruyó la *giparu* de Ur para su hija, Bel-shalti-Nannar, grabó en los ladrillos del edificio: «Para Sin, mi Señor, construí el templo *giparu*, la casa de la sacerdotisa *entum.*»

Los orígenes de la *giparu* quizá residan en las antiguas eras empleadas para trillar el grano en la época de la cosecha. En Uruk, una inscripción reza:

> En la puerta de lapislázuli que se alza en la *giparu* ella [Inana] se encontró con el *enu*-sacerdote; en la estrecha puerta que se alza en el almacén [de grano] del Enana ella se encontró con Dumuzi [su hijo y amante].

Resulta significativo que fuese en una de esas eras donde una de las cinco mujeres bíblicas más importantes, Rut, sedujo a Booz mientras éste aventaba cebada.

El papel de la *entum* está envuelto en un halo de misterio. Según el escritor griego Herodoto, contaba la leyenda que el templo de Zeus Belos, o Marduk, en Babilonia tenía una torre de ocho pisos y que en lo más alto había un santuario que contenía un lecho de oro donde dormía una mujer solitaria. En un día señalado el dios visitaba el santuario y descansaba su cabeza en el tálamo para tener trato sexual con la mujer.

Según detallados documentos babilónicos, la víspera de Año Nuevo se preparaba un lecho de cedro y juncos en la casa *giparu*. Se tapaba con un cobertor tejido para la ocasión rociado con aceites aromáticos y, mientras el clímax del rito se aproximaba, la sacerdotisa virgen elegida para interpretar el papel de la diosa era bañada y preparada. Podemos imaginar que una emocionante víspera de Año Nuevo, una muchacha, probablemente de gran belleza, devenía inmortalizada para la historia mientras yacía junto a su rey para que los campos agostados y muertos de su país volvieran a florecer. Un cántico que celebra la ocasión rebosa de imaginería sexual.

En cuanto a mí, mi vulva. Para mí el encumbrado altozano,
yo, la doncella, ¿quién va a ararlo para mí?
Mi vulva, la tierra regada; para mí,
yo, la Reina, ¿quién pondrá su buey aquí?

Un coro de espectadores respondía a las preguntas que hacía la reina diosa.

¡Oh Gran Señora, el rey lo arará para ti!
¡Dumuzi el rey lo arará para ti!
[Kramer, 1969]

Un himno real del periodo de Isin-Larsa a finales del tercer milenio a.C. describe con todo detalle cómo un soberano llamado Iddin-Dagan, que interpretaba el papel de Dumuzi, celebraba el Matrimonio con su sacerdotisa.

El rey se reúne con Inana para el rito del Matrimonio Sagrado. En el palacio, la casa del consejo de la tierra, el cerrojo de todos los países [...] para la «Señora del Palacio» han instalado una tarima, [y] el rey que es el dios mora con ella; para cuidar de la vida de todos los países, para inspeccionar el primer día correcto, para perfeccionar el *yo* en el día sin luna, en el Año Nuevo, en el día del ritual, dispusieron la cama para mi señora. Purificaron la paja del jergón con esencia de cedro, y la extendieron formando su lecho. Al lado dispusieron la colcha. Cuando la colcha hubo mejorado alegremente la cama, mi señora se bañó para purificar sus entrañas, se bañó para las entrañas del rey, se bañó para las entrañas de Iddin-Dagan. La santa Inana se frotó con jabón, esparció aceite y esencia de cedro por el suelo. El rey fue a las entrañas purificadas con la cabeza alta, con la cabeza alta fue a las entrañas de Inana. Ama-usum-gal-ana [un nombre local de Dumuzi] comparte el lecho con ella, en sus entrañas purificadas se entretiene.

[Romer, 1965, pp. 133-134, y Reisman, 1971, pp. 190-191]

Existen pruebas arqueológicas de la existencia de la *giparu*. En la década de 1920, el arqueólogo sir Leonard Wooley halló en Ur lo que creyó que era una cámara de Matrimonio Sagrado de finales de la Tercera Dinastía, hacia 2000 a.C. Casi la mitad de la estancia la ocupaba una plataforma baja sobre la cual, según unas inscripciones, debió de haber un tálamo ceremonial. En diversos yacimientos sumerios se han hallado modelos de terracota de la cama fabricados en serie, muchos de ellos depositados probablemente como ofrendas al templo, y en las excavaciones asirias han aparecido placas de metal repujadas con la misma escena. Un modelo de cama conservado en el Museo Británico, con dos figuras desnudas que yacen en un íntimo abrazo como el descrito en las leyendas del Matrimonio Sagrado, presenta un curioso rasgo: las patas de los pies son más cortas que las de la cabeza, con lo que el lecho queda inclinado y ofrece una visión más clara al público.

La suma sacerdotisa babilónica que interpretaba el papel de Ishtar, la diosa de la fertilidad, servía como consorte del dios asiático occidental de la luna, Sin, y la *entum* Enheduana se llamaba a sí misma «esposa de Nanna» (antiguo nombre sumerio del dios de la luna antes de que fuese cambiado por Sin). Ishtar participaba estrechamente en el fallecimiento y restauración de la vida reflejando el ciclo creciente y menguante de la luna, cuya resurrección hacía que sus devotos nacieran de nuevo, y la mayoría de sus sacerdotisas también servían a Sin. Aquí surge un posible vínculo con la tradición pagana judía, puesto que de ella se colige que Miriam, la hermana de Aarón, pudo haber sido una devota del dios de la Luna.

> Llegaron, pues, los hijos de Israel y todo aquel gentío al desierto de Tsin, al mes primero del año cuarenta de la salida de Egipto, e hizo el pueblo su mansión en Cades. Allí murió Miriam, y fue sepultada en el mismo lugar. [Nm. 20, 1]

El Libro de los Números da a entender que el «desierto de Tsin» se encontraba en el extremo sur de Palestina, pero Tsin puede ser una corrupción de Sin, lo que convertiría el lugar en consagrado al dios de la Luna. Los traductores del griego septuaginto y de la vulgata latina pensaron que esto era así ya que emplearon la misma forma para ambos nombres. El historiador Josefo creía que Miriam había sido enterrada en una montaña llamada Sin, posiblemente el monte Sinaí, en la luna nueva del mes de Xanthicus, momento que corresponde al primer día de Nisan, el inicio del año mesopotámico [*Antigüedades* IV, 78]. A su debido momento se presentarán pruebas de que en la Edad Media, la tocaya de Miriam, la Virgen María, también adquirió estrechos vínculos simbólicos con la luna.

Ishtar, además de ser la Reina del Cielo venerada tanto por los paganos como por los judíos paganos y de ser considerada la «madre de los hombres» y la «madre de los dioses», también era la consorte de su hijo, Tammuz, el dios que muere y renace. No está claro por qué Tammuz interpretaba este papel, ya que no existen documentos ni mitos heroicos en los que se ponga de relieve su figura. Ahora bien, se convirtió en el hijo y amante inmortal que fecundaba el útero de la diosa con nueva vida e, igual que Jesucristo, era comúnmente conocido como «el pastor» de su pueblo.

> *Eché un vistazo a todo el pueblo,*
> *llamé a Dumuzi para que fuese dios de la tierra.*
> *Dumuzi el amado de Enlil.*

Mi madre le tiene en mucha estima,
mi padre lo ensalza.

[Kramer, 1969]

El Matrimonio fue practicado en Mesopotamia durante muchos cientos de años. Un documento de una fiesta en el templo, de finales del siglo IV a.C., confirma que en Babilonia se seguía celebrando oficialmente en épocas tan tardías como el periodo helenístico, aunque no forzosamente en la forma de un acto sexual físico. Una de las actividades de la fiesta era un ritual conocido como el *hasadu*, que simulaba el rito físico aunque tal vez de una manera más simbólica, con estatuas en lugar de intérpretes de carne y hueso. Tanto si la consumación del acto a la antigua usanza tenía lugar en Babilonia como si no, los documentos dan a entender que la ceremonia se llevaba a cabo con mucho esplendor y alborozo en la casa *bit giparu* sita en el recinto del templo.

> En el mes de Kin-dinana-ulul la obra de Ishtar [...] la Querida de los dioses purifica su cuerpo en el río divino. En Eternuna [...] da indicaciones a Sin y a Ningal [...] los [¿santuarios?] terminados supervisan los ritos de purificación de Anu e Ishtar [...] de la estatua, la semejanza de Ishtar con la estrella de Anu [...] al encenderse muestra [...] el rey [?] en el reino del cielo, establece la santa morada. Se dispuso un *ha-da-su-du* [...] los amantes [...] purificación [...] hacer el amor.
>
> [McEwan, 1981, p. 177]

Hasta hace muy poco no ha aparecido ninguna prueba en Mesopotamia de que una *raison d'être* de la promulgación del Matrimonio Sagrado fuese la concepción de un Rey Sagrado. Aparentemente, el Matrimonio quería ser una súplica a la diosa madre para que devolviera la prodigalidad a la tierra viva y a sus gentes tras la escasez del invierno. No obstante, el acto sexual tenía consecuencias naturales y en la era heroica mitológica, en los tiempos del «érase una vez», Dumuzi (el predecesor de Tammuz) se dice que fue el fruto de una unión entre Lugalbanda, un gran rey guerrero de Sumeria, y su diosa Inana. Dumuzi se convirtió entonces en el amante incestuoso de su madre para mantener el equilibrio sexual entre «eterna-virgen» inmortal y rey-dios mortal.

El rey del siglo XXIII a.C. de quien más datos verificables disponemos, Gudea de Lagash, anunció que no tenía «madre ni padre y que era el hijo de la diosa de Lagash». El rey-dios Sargón el Grande dejó dicho en una inscripción que su madre era «de humilde cuna» y que «no conocía a su padre», expresión esta última que a menudo se utilizaba como eufemismo para indicar un origen divino. Sargón, según hemos descubierto, fue uno de los primeros soberanos de los que tenemos constancia que convirtió a una de sus hijas en sacerdotisa del culto y puede que introdujera una tradición por medio de la cual sólo las muchachas de alta alcurnia se hacían devotas de Inana. Antes de su reinado, parece ser que estas sacerdotisas especiales surgían de entre la gente común y corriente y la referencia a la «humilde cuna» sólo puede insinuar que la madre de Sargón no pertenecía a la realeza terrenal sino que era una devota del templo que interpretaba el papel de una reina del cielo.

La prueba más directa que vincula el Matrimonio Sagrado con el nacimiento del Rey Sagrado hace referencia a Ur Nammu, que reinó a partir de 2113 a.C. como primer rey de la Tercera Dinastía de Ur. Un texto descifrado hace poco describe cómo los dioses «recompensaron a Ur Nammu por su devoción y aseguraron su linaje real dándole un hijo, nacido de la sacerdotisa *entum* de Nanna en Nippur».

Las impresiones que los exiliados se llevaron consigo de Babilonia no se desvanecieron fácilmente con el paso de los años. El autor judío apócrifo Jeremías, al escribir hacia 307 o 306 a.C., más de doscientos años después del final del Exilio, seguía describiendo las riquezas y autoridad de los ídolos babilónicos y las sacerdotisas del culto a la fertilidad a quienes los sacerdotes hacían obsequios de plata y oro.

> Pero ahora veréis en Babilonia dioses de plata y de oro y de madera, llevados a hombros, que llenan de temor a las naciones. [Jeremías 4]

> Y tomando oro, como si fuese para una virgen que gustara de pasarlo bien, hacen coronas para las cabezas de sus dioses; y a veces también los sacerdotes obtienen de sus dioses oro y plata, y se lo obsequian a sí mismos; e incluso dan una parte a las rameras comunes. [Jeremías 9]

En los siglos que median entre el regreso del Exilio en Babilonia en 539 a.C. y la época de la ocupación romana, durante la cual nació María, el pueblo judío de Palestina continuó su aventura amorosa apenas atenuada con el paganismo y el culto a la fertilidad de Mesopotamia. Esta situación ha sido rotundamente negada por algunos historiadores judíos. En su contribución a un estudio exhaustivo, *A History of the Jewish Peoples*, Menahem Stern insiste en la ilusión de un pueblo que apoyaba unánimemente la ortodoxia y el monoteísmo judíos.

> La característica excepcional de la religión judía durante la época del Segundo Templo [el que fue construido bajo el patrocinio de Ciro el Grande tras el regreso del Exilio babilónico] fue la predominancia exclusiva de su creencia monoteísta en la misma forma que se había desarrollado en las generaciones precedentes [...] Los judíos de Palestina permanecieron totalmente fieles a la religión judía durante las generaciones posteriores a la Revuelta Asmonea. Ni siquiera los acusadores más extremistas incluyeron la idolatría entre los pecados por los que la generación de la destrucción del Templo [por parte de los babilonios] fue castigada. [Ben-Sasson, 1976]

Esta afirmación de Stern tal vez constituya una lectura cómoda, pero no la respalda ningún hecho conocido. El mensaje de solidaridad yahveísta que impregna el canon judío (bajo el cristianismo del Antiguo Testamento) es erróneo a todas luces, pero dicha ilusión fue cobrando importancia a lo largo de los periodos de dominación griega y romana. El Antiguo Testamento representaba algo más que una crónica de la historia judía y un compendio de leyes sociales y morales. Se convirtió en la piedra angular del nacionalismo judío. La identidad judía se respaldaba en la existencia misma de la Biblia. Así pues, los libros del Antiguo Testamento deben leerse con un ojo puesto en el hecho de que también era un ejercicio de patriotería política. Así como Karl Marx ensalzó las ventajas teóricas de una sociedad sin clases en *El capital*, los escritores del Antiguo Testamento nos transmitieron los ideales del judaísmo, según el deseo de la clase dirigente yahveísta, pero no necesariamente la realidad que experimentaba la gente de a pie.

En la época de los Patriarcas, y su interés más a largo plazo en los cultos paganos que los rodeaban, los hebreos fueron abiertamente politeístas. La religión del Israel anterior al Exilio era, en el mejor de los casos, henoteística (que reconoce la existencia de un dios supremo pero no único) y tal como revela el Libro del Éxodo, ni siquiera los yahveístas más empecinados rechazaban la existencia de otras deidades sino que creían que sólo su Dios era universal.

> No tendrás otros dioses delante de mí. [...] No los adorarás ni rendirás culto. [Éx. 20, 3 y ss.]

La unidad religiosa durante y después del Exilio babilónico también constituye un mito en gran medida. El profeta Jeremías fue uno de los pocos intelectuales que permanecieron en Jerusalén con los sectores más pobres de la población antes de verse obligado a huir a Egipto en 586 a.C. tras el asesinato de Gedelías, el gobernador reformista babilónico de Judea. Jeremías manifestó su preocupación por las inclinaciones paganas de los exiliados.

> No os engañen vuestros falsos profetas, que están en medio de vosotros, ni vuestros adivinos: y no hagáis caso de vuestros

sueños: porque falsamente os profetizan aquéllos en mi nombre; yo no los envié, dice el Señor. [...] Pero vosotros habéis dicho: El Señor nos ha enviado profetas aquí en Babilonia. Pues he aquí lo que dice el Señor acerca del rey que está sentado en el solio de David, y de todo el pueblo que habita esta ciudad, esto es, de vuestros hermanos que no han transmigrado con vosotros: esto es lo que dice el Señor de los ejércitos: Sabed que yo enviaré contra ellos la espada, el hambre y la peste, y los trataré como a higos malos, que no se pueden comer de puro malos. [Jer. 29, 8 y ss.]

Probablemente a Jeremías no le faltaban motivos para preocuparse, dado que la comunidad de la restauración llevó consigo esas «malignas costumbres» de regreso a Jerusalén. La parte final del Libro de Isaías, agregada probablemente en el siglo II a.C., no deja duda de que los judíos que regresaron a Judea observaban los ritos paganos.

Extendí todo el día mis brazos hacia un pueblo incrédulo, y rebelde, que no anda por el buen camino, sino en pos de sus antojos; pueblo que cara a cara me está provocando continuamente a enojo; hombres que inmolan víctimas en los huertos, y ofrecen sacrificios sobre altares fabricados de ladrillos; [...] Por lo que no callaré, dice el Señor, sino que les retornaré el cambio, y les pondré en su seno la paga juntamente de sus iniquidades y de las iniquidades de sus padres; los cuales ofrecieron sacrificios sobre los montes, y me deshonraron sobre los collados. Yo derramaré en el seno de los hijos la paga debida a las antiguas obras de los padres. [Is. 65, 2 y ss.]

Mientras espera anhelante la llegada del Mesías, el Libro de Daniel corrobora esta idea. Escrito probablemente a finales del siglo I a.C. por un autor desconocido del periodo macabeo, ofrece un panorama similar de apostasía pagana generalizada en la sociedad judía.

Y el Cristo afirmará su nueva alianza en una semana con muchos fieles convertidos: y a la mitad de esa semana cesarán las

> hostias, y los sacrificios; y estará en el templo la abominación de la desolación: y durará la desolación hasta la consumación y el fin del mundo. [Dn. 9, 27]

En realidad, la Tierra Santa siguió asolada por la agitación política y religiosa. Palestina era, y sigue siendo, una región como una fruta madura que las demás miraban con glotonería. Cuenta con una larga costa de gran valor estratégico en el Mediterráneo y ha disfrutado de grandes recursos naturales entre los que destacaban, en tiempos bíblicos, valiosos bosques de cedros como no los había en el antiguo Egipto o Mesopotamia. Judea, como dio en conocerse tras el regreso de los judíos del Exilio babilónico, era potencialmente próspera. El campo era más lozano y fértil que en la actualidad y, siendo la agricultura el puntal de la economía, la mayor parte de la población palestina era campesina. Una visión contemporánea, si bien cándidamente idealizada, figura en la correspondencia de un judío alejandrino anónimo, la llamada «Carta de Aristeas», escrita en algún momento entre 180 y 145 a.C. y cuya lectura recuerda la de un folleto turístico.

> Pues grande es la energía que invierten en el cultivo de la tierra, con densas plantaciones de olivos, y campos de grano y legumbres, y viñedos también, y la miel es abundante. Las demás clases de frutales y palmeras datileras no pueden compararse con los de allí. Hay ganado de todas clases en gran cantidad y ricos pastos para apacentarlo. [Ben-Sasson, 1969, p. 232]

Judea también se había convertido en una tierra de artesanos. En la «Carta de Aristeas», Jerusalén era «una ciudad de muchos oficios» y, debido a su ubicación geográfica, Sirio-Palestina estaba disfrutando los beneficios de un floreciente comercio internacional. Había mucho movimiento por las rutas comerciales que unían Extremo Oriente y las diversas naciones árabes más próximas a la patria, y los mercados italianos estaban empezando a abrirse, mirando hacia Europa.

Cuando las ciudades costeras fueron tomadas, Judea también se hizo con el control de la lucrativa industria cristalera de Fenicia.

Todas estas ventajas materiales, no obstante, se veían contrarrestadas por conflictos políticos y militares casi constantes. El debilitamiento de la identidad nacional acosaba Judea, y esto se debía, ante todo, a la dilución de la fe yahveísta. La influencia de potencias dominantes anteriores en la región (Egipto, Asiria, Babilonia y Persia) había sido en detrimento del yahveísmo, pero en el siglo IV a.C. una fuerza nueva e igualmente poderosa, que no resulta evidente al leer los textos bíblicos, cayó sobre la región. En 323 a.C., tras una infructuosa incursión de los fenicios, Alejandro de Macedonia derrocó a los persas, quienes habían controlado Palestina desde la caída de Babilonia, e introdujo la cultura griega clásica en lo que ha dado en llamarse «helenización». La muerte prematura de Alejandro Magno a finales de ese mismo año abrió la puerta brevemente a otra influencia militar, los tolomeos de Egipto, pero los macedonios regresaron en 200 a.C. bajo el paraguas de la dinastía seléucida y su influencia prevaleció hasta los tiempos de los romanos.

La helenización conllevó la aceptación de nuevas costumbres seglares pero también condujo a la introducción de conceptos religiosos y filosóficos griegos: paganismo con un nuevo enfoque. Al principio el helenismo fue una moda de las villas y ciudades donde las clases más altas judías, sobre todo el clero, comenzaron a alternar con los colonos y muchas de las antiguas comunidades semíticas adoptaron actitudes claramente griegas. En el mundo rural el cambio fue menos inmediato y los pueblos conservaron las antiguas costumbres tradicionales, aunque éstas ya se habían visto profundamente afectadas por la anterior influencia de Mesopotamia desde el este y el campesinado distaba mucho de vivir con gran entusiasmo el yahveísmo. Con el tiempo, las creencias griegas, con inclusión de los panteones de dioses y diosas, los matrimonios sagrados, los reyes sagrados y todo lo demás, terminaron añadiéndose a lo que ya era, en realidad, un enrevesado batiburrillo religioso.

El gobierno seléucida refrendó sin reservas la helenización, cosa que, en general, se tradujo en la progresiva introducción de la cultura pagana europea. Esta permeabilidad tuvo sus ventajas, puesto que los hacendados griegos empleaban métodos de cultivo más eficientes que producían cosechas cuyos rendimientos eran mayores, aunque éstos se veían contrarrestados por costosos gravámenes gubernamentales. El pueblo llano judío gozaba de pocos privilegios y respaldaba ese sistema impositivo leonino. La presión económica se vio parcialmente aliviada por un tiempo durante el apogeo de los seléucidas, pero cuando la dinastía comenzó a sufrir derrotas, sus líderes también requirieron más recursos con el consiguiente aumento de los impuestos.

La helenización también volvió a poner la idolatría en primera línea. El déspota seléucida del siglo II, Antíoco Epifanes, alentó al pueblo judío a proseguir con las costumbres paganas tal como lo había hecho en el pasado y, según un historiador judío partidario incondicional llamado Jasón de Cirene, la respuesta se tradujo en un respaldo y entusiasmo generalizados.

> En esto, el rey Antíoco expidió cartas órdenes por todo su reino, para que todos sus pueblos formasen uno solo, renunciando cada uno a su ley particular. Conformáronse todas las gentes con este decreto del rey Antíoco; y muchos del pueblo de Israel se sometieron a esta servidumbre, y sacrificaron a los ídolos, y violaron el sábado. En efecto, el rey envió sus comisionados a Jerusalén y por todas las ciudades de Judá con cartas [...] dispuso que se erigiesen altares y templos e ídolos. [...] Y muchos del pueblo se unieron con aquellos que habían abandonado la ley del Señor, e hicieron mucho mal en el país; y obligaron al pueblo de Israel a huir a parajes extraviados, y a guarecerse en sitios ocultos. [1 Mac. 1, 43 y ss.]

Jasón nos proporciona una visión gráfica y contemporánea del paganismo popular judío. Relata, por ejemplo, cómo los judíos de a pie ofrecían sacrificios a las «deidades de la calle», las imágenes de dioses griegos que se erigían en los porches de las casas [1 Mac. 1, 55]. No obstante, existen muchas más pruebas condenatorias. El Libro Segundo de los Macabeos refiere que durante el reinado de Antíoco Epifanes el templo fue poco menos que cedido para los ritos de la fertilidad de los gentiles.

> Así que vióse caer entonces de un golpe sobre todo el pueblo un diluvio terrible de males; porque el templo estaba lleno de lascivias y de glotonerías propias de los gentiles, y de hombres disolutos mezclados con rameras, y de mujeres que entraban con descaro en los lugares sagrados, llevando allí cosas que no era lícito llevar. [2 Mac. 6, 3 y ss.]

Los cambios en las costumbres religiosas supuestamente escapaban al control de los judíos, sin embargo, en realidad contaron con el apoyo tácito no sólo de las clases populares sino también de círculos influyentes dentro del seno de la comunidad judía. El Libro Primero de los Macabeos, completado probablemente por Jasón de Cirene durante el último cuarto del siglo II a.C., es casi con toda seguridad fiel a la historia. Identifica a los «hombres sin ley» que respaldaron a Antíoco Epifanes como los Tobíades, una familia no sacerdotal originaria de Judá cuyo auge comenzó en el sur de Gilead antes del Exilio babilónico y que ganó influencia como recaudadora de impuestos en Jerusalén hacia mediados del siglo III a.C.

> En aquel tiempo se dejaron ver unos inicuos israelitas, que persuadieron a otros muchos, diciéndoles: Vamos, y hagamos alianza con las naciones circunvecinas; porque después que nos separamos de ellas no hemos experimentado sino desastres. Parecióles bien este consejo. Y algunos del pueblo se decidieron [a llevar esto a cabo], y fueron a estar con el rey, el cual les dio facultad de vivir según las costumbres de los gentiles. Enseguida construyeron en Jerusalén un gimnasio, según el estilo de los gentiles; y abolieron el uso de la circuncisión, y abandonaron el

testamento, y se coligaron con las naciones, y se vendieron como esclavos a la maldad. [1 Mac. 1, 12-15]

La insinuación de que el interés por lo pagano fue un rasgo exclusivo de la administración de Antíoco Epifanes puede descartarse, ya que el panorama no cambió sustancialmente después de su partida.

El año ciento cincuenta y uno [162-161 a.C.], Demetrio, hijo de Seleuco, salió de la ciudad de Roma, y llegó con poca comitiva a una ciudad marítima, y allí comenzó a reinar. [...] Y vinieron a presentársele algunos hombres malvados e impíos de Israel, cuyo caudillo era Alcimo, el cual pretendía ser Sumo Sacerdote. [...] Hacía Alcimo todos sus esfuerzos para asegurarse en su pontificado; y habiéndose unido a él todos los revoltosos del pueblo, se hicieron dueños de toda la tierra de Judá, y causaron grandes estragos en Israel. Viendo, pues, Judas las extorsiones que Alcimo y los suyos habían hecho a los hijos de Israel, y que eran mucho peores que las causadas por los gentiles [...] [1 Mac. 7, 1-21 y ss.]

No todos los cambios fueron pacíficos y, en sus momentos más draconianos, la helenización acarreó diversas «abominaciones» que no fueron nada populares. El ánimo de muchos judíos comenzó a ensombrecerse cuando, en 169 a.C., Antíoco Epifanes saqueó el llamado Segundo Templo, que había sido levantado sobre las ruinas del santuario de Salomón destruido por los babilonios. Antíoco miró con ojos codiciosos el altar, las preciosas vasijas y ofrendas, el velo, el candelabro y otros objetos valiosos, muchos de ellos de oro macizo o chapados en oro. Dos años después fue impuesto en el santuario el culto al dios griego supremo, Zeus, y se prohibieron los sacrificios lícitos judíos, situación que perduró varios años. Muchos judíos vieron el pillaje de los tesoros del Templo como una auténtica expoliación, y este acto de flagrante piratería condujo a los primeros enfrentamientos armados con los seléucidas.

A mediados del siglo II a.C., los asmoneos, una influyente familia sacerdotal, reclutaron un ejército y declararon la guerra, desencadenando una reacción violenta que con el tiempo expulsaría de Palestina a los soberanos macedonios. Menahem Stern no ha dudado en sostener que al resultado final de la campaña asmonea contribuyó «la lealtad sin límites de las masas judías para con su religión», pero esto no es más que propaganda moderna. La revuelta distó mucho de ser unánime y los militantes que tomaron las armas probablemente lo hicieron llevados por un clima de fervor nacionalista y como reacción a las vejaciones a las que los sometían los soberanos seglares seléucidas más que por un sentido de piadosa entrega a la Tora.

La respuesta del pueblo judío al perpetuo sometimiento y a los cambios religiosos impuestos fue una creciente frustración, un estado de ánimo que se hace patente en uno de sus cánticos más conmovedores, compuesto más o menos en la época de la decisiva batalla de Panium contra los seléucidas en 200 a.C.

> Sácame del lodo para que no me sumerja; líbrame de los que me aborrecen, y de las profundidades de las aguas. No me anegue el oleaje de las aguas, ni me trague el profundo, ni cierre el pozo sobre mí su boca. Escúchame, Señor, pues es benigna tu gracia; mírame según la muchedumbre de tu piedad. Y no escondas de tu siervo tu rostro; pues estoy atribulado; pronto, escúchame. Acércate a mi alma, rescátala; en atención a mis enemigos, líbrame. Tú conoces mi oprobio y mi confusión y mi ignominia; a la vista están todos lo que me atribulan. El oprobio rompió mi corazón y desfallecí; y esperé un compasivo, mas no lo hubo; y consoladores, mas no los hallé. [Sal. 68, 15-21]

Según el Libro Primero de los Macabeos, ni mucho menos todos los judíos siguieron esta línea. Muchos miembros de las clases intelectuales, incluidos los Tobíades, se mantuvieron a favor de los seléucidas y otros miembros influyentes de la comunidad, como Alcimo, sumo sacerdote de Judá, quien apoyaba sin reservas la causa asmonea, conservaron firmes simpatías con el helenismo a título privado, sobre todo mientras el ejército seléucida siguió siendo una fuerza a tener en cuenta.

La guerra judía contra los seléucidas se ganó en 164 a.C. y el general asmoneo victorioso, Judas Macabeo, restauró el Templo y su boato. Las ricas tierras de labranza de Galilea y Samaria, abandonadas durante siglos a manos de hacendados inmigrados, primero asiáticos y luego griegos, volvieron a estar bajo control judío y el nombre de «Gran Judea» pasó a aplicarse a toda la Palestina. Los nuevos colonos judíos sacaron provecho de dos valiosas mercancías exportables, las plantaciones de bálsamo del valle del Jordán y la floreciente industria pesquera del mar de Galilea.

Hacia finales del siglo I Jerusalén se había convertido en el centro tanto de gobierno como de la vida intelectual y religiosa, pero Galilea, separada de Jerusalén por Samaria, seguía conservando un carácter rústico, dedicándose casi en exclusiva a la agricultura. En los tiempos anteriores al Exilio el gobierno judaíta de Jerusalén había desatendido bastante a Galilea desde el punto de vista político. Un ejemplo típico había sido la donación de veinte ciudades galileas a Hiram de Fenicia a cambio de suministros para la construcción del Templo de Salomón [1 Reyes 9, 11 y ss.]. Después del Exilio los sofisticados judeos del sur parece que veían el norte como una «zona de desastre» cultural, llena de campesinos supersticiosos y oscuros tejemanejes que sólo se había visto mejorada gracias a la reciente construcción de ciudades griegas. Los galileos eran tradicionalmente catalogados como revolucionarios exaltados que habían absorbido demasiada cultura extranjera, durante un periodo demasiado largo, como para poder considerarlos yahveístas de fiar. El Libro de los Macabeos cuenta cómo, en 164 a.C., Simón Macabeo se vio obligado a tomar represalias contra paganos hostiles en Galilea [1 Mac. 5, 9 y ss.] y Josefo dice de sus habitantes que estaban «habituados a la guerra desde la infancia». También pormenoriza su rebelión contra el gobierno herodiano. E. P. Sanders insinúa en su libro *Jesus and Judaism* que muchos galileos de la generación de María eran poco menos que reclutas forzosos del yahveísmo. Sus intereses los motivaba la conveniencia, e incluso si eran judíos fieles desde hacía tiempo resulta imposible juzgar cuán estricto y meticuloso era su monoteísmo.

Los galileos y samaritanos no estaban solos, no obstante, en su ambivalencia religiosa, ya que los asmoneos apenas ampliaron el consenso con la religión judía en ninguna otra parte de Judea. Mientras mejoraban la situación política y económica, también cambiaron eficazmente toda la estructura gubernamental. Esto, por sí mismo, significaba un cambio religioso. Hasta el Exilio a Babilonia, el yahveísmo había estado bajo el control supremo del rey como cabeza de la jerarquía del Templo, y los miembros del clero eran sus funcionarios. El título de sumo sacerdote, *hakkohen haggadol*, todavía no existía y, con contadas excepciones, todas ellas en el Libro Segundo de los Reyes y consideradas alteraciones posteriores del texto original, las escrituras bíblicas anteriores al Exilio sólo aluden a un «sacerdote jefe», el *kohen karosh*. Supuesto descendiente de Sadoq, el primer titular de un cargo sacerdotal del reinado de Salomón, era el *kohen harosh* quien supervisaba la mano de obra del Templo de Jerusalén [Nm. 25, 10-13]. Después del Exilio, el sumo sacerdote, designado por el gobierno, de hecho representó a la monarquía abolida, convirtiéndose en líder religioso y civil de la comunidad judía con toda la parafernalia real incluida. Bajo los asmoneos, este clérigo omnipotente actuaba como rey tanto en nombre como en autoridad [Ag. 1, 1, 12, 14; 2, 2, 4]. El *hakkohen haggadol* molestaba profundamente a quienes consideraban que el único pretendiente legítimo al trono de Judea debía ser descendiente de David y, por tanto, se convirtió en un factor clave del modo en que evolucionaron las posturas.

El episodio de la historia judía justo anterior al nacimiento de María no estuvo menos cargado de tensión ni de interés por lo pagano. En el siglo I a.C. considerables sectores de la población clerical y seglar todavía seguían una religión que, en el mejor de los casos, equivalía a un batiburrillo de tradiciones paganas y yahveístas. Sacar a la luz los detalles de cómo se trató esta mezcla de culturas es el cometido del próximo capítulo en la búsqueda de la verdadera María.

5

La promesa

El último capítulo sobre el contexto de la vida de María nos lleva al periodo de la historia en que se profetizó el nacimiento de un *mesías* en el seno de la nación judía. Dicha predicción no fue la famosa declaración de Isaías que comienza diciendo «Una Virgen concebirá» sino otra efectuada muchos siglos antes por el patriarca Jacob.

> El cetro no será quitado de Judá, ni de su posteridad [de entre sus pies] el caudillo, hasta que venga el que ha de ser enviado [Shiloh] y éste será la esperanza de las naciones.
>
> [Gn. 49, 10]

En su lecho de muerte en Egipto, Jacob había predicho que la llegada del *mesías* tendría lugar cuando Israel estuviera bajo la soberanía de un rey extranjero, uno que no perteneciera a la tribu de Judá. En el críptico augurio de Jacob, «Shiloh» parece ser una corrupción de *siloh*, antigua palabra hebrea con el mismo significado que *mesías* o «el ungido». Se piensa que no guarda relación con el topónimo Shiloh y quizá sea por eso que, para evitar confusiones, en la versión griega septuaginta del Antiguo Testamento el término fue corregido como *sello*, que significa «aquel a quien pertenece». La expresión «de entre sus pies el caudillo» significa un soberano de la línea de sucesión de Judá. Está comprobado, partiendo de diversos pasajes bíblicos en los que también aparece dicha expresión, que «entre sus pies» es un eufemismo de los genitales masculinos. Esto lo deja claro Isaías en una advertencia de castigo contra los israelitas por sus pecados.

> En aquel día el Señor, por medio de una navaja alquilada, esto es, por medio de aquellos que habitan en la otra parte del río Éufrates, por medio del rey de los asirios, raerá todas las cabezas, el vello de los pies y todas las barbas. [Is. 7, 20]

Otro comentario pertinente aparece en Ezequiel.

> ... y te abandonaste [abriste tus pies] a todo pasajero, y multiplicaste tus fornicaciones. [Ez. 16, 25]

El periodo de cincuenta y cinco años anterior al nacimiento de María vio la caída de la dinastía asmonea. Su jefatura acabó riñendo con la clase judía más erudita y estrictamente ortodoxa, los fariseos, debido a su creciente tiranía y, en opinión farisaica, a un grave abandono del estilo de vida santo. El antiguo historiador judío Josefo revela en *Antigüedades* que bajo Juan Hircano, autocrático rey de Judea entre 135 y 104 a.C., los fariseos consideraban que los asmoneos habían violado principios religiosos que habían quedado establecidos por la Tora. La dinastía asmonea también había promovido una mayor integración entre familias judías, helénicas y babilónicas, cosa que contrarió sobremanera a muchos conservadores.

Los romanos consiguieron poner fin a la independencia de Judea. El cónsul Pompeyo sitió Jerusalén en 63 a.C. para sofocar una lucha intestina entre dos hermanos asmoneos reinantes, Hircano y Aristóbolo, y llevó las riendas del poder en Sirio-Palestina hasta su destitución por Julio César en 48 a.C. César adoptó una postura más abierta hacia los judíos y la dinastía asmonea se aferró al poder simbólico durante un tiempo, aunque el respiro duró poco. Los asmoneos se vieron arrastrados al bando perdedor de una guerra civil entre los asesinos del emperador y Marco Antonio tras el magnicidio de César en 44 a.C. Fueron despojados de toda autoridad verdadera cuando el ejército romano marchó de nuevo sobre Palestina en 37 a.C. para sofocar una invasión de las provincias orientales del Imperio romano iniciada por los partos desde el sudeste del mar Caspio.

Al norte y al este, Siria pasó a ser una provincia romana. Judea fue autorizada a conservar cierto grado de autonomía bajo el control del poderoso nuevo clan herodiano. Originarios de la región sureña de Idumea, estos extranjeros (en el sentido de no ser judíos) eran acérrimos partidarios de Roma declarados y, en 40 a.C., unos veinte años antes del nacimiento de María, el hijo del primer gobernador palestino, Herodes Antipas, había sido recompensado con el control efectivo sobre Palestina. Muy en contra del sentir popular le fue concedido el título de «rey Herodes el Grande» y fue bajo su autoridad que el último de los dirigentes asmoneos, Antígono Matatías (40-37 a.C.) fue destituido del cargo.

Herodes el Grande, poco más que un lacayo romano respaldado por las legiones, disipó su temor a una insurrección aboliendo prácticamente todos los derechos civiles. Despojó de poder político al gobierno tradicional judío, el sanedrín, y estableció su propio consejo. También siguió apoyando el helenismo con el respaldo a una nueva y poderosa elite formada por familias de notables judíos y griegos, y acabó con los estrechos vínculos entre las funciones de rey y sumo sacerdote, otro de los principios fundamentales de la religión judaica de la época. Todo ello desembocó prácticamente en una anarquía en la que no menos de veintiocho titulares ocuparon el cargo de *hakkohen haggadol* en rápida sucesión entre la coronación de Herodes, en 37 a.C., y la caída de Jerusalén a manos del ejército romano en 70 d.C.

Los herodianos fueron otra poco grata imposición sobre un pueblo llano judío ya bastante cínico que se vio obligado a aceptarlos contra el claro deseo de la mayoría, pero el efecto fue más profundo. Las tropas romanas que respaldaban a los herodianos eran paganas hasta el último hombre y su invencibilidad reforzó el mensaje de que el paganismo equivalía al éxito. Los judíos aborrecían la dominación extranjera pero, tal como hemos visto en las escrituras de Jeremías, muchos creían que los dioses de sus amos paganos eran mucho más fiables a la hora de ofrecer protección y victorias militares que la deidad oculta de Moisés. Por consiguiente, el paganismo se siguió practicando a buen ritmo en algunos sectores de la comunidad judía. No siempre disponemos de detalles claros sobre en qué consistían tales costumbres porque, como suele pasar con las cuestiones paganas judías, los documentos han sido destruidos. Lo único que se conserva son las exageradas críticas de sus oponentes más ortodoxos.

Hasta el periodo posterior al Exilio, Jeremías ha sido uno de los pocos escritores que se ha mostrado concreto en sus acusaciones, vinculando el *massebah* y el *asherah* (las imágenes simbólicas de la diosa de la fertilidad y su consorte) de los «lugares altos» con ritos sexuales que conllevaban prostitución.

> Ya desde tiempo antiguo quebraste mi yugo, rompiste mis coyundas, y dijiste: No quiero servir al Señor. En efecto, en todo collado alto y debajo de todo árbol frondoso te has prostituido cual mujer disoluta. [Jer. 2, 20]

Tras la captura de Jerusalén por Pompeyo en 63 a.C., no obstante, un grupo anónimo de judíos devotos compiló una colección de manuscritos, los Salmos de Salomón. Escritos originalmente en hebreo, más tarde fueron copiados a los más accesibles griego y siriaco para su consumo por el público. Estos manuscritos proporcionan pruebas claras de que el sexo ritual había penetrado el corazón de la sociedad judía cincuenta años antes del nacimiento de María. El clero estaba consintiendo toda una serie de desviaciones religiosas y convirtiéndose en el hazmerreír de las autoridades romanas.

Convirtieron a los hijos de Jerusalén [los sacerdotes] en objeto de escarnio debido a sus prostitutas. Cualquiera que pasaba por allí entraba a plena luz del día. Se burlaban de sus desmanes aun comparándolos con lo que ellos mismos hacían; ante el sol exponían al desdén su falta de rectitud. Y las hijas de Jerusalén estaban a disposición de todos, según el criterio de cada uno, porque se habían mancillado mediante trato carnal indecoroso.

[Salmos de Salomón 2, 11 y ss.]

¿Por qué estás tú sentado en el consejo de los devotos [el sanedrín sacerdotal], profanador? [...] excesivo en palabras, excesivo en apariencia por encima de los demás, aquel que con duras palabras condena a los pecadores en el juicio. Y su mano es la primera contra ellos, movida por un gran fervor, cuando él mismo es culpable de varios pecados y de intemperancia. Sus ojos se posan en todas las mujeres indiscriminadamente, su lengua miente cuando jura un contrato. Por la noche, a escondidas, peca como si nadie le viera. Con sus ojos propone a todas las mujeres aventuras ilícitas; no duda en entrar gentilmente en todas las casas como si fuese inocente. Que Dios aleje de los devotos a quienes viven en la hipocresía.

[Salmos de Salomón 4, 1 y ss.]

Las acusaciones que hacen los autores son graves, y obras como los Salmos de Salomón a duras penas habrían atraído la atención de los «profanadores del consejo de los devotos» si no hubiesen existido sacerdotes reincidentes. Los Salmos incluyen incluso oraciones destinadas a evitar que los autores caigan en esas trampas como los demás.

Sálvame, Señor, de las perversas pecadoras y de todas las mujeres que tienden trampas a los simples, y no dejes que la belleza de una mala mujer me lleve por mal camino.

[Salmos de Salomón 16, 7 y ss.]

Estudiosos de la Biblia como R. B. Wright, de la Temple University de Filadelfia, piensan que los autores no pertenecían a los grupos de línea más dura como los fariseos o los esenios. Probablemente fueron devotos moderados y dirigieron sus acusaciones contra el último clero asmoneo ya que, según afirmaban, éste era corrupto y desmandado y autorizaba y participaba en actos de prostitución dentro del recinto del Templo. En efecto, era esta misma casta sacerdotal la que regía en tiempos herodianos, si bien es cierto que supervisada por funcionarios que sentían pocas simpatías por los asmoneos.

Una obra apócrifa posterior, el *Testamento de Moisés*, aunque hostil con la trayectoria de los asmoneos, también ataca a los herodianos. Describe a Herodes el Grande como «un rey libertino, impetuoso y perverso, que los juzgará como merecen». Dando peso a la revisión crítica poniéndola en boca de un sabio antiguo, el *Testamento* presenta a Moisés sermoneando a su sucesor, Josué, y repite la acusación de prostitución sagrada. Desde la seguridad que otorga la retrospectiva, el *Testamento de Moisés* predijo una renovación de la apostasía en el periodo posterior al Exilio. También advertía que, en la época de soberanía romana, «las esposas serán entregadas a los dioses de las naciones». Esto alude a una costumbre tradicional babilónica por la cual, según el escritor Herodoto, era deber de toda mujer babilonia prostituirse una vez en la vida con un desconocido en el recinto del templo de Ishtar, la diosa de la fertilidad. La fecha del *Testamento de Moisés* es significativa. Fue compilado a finales del siglo I o principios del siglo II d.C., lo cual significa (suponiendo que el tema fuese de actualidad) que las prostitutas rituales existían en la sociedad judía durante la vida de María.

El centro religioso concreto en el que tenía lugar la prostitución no queda claro. Los Salmos de Salomón hacen hincapié en el Templo de Jerusalén, probablemente porque sus autores residían en esa ciudad, pero durante y después del periodo de la monarquía los judíos reconocían otros lugares sagrados, como tabernáculos locales y varios santuarios importantes. No resulta fácil acceder a la información ya que los documentos fueron redactados por quienes defendían la legitimidad del templo estatal (y se negaban a reconocer los demás). Ahora bien, se construyeron templos en Shechem, Betel, Mambre, Berseba y Gerizim en Samaria. Mambre seguía siendo un centro de peregrinación para los judíos en tiempos de los romanos. Josefo refiere que el soberano macabeo Juan Hircano destruyó el templo samaritano del monte Garizim en 129 a.C. El Evangelio de Juan da a entender que fue reconstruido y estuvo en activo al menos hasta el siglo I d.C. Una mujer samaritana que defendía la autoridad religiosa de Gerizim desafió a Jesús.

> Nuestros padres adoraron a Dios en este monte, y vosotros, los judíos, decís que en Jerusalén está el lugar donde se debe adorar. Respóndele Jesús: Mujer, créeme a mí, ya llega el tiempo en que ni precisamente en este monte ni en Jerusalén adoraréis al Padre. [Jn. 4, 20-21]

El santuario de Betel tal vez fue más importante. Betel, ubicada en la región montañosa norteña de Efraín, al sur de Shiloh, era el lugar donde el patriarca Abraham había construido un altar y donde Jeroboam fundó su culto al becerro. Durante las reformas de Josías fue parcialmente destruido pero, al parecer, no volvió a ser saqueado tras la caída de Jerusalén a manos de los babilonios. Zacarías da a entender que en algún lugar del norte sobrevivió un importante centro religioso judío cuando, en un obtuso comentario, alude a enviados de Jerusalén que van hacia el norte: «Mira, aquellos que se dirigen hacia la dicha tierra han hecho que reposase el espíritu mío sobre la tierra del aquilón» [Zac. 6, 8]. Es posible que esté describiendo el santuario de Betel, cuyos sacerdotes quizá se quedaron allí como fuerza religiosa dominante en Palestina durante el Exilio. Zacarías prosigue diciendo que en 518 a.C. se despacharon enviados a «la casa de Dios [...] a preguntar a los sacerdotes de la casa del Señor de los ejércitos» [Zac. 7, 2-3]. Esta visita tuvo lugar durante el reinado del rey persa Darío el Grande, pero fue él quien financió en parte la reconstrucción del Templo de Jerusalén y, por aquel entonces, aún seguía en ruinas. De modo que Zacarías tiene que haberse referido a un santuario diferente en el que los sadoquitas que regresaban del exilio se veían obligados a negociar con un grupo sacerdotal rival. El comentario de Zacarías respalda la prueba ya debatida del Libro de Esdras de que cuando los norteños vieron rechazada su oferta de contribuir a la reconstrucción del Templo de Jerusalén comenzaron a hacer la vida políticamente difícil a los exiliados que habían regresado.

Fuera cual fuere el templo o los templos implicados, sabemos por los Salmos de Salomón y los Libros de los Reyes que el Templo de Jerusalén a menudo había sido relacionado con rameras. Cabe la posibilidad, por supuesto, de que esta institución, sede de la judicatura y centro de la devoción judía, se hubiera dedicado a la prostitución comercial corriente, constituida por mujeres de la calle que ejercían libremente entre los rangos superiores del clero. Ahora bien, también sabemos por los Reyes y las escrituras de Jeremías que el Templo de Jerusalén albergaba el *asherah* de la diosa de la fertilidad, lo cual significa que tuvo que contar con su séquito de sacerdotisas. Los documentos babilónicos establecen que los deberes de las sacerdotisas eran cuidar del bienestar cotidiano de la diosa cuya imagen se erguía en los templos de Ishtar de Babilonia, rezar por la vida del rey como símbolo temporal de la prosperidad de la nación y administrar las propiedades que pertenecían al claustro de sacerdotisas. Por consiguiente, es más probable que toda prostitución que tuviera lugar en el núcleo de la vida religiosa y de culto girara en torno a la devoción al *asherah* y a las actividades de las prostitutas sagradas.

Las acusaciones sobre el interés judío por los ritos paganos de la fertilidad durante el siglo I se ven respaldadas por pruebas halladas en una fuente distinta de los textos bíblicos y apócrifos, la Mishná, uno de los principales libros sagrados del judaísmo y del que surgen los talmudes palestino y babilónico. La Mishná pretende ser una colección de enseñanzas orales dictadas por las autoridades que vivieron antes de la destrucción de Jerusalén en 70 d.C. Pero, para ser más exactos, constituye un código de normas descriptivas compilado hacia finales del siglo II d.C. por intelectuales judíos. Contiene apartados extensos dedicados a advertir contra diversas conductas incorrectas, muchas de ellas con un claro trasfondo sexual, y la extensión de las advertencias contra tales aberraciones da una medida de su importancia.

Las reglamentaciones incluyen una prohibición de casas de baños dedicadas al culto de la diosa griega del amor sexual, Afrodita [*Abod. Zar.* 3,4, A], pero entre las críticas más duras una parte llamada la *Abodah Zara* se centra en un largo y hasta obsesivo examen del *asherah* que incluye pistas prácticas para identificar el objeto de culto y una lista de prohibiciones. Aparentemente se refiere al paganismo de los pueblos, pero nada indica que la amonestación sobre el *asherah* estuviera dirigida exclusivamente a obsoletos restos de la sociedad pagana y resulta poco probable que los compiladores hubieran insistido tanto en sus proscripciones si la mayoría de judíos ya se hubiese «curado» de su interés por el paganismo.

> Existen tres clases de *asherahs*:
> Un árbol que uno plantó como objeto de idolatría, — hete aquí que esto está prohibido.
> [Si] lo cortara y podase para idolatrarlo, y éste volviera a echar retoños, podría eliminar los nuevos retoños.
> [Si] dispusiera un ídolo debajo de él y luego lo anulara, hete aquí que esto está permitido.
>
> ¿Qué es un *asherah*? Cualquier árbol bajo el que se ubica un ídolo.
>
> Cualquier [árbol] que la gente adore.
>
> Uno no debe sentarse en su sombra [del *asherah*], y si se sienta en su sombra es impuro.
>
> Si uno ha tomado trozos de madera de él [del *asherah*], tiene prohibido sacarles beneficio.
>
> ¿Cómo se profana [un *asherah*]? [Si] uno lo recortase o lo podase, quitándole una rama o ramita, incluso una hoja [...]
> hete aquí que esto constituye profanación.

[Aunque] uno lo podase por el bien del árbol, sigue estando prohibido.

[Si lo podase] mas no por el bien del árbol, eso está permitido.

La *Abodah Zara* confirma que el *asherah* era de madera, fuese un árbol vivo consagrado o un objeto hecho por el hombre, y en una sección aparte, la *Orlah*, figura una heterogénea lista de artículos prohibidos asociados con el *asherah* o susceptibles de ser mal empleados en su construcción.

Las hojas, los nuevos retoños, la savia de las vides y las bayas en ciernes [de la vid] están autorizados [para su uso] bajo [las leyes de la] *orlah* [...] pero están prohibidos [para su uso] bajo [la prohibición de] el *asherah*. [*Orlah* 1, 7-8]

Una rama de palmera seca o robada no vale. Y una que proceda de un *asherah* o de una villa apóstata no vale [...] Una rama de mirto seca o robada no vale. Y una que proceda de un *asherah* o de una villa apóstata no vale [...] Un cidro seco o robado no vale. Y uno que proceda de un *asherah* o de una villa apóstata no vale. [*Sukk* 3, 1-3,5]

Un nido que se encuentre en lo alto de un árbol consagrado no vale para obtener beneficios, aunque no está sujeto a la ley del sacrilegio. Y aquel que se encuentre en un árbol *asherah* puede hacerse caer con un junco. [*Me'il* 3, 8]

La *Abodah Zara* prohíbe expresamente la venta de piñas a los paganos. Esta disposición podría haberse hecho con la intención de proteger un interés económico vital puesto que, en tiempos bíblicos, los productos de los extensos bosques de cedros de Palestina eran una mercancía escasa en Oriente Próximo. El énfasis en las piñas, no obstante, sugiere que era para frustrar rituales de unción similares a los que antaño se practicaban en Asiria. Si la prohibición la hubiesen motivado los intereses comerciales habría sido contra la venta de semillas.

La generación de María estaba familiarizada con todo esto y la abundancia de pruebas indica que muchos de sus contemporáneos galileos participaban en el culto pagano. Sería injusto dar a entender que todas las críticas religiosas contra los judíos del siglo I, en su mayoría salidas de sus propias filas, se centraban en el rechazo del monoteísmo a favor del paganismo. En parte se debían a la no observancia de las órdenes fijadas en la Tora, es decir, cualquier conducta incorrecta de sacrificio, pureza, limpieza, relajo de las leyes sobre el consumo de alimentos no autorizados y malversación de los fondos del Templo. También alimentaban las críticas las rivalidades entre sectas. Los fariseos dominantes exigían un estilo de vida basado en la abstinencia, los extremistas zelotes que los apoyaban estaban dispuestos a luchar por la libertad política, los saduceos tendían a la ostentación y la afición de los esenios por el ascetismo riguroso los situaba en el extremo opuesto.

Sin embargo, gran parte de las quejas *eran* por idolatría y conducta sexual indecorosa, con el dedo acusador apuntando no sólo a la gente corriente sino también a un importante sector del clero. No existe ningún documento explícito que indique cuándo los dirigentes religiosos judíos incurrieron por vez primera en la apostasía, pero, según algunas opiniones de peso del siglo I, la reincidencia pagana de «alto nivel» era un problema que venía de muy lejos. El escritor griego Estrabón, que vivió aproximadamente desde 64 a.C. hasta 21 d.C., anota en su *Geografía*:

> Durante un tiempo sus sucesores [de Moisés] le siguieron los pasos pero luego el clero cayó en manos de elementos supersticiosos y, más adelante, tiránicos.

Los comentarios de Estrabón se hacen eco de la opinión de los observadores palestinos, incluso los más moderados, a partir del siglo II a.C. en adelante, de que el clero judaico había estado y seguía estando en un estado crónico de degeneración espiritual. Sin embargo, era a la autoridad y cuidado de este clero, supuestamente enclaustrado en un ámbito exclusivamente masculino salvo por un patio que las mujeres podían visitar de vez en cuando, a los que María y una hermandad de jóvenes muchachas vírgenes como ella eran encomendadas para su educación moral y práctica.

En este clima de interés pagano los judíos ansiaban apasionadamente el renacimiento del reino de Israel con la restauración del trono davídico. La frustración del destino espiritual de Israel echaba leña al fuego de aquellos miembros de la comunidad que esperaban que un castigo de las alturas cayera sobre las cabezas de los opresores de Israel. La agonía de la represión, creían, se resolvería mediante intervención divina con el *mesías* marchando al frente de su ejército triunfador. A pesar de los defectos del pueblo elegido de Dios, éste lo libraría del mal con el que lo habían emparejado y restauraría su grandeza mediante un masivo, aunque selectivo, apocalipsis contra las naciones que lo habían hecho caer tan bajo.

La época de soberanía herodiana no era la primera en la que los judíos habían buscado la liberación. Durante la opresión asiria del siglo VIII a.C., Isaías se había visto obligado a levantar la moral ante las extremas penurias infundiendo ánimo a los israelitas con un derroche de chauvinismo.

> Pues ha nacido un parvulito para nosotros, y se nos ha dado un hijo, el cual lleva sobre sus hombros el principado, o la divisa de rey, y tendrá por nombre el admirable, el consejero, Dios, el fuerte, el padre del siglo venidero, el príncipe de la paz. Su imperio será amplificado y la paz no tendrá fin; sentaráse sobre el solio de David, y poseerá su reino para fianzarle y consolidarlo, haciendo reinar la equidad y la justicia desde ahora y para siempre. [Is. 9, 6-7]

No obstante, la salvación prometida no había llegado y Palestina había sido escenario de luchas, y asolada y vencida por sucesivas olas de conquistadores que la consideraban una joya apetecible. La flor y nata del «pueblo elegido» se había visto arrastrada a un segundo periodo prolongado de cautiverio forzoso en Mesopotamia, esta vez en Babilonia. Ahora exigía venganza.

Glorifica la Mano, y alaba el Brazo Derecho,
despierta indignación y revela Tu ira,
somete al infiel y expulsa al enemigo,
reúne a todas las tribus de Jacob
para que reciban su herencia como en los días de antaño.
Apiádate del pueblo que es llamado en Tu nombre,
de Israel a quien llamaste Tu primogénito.
Da testimonio de la primera de Tus obras
y haz realidad la visión proclamada en Tu nombre.
[*Sabiduría de Ben Sira,* 36]

La administración herodiana dio poderosas razones a los judíos para creer en la inminente llegada del *mesías*. Herodes el Grande no era más severo que muchos caciques anteriores de Judea, pero los herodianos habían inaugurado una situación política excepcional que cumplía las condiciones de la profecía que Jacob hiciera en su lecho de muerte. En el mundo antiguo, las predicciones de los oráculos se tomaban muy en serio. Eran mensajes de un dios, sabiduría divina entregada a través de un intermediario humano. La mayoría de los judíos que vivían en el siglo I sin duda conocían, como parte de su folclore, la predicción de Jacob según la cual un *mesías* vendría en un tiempo en que el rey de Judea ya no sería un hombre surgido de entre ellos (un legislador que no sería «de entre los pies de Judá»).

Hasta el Exilio babilónico, los judíos habían sido gobernados desde su propia casa, y en el periodo de la restauración incluso mantuvieron una administración sacerdotal de familias de alto abolengo que, aun no siendo una monarquía en toda regla, emanaba de sus propias filas. Cuando el título de «rey» fue concedido a Herodes, una tradición de siglos cambió de manera drástica. La familia del padre de Herodes era idumea y, según el historiador judío Josefo, su madre era árabe. Ahora no sólo los cargos de rey y cabeza espiritual estaban separados y escapaban al control de los judíos, sino que su soberano era un extranjero. Esto es fundamental para la búsqueda de la verdadera María. Lo que anunció la llegada de un *mesías* no fue su supuesta Inmaculada Concepción de Jesús, sino la aparición de los herodianos. Ellos establecieron las condiciones para que la profecía de Jacob se hiciera realidad y esto permitió que los judíos cristianos asignaran a María, retrospectivamente, el papel de madre inmaculada de Jesús.

La creencia consagrada por la tradición en la liberación mesiánica también tenía sus orígenes en la llamada Alianza Davídica, hecha cuando David heredó de Saúl su reino israelita hacia 1010 a.C. David consideró que su generoso deber por la gracia divina era fundar una dinastía que protegería Palestina para siempre como la Tierra Prometida de los hebreos.

> Y cuando hayas terminado tus días, e ido a descansar con tus padres, yo levantaré después de ti a un hijo tuyo, que nacerá de ti, y consolidaré su reino. Éste edificará un templo en que será adorado mi nombre, y yo afirmaré su regio trono para siempre. Yo seré su padre, y él será mi hijo. [2 S. 7, 12 y ss.]

En un sentido, David era él mismo el *mesías*, palabra que deviene «Cristo» o *Cristos* en griego. Siempre se creyó, no obstante, que otro seguiría sus pasos, «un hijo de David y una rama recta del tallo de Isaí». Esta visión, junto con la profecía de Jacob, mantuvo vivo el sueño del «ungido» que un día devolvería el poder y la gloria a Israel.

> Yo estaba, pues, observando durante la visión nocturna, y he aquí que venía entre las nubes del cielo uno que parecía el Hijo del hombre; quien se adelantó hacia el anciano de días, y le presentaron ante él. Y dióle éste la potestad, el honor y el reino;

> y todos los pueblos, tribus y lenguas le servirán a él: la potestad suya es potestad eterna que no le será quitada, y su reino es indestructible. [Dn. 7, 13 y ss.]

Crucial para la cuestión de la identidad de María es la siguiente pregunta: ¿qué clase de *mesías* esperaba el pueblo judío? Uno de los criterios sobre los que se ha insistido al principio de este libro es que su biografía es inseparable de la de Jesucristo, siendo mutuamente una la clave exclusiva de la otra. Los judíos ortodoxos probablemente veían el futuro con un rey sagrado, el «tallo de Isaí» ungido por Yahvé que salvaría a su pueblo con la Tora en ristre. Por lo general, el sueño parece haber sido de un único *mesías* heroico, aunque los esenios pensaban que un guerrero traería «la muerte a los impíos» y derrotaría a las «naciones» [IQSbv, 20-29] mientras un sacerdotal «*mesías* de Aarón» interpretaría la ley [IQSa, 11, 20]. En esta visión puramente yahveísta la madre del *mesías* habría sido una matrona judía de la familia real, la esposa de un rey soberano.

La imagen ortodoxa del *mesías*, no obstante, no puede haber sido la única en circulación puesto que los judíos estaban empapados de las tradiciones paganas de Canaán y Mesopotamia. Estas tradiciones narraban el nacimiento de un *mesías* de distinto género. La Judea del siglo I era un lugar donde, durante más de mil años, las tradiciones de Isis y Osiris, Baal y Anat, Tammuz e Ishtar habían sido aceptadas con firmeza aparte de las de Yahvé. Desde los tiempos de Moisés, las clases populares judías envidiaron el éxito nacional de pueblos cuya prosperidad estaba salvaguardada por la unión sexual de diosas de la fertilidad con sus hijos y amantes que morían y renacían. En el clima de persistente apostasía judía, estos ayuntamientos celestiales tuvieron que ocupar un lugar preponderante. El pueblo hebreo y sus descendientes tuvieron que ver con sus propios ojos la dramatización ritual de la unión celestial en tiempos de necesidad. Si no, les sería referida por los viajeros provinentes de tierras paganas. Los soberanos mortales, los aparentemente invencibles y divinos gobernantes de Mesopotamia, se apareaban con las sacerdotisas de la diosa, las prostitutas sagradas, y su unión sexual daba fruto en la forma de reyes sagrados. Viviendo en Galilea, empapada de tradición pagana, es probable que esta idea de nacimiento mesiánico fuera más familiar para María, sus amigos y su familia que el yahveísmo de los fariseos y saduceos de Jerusalén. Lo que sabemos de la vida de María, o lo que creemos saber, será en lo que se centrará ahora el caso.

6

La María bíblica

Para iniciar como es debido la búsqueda de la verdadera María hay que remitirse a las crónicas de los hombres que escribieron los libros del Nuevo Testamento y su homólogo apócrifo. Algunos de dichos autores fueron contemporáneos de Jesús y su madre, mientras que otros escribieron sobre acontecimientos de un pasado reciente. Por desgracia estas crónicas no profundizan en el tema y a menudo incurren en errores. Debemos tener en cuenta, además, que la poca fiabilidad no es la única complicación que presentan: el modo en que se ha interpretado el Nuevo Testamento ha cambiado con el paso de los años. Se han sacado conclusiones no sólo de lo que está escrito sino también de lo que no.

Cada uno de los cuatro Evangelios canónicos retoma la breve historia de María con distintos grados de elaboración. Gran parte del texto en tres de estas narraciones, las obras atribuidas a Mateo, Marcos y Lucas, las tres compiladas durante la segunda mitad del siglo I d.C., es idéntico o extremadamente parecido en su lenguaje. Esta semejanza es extraordinaria en la literatura del mundo antiguo y debido a la manera en que están escritos, a lo comparables que son en forma y contenido, se conocen como los Evangelios sinópticos.

La mayoría de estudiosos cree que el Evangelio de Marcos fue el que se escribió primero, entre 60 y 70 d.C., unos treinta o cuarenta años después de la Crucifixión. No contiene alusiones decisivas sobre acontecimientos posteriores a 70 d.C. A los de Marcos siguieron, unos diez años después, los Evangelios de Mateo y Lucas. Se piensa que éstos se inspiraron en Marcos, aunque posiblemente ambos incorporan material de una procedencia desconocida a la que se denomina «Q» (del alemán *Quelle,* «fuente») Mateo estuvo en circulación a partir de más o menos 100 d.C. Aproximadamente el noventa por ciento de Marcos se repite en Mateo y más del cincuenta por ciento en Lucas, pero ni Mateo ni Lucas parecen estar relacionados salvo a través de Marcos. No todos los teólogos están de acuerdo con la tesis de que el Evangelio de Marcos sea la pieza clave: hay quien sostiene que el de Mateo fue el Evangelio original, utilizado posteriormente por Lucas, mientras que Marcos alternó entre ambos. Otros arguyen que Mateo copió a Marcos y que Lucas copió a ambos. Al margen de cuáles sean los mejores argumentos académicos para establecer a quién corresponden los honores literarios, el cuarto Evangelio, obra atribuida a Juan, presenta muy poco parecido con los otros tres y, probablemente, procede de una fuente bastante independiente. También se piensa que no fue redactado por Juan sino por un grupo de sus estudiantes en Roma. Clemente, obispo de Alejandría en el siglo II, lo identificó como «el último de los cuatro testamentos», dando a entender que no pudo haber sido escrito por un contemporáneo de Jesús, sino más bien por alguien perteneciente a la generación siguiente, aunque su fecha exacta de redacción se desconoce. La autoría distinta convierte a Juan en un valioso punto de referencia.

Varias de las primeras obras cristianas están clasificadas como apócrifas, es decir, dudosas o fabulosas, y para apreciar el valor de estos textos es importante comprender que, después de la muerte de Cristo, el nacimiento del movimiento cristiano no se vio libre de trabas. La nueva religión generó toda suerte de facciones enfrentadas, cada una pregonando a los cuatro vientos sus propios dogmas a unos extremos que no han conocido parangón en la posteridad. Puede que Jesús se viera a sí mismo como un reformador social y que contara con tener seguidores, pero no dejó ningún reglamento o mandato para que se fundara una secta en su nombre. Así pues, los primeros dos siglos y medio de la Cristiandad conocieron grupos rivales enfrentándose sin ningún sentido de la ortodoxia ni consenso de opinión. Cada una de la facciones abogaba por distintos enfoques doctrinales, cada una se defendía vigorosamente a sí misma y cada una, cómo no, reivindicaba estar en posesión de la verdad moral y teológica.

Hasta que una facción, basada en la Iglesia de Roma, se impuso a sus rivales durante el siglo IV no saltó a primer plano una opinión mayoritaria. Esta facción asumió el papel de defensor del pueblo, rechazando todos lo textos religiosos menos aquellos que contaban con su aprobación para luego insistir en que representaba la ortodoxia, la pura y absoluta verdad avalada por Jesucristo.

Compuestas en su mayoría desde principios del siglo II d.C. hasta el inicio de la Edad Media, las obras apócrifas fueron consideradas «no ortodoxas» por la Iglesia apostólica y recibidas con distintos grados de desaprobación o con rotundo rechazo. Muchas de ellas terminarían catalogadas de «heréticas» para separarlas, a su conveniencia, de aquellas que dio en llamar «ortodoxas». Por lo general han quedado encasilladas como parte de los documentos antiguos que ningún sector del movimiento cristiano acepta como auténticos. Algunas se publican con advertencias, mientras que otras están prohibidas.

La postura de la Iglesia de Roma, no obstante, fue subjetiva y no representaba necesariamente un punto de vista apostólico genuino. En los textos canónicos aparecía tan poca cosa sobre María que su retrato biográfico se prestaba a ser coloreado profusamente, sin reparar en lo rocambolesco de los adornos. Las escrituras que los padres apostólicos aceptaron como ortodoxas en los primeros años con frecuencia se vieron rechazadas más tarde, cosa que se tradujo en la incorporación al retrato de María de elementos procedentes de obras que luego fueron anatematizadas alegando que eran heréticas. Durante muchas décadas, el *Protoevangelio de Santiago*, escrito en la segunda mitad del siglo II, fue considerado digno de ser incluido en la literatura bíblica oficial hasta que ciertos elementos sobre pormenores de la vida de María, que examinaremos brevemente, pasaron a ser «inaceptables» a ojos de los dirigentes de la Iglesia de Roma. En alguna ocasión se ha dado el caso contrario y se ha aceptado material originalmente condenado.

En su *Historia de la Iglesia*, el comentarista cristiano griego Eusebio, que escribió en el siglo III d.C., adoptó una actitud típicamente pedante con los autores que se apartaban de la línea oficial.

> El demonio, que odia el bien, enemigo acérrimo de la verdad e inveteradamente contrario a la salvación del hombre, volvió todas sus armas contra la Iglesia. En épocas anteriores la había atacado persiguiéndola desde fuera; pero una vez se ha visto excluido de eso, ha recurrido a inescrupulosos impostores como instrumentos de corrupción espiritual, y empleado nuevas tácticas, ingeniándoselas por todos los medios imaginables para que los impostores y estafadores, al encubrirse en el mismo nombre de nuestra religión, consigan de una vez por todas llevar hasta el abismo de la destrucción a cuantos creyentes hacen caer en su trampa, y con sus propios actos y empeños apartan a los ignorantes de la fe del camino que conduce al mensaje de la salvación. [Penguin, p. 158]

La actitud intransigente de Eusebio encontró eco en los primeros Padres cristianos, inquebrantables en su celo y firmes en su limitada perspectiva según la cual toda desviación doctrinal equivalía a perversión. Llovieron mociones de censura sobre todas las interpretaciones «inaceptables» con inclusión de las escrituras que plantearan la más leve duda sobre María, la madre por gracia divina, según la describen las obras canónicas. Dadas las maquinaciones que hubo, nunca estará del todo claro cuánto de la literatura superviviente es exacto y cuánto fruto de una ferviente imaginación.

Finalmente, para resolver la cuestión de qué era y qué no era aceptable como lectura cristiana, los textos bíblicos fueron formalizados mediante una sucesión de rigurosos edictos papales. El *Decretum Gelasianum*, atribuido al papa Gelasio I del siglo V, aunque probablemente fue compilado en el siglo VI, quizá sea el más conocido. Bajo el encabezamiento *de libris recipiendis*, presenta una lista de veintisiete libros del Nuevo Testamento a la que sigue una lista de seis obras condenadas.

> El resto de escritos que ha sido compilado o reconocido por los herejes o cismáticos, la Iglesia católica apostólica y romana no los acepta de ninguna de las maneras [...] lo que todos los discípulos de la herejía y de los herejes o cismáticos, cuyos nombres apenas hemos conservado, han enseñado o compilado, reconocemos que no sólo debe ser rechazado sino excluido de la Iglesia católica apostólica y romana junto con sus autores y los adeptos de dichos autores para que sean condenados a los grilletes del anatema para siempre jamás.
>
> [*Decretum Gelasianum*]

La mayoría de los detalles sobre la vida de María hay que buscarlos en un surtido de estas narraciones prohibidas que abordan la primera infancia de Jesús. Algunas son poco más que cuentos románticos. Incluso los relatos canónicos sobre la Natividad tuvieron como autores a escribas anónimos que los redactaron no antes de ochenta años después de los acontecimientos que describen. Debemos suponer, por consiguiente, que tanto la biografía bíblica como la apócrifa es una incierta mezcla de historia y mito. También deberíamos recordar que todo mito evoluciona de manera global. En los relatos tradicionales de todo el mundo, cada detalle tiene su importancia subyacente y nada puede pasarse por alto como mera «decoración de escaparate». Los pequeños actos que han hallado su lugar en la biografía de María quizá parezcan incidentales pero tienen su importancia.

La María del Nuevo Testamento y sus textos apócrifos fue una mujer de notables contradicciones. Nos cuentan que pasó la infancia enclaustrada en el Templo, coto exclusivamente masculino. Desde al menos la edad de doce años vivió en la que probablemente fue la zona de mentalidad más pagana de la Gran Judea, Galilea, sin embargo se supone que era una judía ortodoxa devota. Fue una virgen de por vida que consiguió la proeza biológicamente imposible de concebir y dar a luz un hijo. Jesús fue un reformador social y amigo de todos, sin embargo, parece que la trataba con desdén. María es casi central para la fe cristiana, sin embargo, es uno de los personajes más imprecisos de la Biblia. Para los cristianos, encarna la renuncia al sexo, sin embargo, estaba llamada a recibir el título de «reina del Cielo», que posee connotaciones sexuales puesto que era el mismo que se aplicaba a la diosa mesopotámica de la fertilidad.

Al menos parte de la paradoja está relacionada con el complicado clima religioso y político tanto del mundo de María como del de los primeros cristianos bajo los auspicios del Imperio romano. Para cuando murió, y debemos suponer que si vivió todo el periodo bíblico de setenta años la muerte le llegó a mediados del siglo I d.C., el mundo romano, con inclusión del antiguo Oriente Próximo, estaba al borde de una gran convulsión. Se trataba de un cambio tan profundo como los avances tecnológicos de los que hemos sido testigos a finales del siglo XX, aunque no era una revolución técnica sino espiritual. En comparación, el cambio del yahveísmo o hebraísmo, basado en los sacrificios y el culto del Templo, al judaísmo, que giraba en torno a la sinagoga y la oración, había sido un fenómeno mucho más localizado y menos radical. Había tenido lugar en el clima del Exilio en Babilonia, donde se negó a los judíos un templo en el que practicar su culto, pero no conllevó ningún cambio fundamental en cuanto a filiación religiosa.

En el siglo I d.C. dos sistemas religiosos estaban empezando a hacer patente su antagonismo: el monoteísmo, configurado como cristianismo, y el politeísmo, al que me vengo refiriendo como paganismo. Los cristianos adoraban su «Dios Universal» al tiempo que negaban los de todos los demás. Los paganos eran más liberales en su opinión sobre otros sistemas religiosos. Los tres siglos posteriores a la vida de María serían testigos de la más profunda transformación religiosa que el mundo haya conocido jamás. Para apreciar cómo fue posible tal cambio debemos regresar brevemente a la época del nacimiento de María. En 31 a.C., Octaviano, el hijo adoptivo de Julio César, se había convertido en el gobernante efectivo de Roma, y Roma gobernaba el mundo. Sin embargo, Octaviano no era un dirigente corriente pues, en 27 a.C., se había hecho con el poder absoluto otorgándose a sí mismo el título de *Imperator Caesar (divi filius) Augustus*, dando así a entender que era el hijo de un dios. Cuando llegó al poder, el mundo romano distaba mucho de hallarse en una situación estable, pues la agitación social y la guerra civil llevaban haciendo estragos desde mediados del siglo anterior. La maquinaria gubernametal estaba prácticamente desmantelada y los dirigentes de Roma hacían caso omiso de la Constitución. Respaldado por un inmenso ejército y la riqueza de Egipto, ahora bajo control imperial, Octaviano se encontró con una autoridad total y absoluta. Esto significaba que podía implantar la paz y la prosperidad económica en el nuevo imperio. Para muchos tuvo que parecer semejante a un dios.

El sentir general era que se avecinaba una nueva «época dorada» y el poeta Virgilio (70-19 a.C.) resumió así el ambiente expectante:

> Ahora ha llegado la última era de la canción de Cumae; la gran línea de los siglos comienza de nuevo. Ahora la Virgen [Justicia] regresa, la era de Saturno regresa, una nueva generación desciende de lo alto del cielo. [*Églogas* 4, 4 y ss.]

En este ambiente de renovación y expectativas de «algo diferente», no obstante, iba a intervenir resueltamente un cristiano converso y predicador, Pablo, mirando con severidad a la comunidad gentil (es decir, pagana). Pablo preconizaba un nuevo comienzo bajo los auspicios de un «nuevo» dios cuyas intenciones para con la humanidad habían sido reveladas a través de su martirizado hijo semidivino. Su mensaje contenía los ingredientes adecuados para atraer a los paganos de todas las profesiones y condiciones sociales, una embriagadora mezcla de viejos sentimientos paganos dirigidos hacia un semidios al que habían dado muerte en la flor de la vida y que luego resucitara de forma milagrosa, la promesa de vida eterna y reformas sociales radicales. El problema residía en que el emperador también era divino y, por consiguiente, poco favorable al surgimiento de deidades rivales. El resultado fue la persecución de los cristianos que no reconocían el carácter sobrenatural del emperador. Ahora bien, para cuando Constantino se convirtió en 312 d.C., aunque los emperadores se seguían llamando a sí mismos «augustos», ya no reivindicaban ser divinos y, más importante si cabe, la Roma imperial estaba respaldando a los cristianos.

Al final, un sistema sustituyó ingeniosamente el que había al inicio del proceso. El vencedor fue el cristianismo, pero su triunfo se debió en realidad al abrazo de ambos sistemas. La historia tiende a no registrar el detalle fundamental de que el cristianismo es una creencia híbrida, porque los historiadores fueron, por desgracia, los primeros Padres de la Iglesia, y les era imprescindible negarlo.

Miremos con detenimiento la biografía de María desprovista de todo su romanticismo. Hasta nosotros no ha llegado ninguna información fiable acerca de su fecha y lugar de nacimiento, y mientras que el relato de la Natividad la sitúa a temprana edad en la localidad judea de Belén, su principal asociación es con Galilea. De diversos acontecimientos consignados en Mateo y Lucas, se desprende que la fecha de nacimiento de Jesús fue hacia 4 a.C., poco más o menos cuando murió

Herodes el Grande. Lucas escribe que María y José pusieron casa en Nazaret de Galilea, un pueblo de provincias de una remota región palestina que ni siquiera se menciona en el Antiguo Testamento; llamarlo ciudad, como hicieron Mateo y Lucas, probablemente obedezca a una licencia poética.

En cuanto al Nuevo Testamento, parecería lógico que la referencia más antigua a María estuviera en los Evangelios. No obstante, podemos hallar al menos una referencia a la «madre de Jesús» anterior a 60 d.C., la fecha más temprana de su redacción. En su carta a los Gálatas, escrita hacia 51 o 52 d.C., Pablo hizo un comentario de pasada.

> Mas cumplido que fue el tiempo, envió Dios a su hijo, formado de una mujer, y sujeto a la ley. [Gá. 4, 4]

Pablo evita mencionar el nombre de María, pero la expresión «formado de una mujer» da a entender que ésta era una persona normal. Resulta significativo que Pablo agregara las palabras «sujeto a la ley». Presumiblemente, se refería a la ley mosaica, lo cual significaría que María, siendo judía, había concebido a Jesús con su marido legal o, bajo la ley hebrea del Levirato, con su cuñado. Los comentarios de Pablo indican que las extravagantes ideas sobre el alumbramiento virginal que surgirían en el siglo II, y que tan esenciales devendrían para el culto mariano, aún no existían por entonces.

El *Protoevangelio de Santiago* es el más importante de los Evangelios apócrifos y buena parte del relato mariano actual puede rastrearse en este libro, conocido popularmente como el «Nacimiento de María, Madre de Dios». Su autor afirma ser uno de los doce apóstoles, Santiago el Menor, hijo de Alfeo. Tal afirmación resulta dudosa, ya que el autor demuestra un profundo desconocimiento de las costumbres judías y de la geografía de Palestina con las que Santiago y su familia habrían estado familiarizados, lo cual indica que la obra ni es de un judío, ni fue redactada originalmente en hebreo. Ha hecho mucho para ilustrar la biografía y los orígenes de María, aunque en algunos puntos prodiga una excesiva adulación a su figura. En el siglo XVI, cuando se publicó en Suiza la primera edición impresa, se supuso erróneamente que el *Protoevangelio* era más antiguo que los Evangelios canónicos. Ahora se piensa que lo escribieron autores anónimos en la segunda mitad del siglo II, con lo cual sigue siendo un obra cristiana muy temprana y, si dejamos a un lado el escaso interés por María de escritores como Pablo, muestra lo rápido que avanzó la devoción mariana.

Los padres de María, llamados Ana y Joaquín en el *Protoevangelio*, llevaban muchos años sin tener hijos y cuando Ana quedó encinta, la tradición requería que fuese por intervención divina.

> Y he aquí que un ángel del Señor apareció, y le dijo: Ana, Ana, el Señor ha escuchado y atendido tu súplica. Concebirás, y parirás, y se hablará de tu progenitura en toda la tierra. Y Ana dijo: Tan cierto como el Señor, mi Dios, vive, si yo doy a luz un hijo, sea varón, sea hembra, lo llevaré como ofrenda al Señor, mi Dios, y permanecerá a su servicio todos los días de su vida.
>
> [*Protoevangelio* 4, 1, ANT]

A cambio de este favor la pareja prometió poner a su hija al servicio del Dios israelita entregándola, a la edad de tres años, a los sacerdotes del Templo.

> Y, cuando la niña llegó a la edad de tres años, Joaquín dijo: Llamad a las hijas de los hebreos que estén sin mancilla, y que tome cada cual una lámpara, y que estas lámparas se enciendan, para que la niña no vuelva atrás, y para que su corazón no se fije en nada que esté fuera del templo del Señor. [...] Y el Gran Sacerdote recibió a la niña, y, abrazándola, la bendijo [...] Y María permaneció en el templo del Señor, nutriéndose como una paloma, y recibía su alimento de manos de un ángel.
>
> [*Protoevangelio* 7, 2; 8, 1, ANT]

Al referirnos esto, el autor del *Protoevangelio* admite algo extraordinario y quita la primera capa significativa de pinceladas que cubren el verdadero retrato de María. Aparentemente el relato es inverosímil, porque según la ley judía las mujeres no estaban autorizadas a vivir en el Templo, y no deja de ser significativo que los escritores canónicos no reseñaran esta cuestión. La mera insinuación de una niña virgen educada por sacerdotes habría sido socialmente abominable para los judíos. Lo correcto hubiese sido mantener a María encerrada con su madre y las demás mujeres de su familia, bien apartada de la atención del público y, particularmente, de los ojos de los hombres.

Otras narraciones apócrifas antiguas, en su mayoría de autor y fecha desconocidos, dan la impresión de haber sido redactadas con el preciso propósito de llenar las lagunas de los textos del Nuevo Testamento. Puede parecer que ilustran un poco más la biografía mariana, pero sus autores a menudo se ponen a idealizar los comentarios canónicos sobre María y a añadirles paja. Aunque los primeros creyentes cristianos las leyeron con avidez e incluso algunas llegaron a considerarse ortodoxas, en realidad eran principalmente producto de la imaginación, sin validez histórica ni aportaciones de testigos. Varios de los autores apócrifos, no obstante, refirieron el episodio del Templo, lo cual indica que debe tomarse en serio.

A la creciente adoración por María hay que sumar el *Liber de Infantia* o *Evangelio del Pseudo Mateo*, escrito probablemente en el siglo VIII o IX d.C., si bien cabe que se remonte al VI, aunque la copia más antigua está fechada en el siglo XI. Éste respalda el relato de la educación de María en el Templo que figura en el *Protoevangelio*, al igual que la *Historia de José el Carpintero*, que se piensa que fue escrita en el siglo III o IV como enérgica respuesta a las numerosas leyendas que ponían énfasis en María, y que una obra conocida como el *Evangelio del Nacimiento de María*, cuya versión más antigua existente fue copiada por el escritor y evangelista Jerónimo en el siglo IV. Aunque éste probablemente comparta un origen común con el *Protoevangelio*, tiene un carácter aún más íntimo e incluye pasajes como el de María, de pequeñita, subiendo los quince escalones del Templo por su propio pie.

> La Virgen del Señor subió así todos los escalones, uno tras otro, sin ayuda de nadie que la guiara o la sostuviera [...] los padres habían ofrecido su sacrificio, según la costumbre dictada por la ley, y cumplieron su promesa, dejando a la Virgen con las demás vírgenes en los aposentos del Templo, que es donde tenían que llevarla, y regresaron a casa.
>
> [*Nacimiento de María* 4, 6, 8, ANT]

Tales detalles probablemente obedecían a la necesidad de una «versión de testigos presenciales» más que a una exactitud estricta, pero el hecho de que la anomalía de la educación en el Templo se detalle en más de uno de los Evangelios apócrifos sobre su infancia sin duda tuvo que plantear serios problemas a los Padres Fundadores de la Iglesia. María permaneció en el Templo, nos dicen, durante nueve años, hasta que cumplió los doce, o doce y medio, y comenzó a mostrar los primeros signos de haber alcanzado la adolescencia.

> Y, cuando llegó a la edad de doce años, los sacerdotes se congregaron, y dijeron: He aquí que María ha llegado a la edad de doce años en el Templo del Señor. ¿Qué medida tomaremos con ella, para que no mancille el santuario?
>
> [*Protoevangelio* 8, 2, ANT]

Esto aporta una clave sobre el año de nacimiento de María. Según la apócrifa *Historia de José el Carpintero* estuvo con José durante dos años antes de la Natividad, con lo cual tendría catorce cuando alumbró a Jesús, en cuyo caso tuvo que nacer hacia 18 a.C. El *Evangelio del Pseudo Mateo* da a entender que contaba catorce años cuando abandonó el Templo, que concibió de inmediato y dio a luz con quince años. Esta edad quizá parezca muy temprana para la maternidad pero no era especialmente inusual en una época en que muchas chicas judías se casaban al principio de la adolescencia.

Otros pormenores referidos de pasada acerca de la juventud de María hallaron su sitio en las obras apócrifas y algunos de ellos también dan a entender que las cosas no fueron del todo como las presentaría su currículum vitae «oficial». Según el *Protoevangelio*, María fue reclutada junto con otras vírgenes para tejer cortinas o velos para el santuario.

> Y he aquí que los sacerdotes se reunieron en consejo, y dijeron: Hagamos un velo para el templo del Señor. Y el Gran Sacerdote dijo: Traedme jóvenes sin mancilla de la casa de David [...] Echad a suertes sobre cuál hilará el oro, el jacinto, el amianto, la seda, el lino fino, la verdadera escarlata y la verdadera púrpura. Y la verdadera escarlata y la verdadera púrpura tocaron a María. [*Protoevangelio* 10, 1, ANT]

El cuidado de las cortinas, que separaban el santuario del Templo, suponía un quehacer constante. La Mishná señala que un sacerdote llamado Eleazar, de una lista de altos oficiantes, estaba a cargo de las colgaduras y que sus tejedoras estaban obligadas a producir dos cortinas nuevas al año [*Sheq.* 5, 1 y ss.]. Desde todos los puntos de vista las colgaduras tenían su importancia, pues cada una de ellas tenía el grueso de un palmo menor y veinte codos de ancho por cuarenta de largo (siendo un codo más o menos la distancia desde el codo de un hombre hasta la punta del dedo corazón). Esta cifra se basa en una inscripción fechada hacia 701 a.C. donde se indica que la longitud de un túnel que Ezequías construyó en Jerusalén era de doce mil codos (unos quinientos veinticinco metros). Las colgaduras las tejían ochenta y dos chicas jóvenes que trabajaban por turnos utilizando telares de tamaño considerable, de setenta y dos hilos, cada hilo de veinticuatro hebras.

Así pues, nada tiene de sorprendente que María fuese reclutada para tejer las colgaduras del Templo, aunque dicha actividad acarreaba un cierto estigma por tener su origen en las mujeres que se describen en 2 Reyes preparando colgaduras para el *asherah*, la encarnación simbólica de la diosa madre diseñada como un árbol estilizado. Lo realmente anómalo sobre los años de formación de María es que residiera en el Templo. En los textos apócrifos o en comentarios posteriores nada explica la decisión de ponerla en manos de los sacerdotes en su más tierna infancia como tampoco la «tutela» que esos mismos sacerdotes dispusieron juiciosamente para ella cuando alcanzó la pubertad.

María fue entregada al cuidado de José, un viudo de edad avanzada descrito en el *Protoevangelio* como constructor de casas en lugar de carpintero. Al parecer asumió la responsabilidad de velar por el bienestar de la muchacha sólo después de protestar enérgicamente y de echarlo a suertes.

> Y el Gran Sacerdote dijo a José: Tú eres el designado por la suerte, para tomar bajo tu guarda a la Virgen del Señor. [...] Mas José se negaba a ello, diciendo: Soy viejo, y tengo hijos, al paso que ella es una niña. No quisiera servir de irrisión a los hijos de Israel. [*Protoevangelio* 9, 1 y ss., ANT]

El autor del *Liber de Infantia* nos refiere de pasada unos cuantos detalles más sobre María y José, pero su información no cuenta con el respaldo de ninguna otra fuente. El abuelo materno de María fue Achar y, cuando María se desposó con José, el sumo sacerdote del Templo de Jerusalén era Abiatar. Más interesante resulta si cabe la revelación de que «José acudió a un banquete con sus hijos, Santiago, José, Judá y Simeón, y con sus dos hijas». ¿Quién era su madre? Mateo y Marcos, quizás astutamente evasivos, los describieron como hermanos de Jesús en lugar de hijos de María, aunque la *Historia de José el Carpintero* contiene algunos detalles adicionales. La narración está puesta en boca de Jesús.

> Había un hombre llamado José, descendiente de una familia de Belén, una villa de Judá que fue la ciudad del rey David. Este mismo hombre, estando bien instruido en sabiduría y enseñanzas, fue nombrado sacerdote en el Templo del Señor. También

> era habilidoso en su oficio, que era el de carpintero; y como todos los hombres tomó esposa. Además engendró hijos e hijas, de hecho cuatro hijos y dos hijas: Judas, Justo, Santiago y Simeón, Assia y Lidia [...] con el tiempo, la esposa del honrado José, una mujer que velaba por la gloria divina en todos sus actos, murió. [ANT, p. 114]

La inclusión de detalles sobre el matrimonio anterior de José y los hijos de dicha unión condujo a la condena de varias narraciones apócrifas. En una serie de sermones, las *Catequeses*, Cirilo de Jerusalén (315-386 d.C.) preparó una de las primeras listas de libros que eran aceptables y declaró que «en el Nuevo Testamento sólo hay cuatro Evangelios, pues los demás presentan títulos falsos y son dañinos». La prohibición impuesta a la *Historia de José el Carpintero*, el *Liber de Infantia* y el *Protoevangelio* fue particularmente severa en Occidente. Las observaciones que contienen contradecían las virulentas reivindicaciones de algunos comentaristas cristianos antiguos, como Jerónimo y Ambrosio, para quienes José no tuvo más cónyuge que María y, como ella, permaneció virgen toda su vida. No obstante, contra toda lógica, hombres como Jerónimo decidieron no sólo publicar versiones de los Evangelios apócrifos sobre la infancia sino hacerlo incluyendo las partes «difíciles» acerca de los matrimonios de José y los años del Templo. El hecho de que Jerónimo no fuese tachado de hereje constituye una prueba concisa de que la doctrina iba dando bandazos durante los primeros siglos del cristianismo.

Llegados al momento de la Natividad, dos de los Evangelios canónicos muestran cierto interés por la historia de María. Según el Evangelio de Lucas, se había convertido en la «esposa consorte» de José. No se explica si tal expresión fue introducida diplomáticamente por preferirla a «custodia» o si el matrimonio con José fue deseado de verdad. El *Protoevangelio* deja claro que José fue requerido para mantener a María bajo su tutela. Sin embargo, ocurrió un presunto milagro, ya que María quedó embarazada a la edad de catorce o quince años, acontecimiento que fue milagroso dado que supuestamente se produjo sin la intervención de ningún padre humano.

Mateo sostiene que la relación no se consumó: «Y, sin haberla conocido, o tocado [José], dio a luz su hijo primogénito, y le puso el nombre de Jesús» [Mt. 1, 25]. El *Protoevangelio* propone algo semejante dando a entender que José se encontraba ausente por motivos de trabajo cuando María concibió.

> Y José, lleno de temor, recibió a María bajo su guarda, diciéndole: He aquí que te he recibido del Templo del Señor, y que te dejo en mi hogar. Ahora voy a trabajar en mis construcciones, y después volveré cerca de ti. Entre tanto, el Señor te protegerá. [*Protoevangelio* 9, 2, ANT]

Lucas presenta un argumento distinto para dar el mismo mensaje, refiriendo que cuando el ángel dijo a María que iba a concebir por obra del Espíritu Santo, abandonó la casa de José a toda prisa y pasó tres meses con su prima Isabel.

Como era de esperar, un poderoso dedo acusador señaló a José, quien, según revela el *Protoevangelio*, experimentó una emoción detrás de otra: ira, remordimiento, miedo, incertidumbre sobre qué hacer y, finalmente, asombro ante el milagro acontecido. José no tardó en ser denunciado ante el sumo sacerdote por un escriba llamado Anás y acusado de consumar en secreto un matrimonio extraoficial. El autor del *Protoevangelio* subrayó la absolución final de José de los cargos de mala conducta sexual, pero sólo después de que tanto él como María fueran sometidos a una curiosa forma de juicio conocida como Beber las Aguas Amargas, el *me hammarim ham'ar rim*. Uno de los métodos más extraños del sistema legal bíblico, esta ordalía estaba ideada para establecer la culpabilidad o inocencia de alguien acusado de mala conducta sexual. Era el recurso judicial utilizado cuando no se podía tomar decisión alguna tras el análisis de las pruebas, o si el acusado no podía presentar testigos para su defensa. Rituales semejantes, aunque no forzosamente con el uso de las aguas amargas, se llevaban a cabo en Babilonia y Asiria. En principio el demandado declaraba su inocencia ante Dios, cuya sentencia se establecía mediante un juramento. Negarse a la ordalía era admitir la culpa, y el perjurio del acusado traería consigo la maldición que acompañaba el juramento. La ordalía se detalla en el Libro de los Números del Antiguo Testamento.

> El sacerdote tomará del agua santa o del Santuario, en un vaso de barro, y echará en ella un poquito de polvo del pavimento del Tabernáculo. Y dirá: Si no ha dormido contigo hombre ajeno, y si no te has deshonrado con hacer traición al marido, no te harán daño estas aguas amarguísimas sobre las cuales he amontonado maldiciones. Pero si te has enajenado de tu marido, y te has deshonrado, y dormiste con otro hombre, póngate Dios por objeto de execración y escarmiento de todos en su pueblo: haga que se pudran tus muslos, y que tu vientre, hinchándose, reviente: entren las aguas de maldición en tus entrañas, y entumecídose tu regazo, púdranse tus muslos. Y el sacerdote escribirá en una cédula estas maldiciones, y las borrará enseguida con las aguas amarguísimas, y se las dará a beber a la mujer. Y si ha pecado la penetrarán las aguas de maldición; pero si no ha pecado no sentirá daño alguno.
>
> [Resumido de Nm. 5, 17 y ss.]

El sacerdote, que primero escribía la maldición en una pizarra, la borraba con agua y mezclaba luego el agua sucia con polvo del suelo del tabernáculo para preparar el brebaje. Se afirmaba que el agua que obligaban a beber a una mujer culpable la volvía estéril de por vida, haciendo que «el vientre reviente y los muslos se pudran». Probablemente, el efecto no era meramente psicológico y puede que se mezclara alguna droga potente con el polvo.

La mención de esta ordalía en el *Protoevangelio* es importante por dos razones. El resultado respalda las afirmaciones de los relatos canónicos según los cuales José no intervino en la concepción de Jesús; también indica que, a ojos de los judíos, sobre María recaían graves sospechas de haber mantenido relaciones sexuales adúlteras. Estos datos son importantes, como descubriremos más adelante, por motivos ideológicos.

Mateo y Lucas difieren tan acusadamente en el contenido y el tono de los pasajes de la infancia que parece poco probable que los copiaran de una misma fuente como el resto de los relatos sinópticos. En general, el relato de Mateo es más prosaico. A veces el tono es violento, sobre todo en el dramático episodio de la persecución de Herodes y la huida de María, José y el Niño Jesús a Egipto (haciéndose eco del nacimiento de Moisés en el Libro del Éxodo). En cuanto a la concepción y nacimiento de Jesús, Mateo coincide en buena parte con Lucas en que María quedó embarazada durante su «adhesión» a José y, haciéndolo, lo dejó con una comprensible preocupación. Mateo también nos introduce en la imaginería de los tres reyes que viajan desde tierras lejanas, siguiendo una luz en los cielos, y visitan a María con el Niño Jesús para presentar sus respetos al recién nacido.

> Y entrando en la casa, hallaron al Niño con María, su madre, y postrándose le adoraron. [Mt. 2, 11]

En la genealogía que abre este Evangelio, Mateo hace hincapié en que era José, y no María, el descendiente directo de la familia real davídica. Ésta iba a ser una de las áreas de conflicto para el marianismo de los primeros comentaristas cristianos. Si José no había participado en la concepción de Jesús devenía imperativo introducir a María en el linaje real, puesto que el Mesías, según la tradición, sólo podía proceder de la casa de David.

> Y el nacimiento de Cristo fue de esta manera: Estando desposada su Madre, María, con José, antes que hubiesen vivido juntos, se halló que había concebido en su seno por obra del Espíritu Santo. [Mt. 1, 18]

> Un ángel del Señor se le apareció en sueños, diciendo: José, hijo de David, no tengas recelo en recibir a María, tu esposa, en tu casa: porque lo que se ha engendrado en su vientre es obra del Espíritu Santo. [Mt. 1, 20]

La de Lucas es la más romántica de las versiones evangélicas sobre la Natividad. Revela que la prima de María, Isabel, también embarazada bajo circunstancias de interés aunque menos polémicas, fue la persona a quien recurrió en busca de refugio cuando descubrió que estaba esperando un hijo, situación que quizá la habría avergonzado como madre soltera de haber permanecido con José.

> Lo mismo fue oír Isabel la salutación de María, que la criatura dar saltos de placer en su vientre; [...] Y detúvose María en casa de Isabel cosa de tres meses, y después se volvió a su casa. [Lc. 1, 41, 56]

Lucas también cuenta el compromiso matrimonial de José con María y añade la curiosa historia de la visita de un ángel para calmar su inquietud por su maternidad extramatrimonial y darle la noticia de su relación especial con Dios:

> A una virgen desposada con cierto varón de la casa de David, llamado José, y el nombre de la virgen era María. Y habiendo entrado el ángel a donde ella estaba, le dijo: Dios te salve, llena de gracia, el Señor es contigo: bendita tú eres entre todas las mujeres. Al oír tales palabras, la virgen se turbó, y púsose a considerar qué significaba una tal salutación. Y el ángel le dijo: ¡Oh María! No temas, porque has hallado gracia en los ojos de Dios. [Lc. 1, 27-30]

En el inicio de su primer capítulo, Lucas reivindica una mayor exactitud histórica entre los escritores evangélicos y da a entender que los demás presentan carencias a este respecto, aunque también transmite un sentimentalismo que ha sido en buena medida fuente de inspiración para la escenificación popular de la Natividad navideña. La versión de Lucas no menciona a los tres reyes, sino que pinta el nacimiento de Jesús en el marco del pesebre de una posada, con pastores de los campos cercanos que han abandonado sus rebaños para visitar al Niño recién nacido.

> Vinieron, pues, a toda prisa, y hallaron a María y a José; y al Niño, reclinado en un pesebre. [Lc. 2, 16]

El relato de Lucas es la fuente de inspiración del idílico, aunque totalmente ficticio, establo que primero popularizó Francisco de Asís y que ahora decora tantas encantadoras escenas de la Natividad. Este acogedor entorno se amplía en el *Liber de Infantia*, el cual introduce los animales domésticos, añadido claramente estudiado para cumplir la profecía de Isaías de que «el buey reconoce a su dueño, y el asno el pesebre de su amo» [Is. 1, 3]. Esta fantasía ha arraigado en las tradiciones navideñas, pero está muy alejada de toda realidad y escapa del verdadero y más sugerente marco del nacimiento del Mesías. En la Palestina bíblica, el ganado no se guardaba en establos con lindos tejados de paja. La descripción contenida en el *Liber de Infantia* probablemente sea mucho más exacta.

> El momento del parto se avecinaba y él [el ángel] ordenó a María que desmontase del animal y que entrase en una cueva subterránea, en la que nunca había luz, sino siempre oscuridad, porque la luz del día no la alcanzaba [...] y allí dio a luz un hijo. [*Liber de Infantia* 13, ANT]

El Evangelio de Lucas también describe un edicto de empadronamiento. En realidad esto constituye un anacronismo, puesto que, según los archivos romanos de esa época, no pudo haber tenido lugar en las fechas indicadas. Tiene su razón de ser, no obstante, porque la inclusión del edicto sitúa convenientemente el nacimiento de Jesús en la localidad judea de

Belén en lugar de en Nazaret, donde según Lucas vivían María y José. Las profecías del Antiguo Testamento habían dicho que Israel sería restaurado por un descendiente de la Casa de David, así que Mateo y Lucas tuvieron que elaborar sus relatos de tal modo que, pasando por alto el parentesco divino, Jesús naciera del linaje de David y en la ciudad de David.

> Por aquellos días se promulgó un edicto de César Augusto, mandando empadronar a todo el mundo. Éste fue el primer empadronamiento hecho por Cirino, gobernador de la Siria; y todos iban a empadronarse cada cual a la ciudad de su estirpe. José, pues, como era de la casa y familia de David, vino desde Nazaret, ciudad de Galilea, a la ciudad de David llamada Belén, en Judea, para empadronarse con María, su esposa, la cual estaba encinta. [Lc. 2, 1 y ss.]

Lucas procuró escribir un relato que fuera considerablemente exacto, pero no disponía de suficiente información con la que trabajar. Se calcula que el nacimiento de Jesús coincidió poco más o menos con la muerte de Herodes en 4 a.C., pero Cirino no devino gobernador de Siria hasta 6 d.C., cuando Arquelao, uno de los tres hijos de Herodes que le sucedió, fue depuesto del tetrarcado de Judea y Samaria. La región pasó entonces a estar bajo el control directo de Roma y se autorizó un censo con fines tributarios. Estos censos eran muy impopulares entre los judíos y causaban disturbios que han sido documentados en archivos independientes, pero no existe registro alguno de ningún censo en todo el orbe romano que tuviera lugar bajo César Augusto en la época del nacimiento de Jesús. En contraste, Mateo sitúa a María y José como residentes de Belén para luego introducir una mudanza a Nazaret al regresar de su huída a Egipto con vistas a ajustarse a la necesidad histórica de que Jesús fuese nazareno.

Lucas no tiene nada más que ofrecer que un incidente aislado: a la edad de doce años, Jesús fue llevado al Templo de Jerusalén y permaneció allí, sin el conocimiento de María y

José, hasta que éstos se dieron cuenta de que había desaparecido y emprendieron su búsqueda desesperada.

> Y al cabo de tres días de haberle perdido, le hallaron en el Templo [...] Al verle, pues, sus padres, quedaron maravillados. Y su madre le dijo: Hijo, ¿por qué te has portado así con nosotros? Mira cómo tu padre y yo, llenos de aflicción, te hemos andado buscando. Y él les respondió: ¿Cómo es que me buscabais? ¿No sabíais que yo debo emplearme en las cosas que miran al servicio de mi Padre? Mas ellos por entonces no comprendieron el sentido de su respuesta [...] Y su madre conservaba todas estas cosas en su corazón. [Lc. 2, 46 y ss.]

La primera mención evangélica de María después de la Natividad se debe a algunos comentarios anónimos e indirectos, conversaciones informales del gentío cuando Jesús regresa por primera vez a su distrito natal de Nazaret para predicar en la sinagoga local. Mateo y Marcos coinciden.

> Por ventura, ¿no es el hijo del artesano, o carpintero? ¿Su madre no es la que se llama María? ¿No son sus parientes Santiago, José, Simón y Judas? Y sus primas hermanas, ¿no viven todas entre nosotros? [Mt. 13, 55-56]

> ¿No es éste aquel artesano, hijo de María, primo hermano de Santiago, y de José, y de Judas, y de Simón? ¿Y sus primas hermanas no moran aquí, entre nosotros? [Mr. 6, 3]

Juan pasa esto por alto pero refiere un comentario de pasada que hace Jesús a su madre durante las bodas de Caná, fragmento que no recoge ninguno de los autores sinópticos. El texto de Juan siempre evita usar el nombre de María, prefiriendo el de «madre de Jesús».

> Tres días después se celebraron unas bodas en Caná de Galilea, donde se hallaba la madre de Jesús. [...] Respondióle Jesús: ¿Qué nos va a mí y a ti?, aún no es llegada mi hora. [Jn. 2, 1, 4]

En la descripción de la Crucifixión que, en desacuerdo con las narraciones sinópticas, fue presenciada por María, el Evangelio de Juan presenta un breve bosquejo que respalda la idea de que Juan, conocido como el «discípulo a quien Jesús amaba», tomó a María a su cuidado tras la muerte de Jesús, dado que el propio Jesús le solicita que se convierta en su protector.

> Estaban al mismo tiempo junto a la cruz de Jesús su madre y la hermana de su madre, María la de Cleofás, y María Magdalena. Habiendo mirado, pues, Jesús a su madre y al discípulo que él amaba, el cual estaba allí, dice a su madre: Mujer, ahí tienes a tu hijo. Después dice al discípulo: Ahí tienes a tu madre. Y desde aquel punto encargóse de ella el discípulo, y la tuvo consigo en su casa. [Jn. 19, 25-27]

Aparte del relato de la Natividad, y de una única mención al principio de Hechos, no hay más alusiones a María en los textos ortodoxos del Nuevo Testamento. También parece haber significativas omisiones en los Evangelios sinópticos. Se trata de un fenómeno asombroso ya que es el personaje femenino más importante de la historia judeocristiana. ¿Dónde estaba María en el momento de la Crucifixión, para los autores sinópticos? Estuvieron de acuerdo en que un grupo de mujeres galileas presenciaron la muerte de Jesús pero, en desacuerdo con la versión de Juan, ninguno parece haber considerado que su madre se hallara presente.

> Estaban también allí, a lo lejos, muchas mujeres, que habían seguido a Jesús desde Galilea para cuidar de su asistencia; de las cuales eran María Magdalena, y María, madre de Santiago y de José, y la madre de los hijos de Zebedeo. [Mt. 27, 55-56]

> Había allí también varias mujeres que estaban mirando de lejos, entre las cuales estaban María Magdalena, y María, madre de Santiago el menor y de José, y Salomé, que cuando estaba en

Galilea le seguían y le asistían con sus bienes, y también muchas otras que juntamente con él habían subido a Jerusalén.

[Mr. 15, 40]

Estaban al mismo tiempo todos los conocidos de Jesús, y las mujeres que le habían seguido desde Galilea, observando de lejos estas cosas. Lc. 23, 49]

La *Historia de José el Carpintero* indica que los hermanos y hermanas de Jesús eran los hijos del primer matrimonio de José. Dado que la ideología mariana oficial insiste en que no alumbró más niños sino que permaneció virgen toda su vida, la referencia en Mateo y Marcos a la madre de los hijos de José debe identificar a *otra* María. Cuando Mateo 13, 55 describe a Santiago y José, Simón y Judas, como hermanos de Jesús, lo más probable es que dé a entender que todos son hijos del mismo padre. Existen numerosos precedente bíblicos del uso de «hermanos» como eufemismo. Los israelitas de Egipto eran vistos como hermanos de José. «Mas ellos dijeron: Somos nosotros siervos tuyos, doce hermanos, hijos de un mismo padre, en la tierra de Canaán» [Gn. 42, 13]. En el Nuevo Testamento, «hermanos» también suele designar a vecinos o parientes que están muy unidos. La carta de Pablo a los Romanos alude a «mis hermanos, que son mis deudos según la carne, los cuales son los israelitas» [Ro. 9, 3-4]. Sobre esta base, la Virgen María no se cita en las listas ligeramente distintas que tanto Mateo como Marcos dan de los presentes en la Crucifixión, mientras que Lucas procura evitar la inclusión de ningún nombre.

En el Nuevo Testamento y su literatura apócrifa no hay nada más que revele información valiosa para la investigación sobre María durante la vida adulta de Jesús. Existe, no obstante, una obra llamada la *Asunción de la Virgen*, condenada sin reservas por el *Decretum Gelasianum*. La descripción de su muerte y entierro arranca una capa más de la fachada, de la consideración que se supone que tenía María.

La *Asunción de la Virgen* parece ser el primer intento conocido de explicar el *transitus*, el paso de María de un estado terrenal a otro celestial. A pesar de la hostilidad de que fue objeto, la obra ejerció una inmensa influencia sobre las creencias y las prácticas cristianas desde aproximadamente el siglo IV en adelante. Algunos estudiosos bíblicos han atribuido el texto griego clásico a san Juan evangelista, pero su procedencia se desconoce en buena medida. Fue copiado exhaustivamente tanto en griego como en latín. El relato refiere la muerte de María en Jerusalén, rodeada por las vírgenes que al parecer la atendieron a lo largo de toda su vida. Revela un inusual incidente que tuvo lugar mientras el cortejo fúnebre iba camino del camposanto.

> Varios discípulos vivieron con María después de la Pasión, tal como hicieron Salomé y Juana y el resto de las vírgenes que con ella estaban [...] Jesús nos dio firmeza con la oración, y también a las vírgenes que solían ocuparse del templo y que habían acudido a servir a María después de la Pasión. Después de que ella muriera, Pedro y Juan llevaron su cuerpo a una tumba nueva del campo de Josafat para velarlo durante tres días y medio. Los judíos oyeron los cánticos y se presentaron con la intención de quemar el cuerpo. Mas un muro de fuego nos circundó, dejándolos ciegos, y el cuerpo descansó en la tumba.
>
> [Texto copto de la *Homilía* atribuida a Evodio, arzobispo de Roma, ANT, p. 695]

La primera versión latina del acontecimiento, conocida como *Pseudo Melitón* (por estar atribuida a Melitón, obispo de Sardes en el siglo II), nombra a un sacerdote judío, Jefonías, como cabecilla de estos judíos. Parece un incidente singular, pero no obstante fue puesto de relieve en otros discursos cristianos antiguos, incluidos los de Cirilo de Jerusalén (315-386 d.C.) y Teodosio, arzobispo de Alejandría (536-568 d.C.), lo cual otorga más peso a su posible autenticidad.

> Llevamos el cuerpo hasta el campo de Josafat. Los judíos lo vieron y decidieron ir a quemarlo. Los apóstoles dejaron el fé-

retro y huyeron. La oscuridad se abatió sobre los judíos, que se cegaron y golpearon con su propio fuego.

[*Discursos de Teodosio* 7 y ss., ANT]

La única otra información biográfica procede del historiador Josefo, quien indicó que María pasó el resto de su vida con Juan en Jerusalén. En cuanto a José, el vilipendiado marido de María, su retrato es aún más esquemático que el de ésta y aparece estrictamente como intérprete de un papel secundario. Desaparece pronto de los textos canónicos aunque la *Historia de José el Carpintero* contiene algunos detalles adicionales.

José regresó a Nazaret y cayó enfermo. Las fechas de su vida: tenía cuarenta y nueve cuando se casó, y estuvo casado cuarenta y nueve años: un año solo tras la muerte de su esposa. Dos años con María antes de la Natividad. [ANT, p. 115]

La novela romántica mariana resta importancia al hecho de que José fuese de la línea de sangre de David. No obstante, Mateo y Lucas identifican su linaje, si bien no se ponen de acuerdo en ciertos detalles de su árbol genealógico. Según Mateo era hijo de Jacob, mientras que Lucas sostiene que su padre era un *hermano* de Jacob llamado Elí. Un influyente historiador del siglo III, Julio Africano, explicó esta anomalía en una carta a un colega escritor cristiano, Arístides. Las diferencias, según Africano, se deben a que una genealogía se fundamenta en los padres naturales y la otra en la ley hebrea del Levirato.

Matán, descendiente de Salomón, engendró a Jacob. A la muerte de Matán, Melqui, descendiente de Natán, engendró a Elí con la misma mujer. Cuando Elí murió sin hijos, Jacob «recabó» descendencia para él, engendrando a José [...] por naturaleza su propio hijo, por ley el hijo de Elí. [Eus., *Hist.*, 7, 5]

Contemporáneo de Africano, el escritor griego cristiano Eusebio (263-339 d.C.) presentó el débil argumento de que

María pertenecía a la misma tribu que su marido. Sostenía que según la ley mosaica una mujer debía casarse con un hombre de su misma ciudad y del mismo clan. Los matrimonios mixtos entre tribus distintas estaban prohibidos a causa del riesgo de que la herencia familiar se disipara si pasaba de una tribu a otra. Eusebio, no obstante, malinterpretó el alcance de dicha prohibición sobre los matrimonios mixtos entre tribus pues, en realidad, sólo afectaba a las herederas.

> A fin de que no vengan a confundirse las posesiones de los hijos de Israel pasando de tribu en tribu. Así que todos los hombres en este caso tomarán mujeres de su tribu y linaje, y todas las mujeres herederas tomarán maridos de su misma tribu; para que la herencia se mantenga en las familias, ni se mezclen entre sí las tribus, sino que queden ni más ni menos como fueron separadas por el Señor. [Nm. 36, 7-9]

La ley no menciona ciudades ni clanes y probablemente refrendaba el antiquísimo sentimiento judío de que un hombre, con sus beneficiarios varones, debía tener derecho a vivir «cada cual a la sombra de su parra, o de su higuera» [1R. 4, 25]. Los problemas surgían cuando la propiedad de un hombre que moría sin herederos varones pasaba a sus hijas, puesto que una muchacha que se casara fuera de la familia de un campesino hacendado que ya tenía garantizada descendencia masculina no tenía derecho a ninguna herencia material. El argumento de Eusebio no sólo se ve negado sino que resulta ilógico en el contexto de María y José, dado que no aporta nada que demuestre que *eran* del mismo clan. Por el contrario, Lucas identifica a María mediante su prima Isabel, la esposa de Zacarías, con la tribu sacerdotal de Leví.

Lo que en verdad dolía a los ancianos eran los matrimonios entre israelitas y extranjeros, cuestión muy delicada que aparece regularmente en los libros del Éxodo, el Deuteronomio y Josué del Antiguo Testamento, y que vuelve a encenderse en Esdras y Nehemías, libros escritos en el tenso periodo posterior al Exilio babilónico.

> La tierra en cuya posesión vais a entrar, es una tierra inmunda (como son inmundos los otros pueblos y demás países), por causa de las abominaciones e inmundicias de los ídolos, que la han inundado de un cabo al otro; por lo tanto, no daréis vuestras hijas a sus hijos, ni tomaréis sus hijas por esposas de vuestros hijos. [Esd. 9, 11-12]

> Vi asimismo en aquellos días a algunos judíos casados con mujeres de Azoto, de Amón y de Moab; [...] Por lo tanto, los reprendí, y los excomulgué. E hice azotar algunos de ellos. [Neh. 13, 23, 25]

Filo, un judío contemporáneo de María que nació en Alejandría hacia 20 a.C., escribió uno de los relatos más importantes y detallados sobre la vida en Palestina durante la época herodiana y, sin perder de vista la ley rabínica del siglo I, aclaró las resoluciones de Moisés acerca de los matrimonios mixtos.

> No establezcáis vínculos de matrimonio con alguien de otra nación, y que no os tiente el seguir tradiciones que no concuerden con las vuestras, y no os apartéis del buen camino olvidando aquel que conduce a la devoción para tomar una senda que no es senda [...] la inquietud y el miedo que los padres sienten por sus hijos e hijas no es poco; pues por ventura podrían verse cautivados por costumbres maliciosas en lugar de acatar las genuinas. [*De Specialibus Legibus* III, 29]

Filo también estableció una importante distinción entre tribus y naciones cuando describió lo que la comunidad cristiana conocería en el Antiguo Testamento como «la autoridad suprema sobre cada una de las tribus de la nación [judía]» [*Recompensas y castigos*, XI, 65].

Avanzando en el tiempo, una de las pocas alusiones a María, la Madre de Dios, en el contexto del periodo histórico que sigue al que cubren los relatos evangélicos, es la que figura en el *Apocalipsis de Pablo*. Aunque utiliza el nombre de Pablo, esta obra se escribió hacia el final del siglo IV d.C. y, si bien también pone énfasis en su virginidad, incluye una breve mención visionaria de María entrando en el reino de la gloria.

> Vi una virgen que venía de lejos y doscientos ángeles delante de ella entonando cánticos, y pregunté diciendo: Señor, ¿quién es esta que llega envuelta en tan grande gloria? Y él me dijo: Ésta es la Virgen María, la Madre del Señor.
>
> [*Apocalipsis de Pablo* 46, ANT]

Esto viene a ser lo que hay en cuanto a descripciones antiguas de María y José. Algunas fueron reconocidas como parte del canon oficial, otras fueron rechazadas en diversas ocasiones con distintos grados de severidad. Muchas más fueron probablemente destruidas y desaparecieron sin dejar rastro entre las cenizas de la pedantería y la intolerancia. Pese a que libros como el *Protoevangelio*, junto con muchas otras obras de estilo semejante, fueron prohibidos oficialmente, sobre todo en Occidente (lo cual explica por qué a menudo no existen traducciones latinas antiguas), gozaron de una popularidad tremenda entre la gente de la calle. Más de cien ejemplares manuscritos en griego del *Protoevangelio* han llegado hasta nuestros días, a los que se suman innumerables traducciones a lenguas como el siriaco, el etíope, el georgiano y el armenio. En su momento, y durante siglos posteriores, ejercieron una poderosa influencia sobre el modo en que los cristianos imaginaban a personajes como María y José, al tiempo que compensaban la embarazosa escasez de referencias contenidas en los textos aprobados oficialmente.

Un argumento contra la autenticidad del *Protoevangelio*, obra que parece haber servido de inspiración a otras varias centradas en María, como el *Liber de Infantia*, es que las anomalías que presenta son fruto de la ignorancia de la tradición judía por parte de un autor extranjero. Desde luego, en el

Protoevangelio se detecta un extraño sentido de la geografía. También se sostiene que el autor introdujo inexactitudes acerca de las costumbres religiosas: Joaquín, el padre de María, tuvo prohibido ofrecer donativos al Templo porque «no engendró descendencia en Israel». J. K. Elliott, en su edición del *Nuevo Testamento Apócrifo*, basada en la traducción de M. R. James, arremete contra esto tachándolo de flagrante error que confirma las sospechas de que el autor no comprendía los puntos más sutiles de la ley judaica. La crítica de Elliott, sin embargo, no es del todo razonable. Si bien puede ser cierto que no exista ninguna disposición mosaica a tal efecto, la rama más importante de la ley hebrea, el llamado Pentateuco, que comprende los cinco libros (Génesis, Éxodo, Levítico, Números y Deuteronomio), asocia la infecundidad con el pecado. En Números, por ejemplo, las hijas de Zelofehad, lamentando la ausencia de hermanos varones, dejan claro que un hombre sin hijos varones se considera culpable a los ojos de Dios.

> Nuestro padre murió en el desierto; no tuvo parte en la sedición suscitada contra el Señor por Coré, sino que vino a morir, como todos, por su pecado; mas no dejó hijos varones.
> [Nm. 27, 3]

En otro pasaje del Antiguo Testamento, el profeta Job dice que el impío «ha alimentado a la mujer estéril, o mala, la cual no da hijos; y no socorrió a la viuda» [Job 24, 21]. En el lado opuesto de este debate moral, el Deuteronomio sitúa la fertilidad entre las bendiciones divinas dispensadas gracias a la alianza alcanzada entre Dios e Israel en el monte Sinaí.

> Bendito serás entre todos los pueblos; no se verá entre vosotros estéril en ningún sexo, así en los hombres como en los ganados. [Dt. 7, 14]

Interpretar tan pequeños detalles como equivocaciones fruto de la ignorancia del autor no resulta lo bastante convincente. Es más probable que hubiera razones de peso para agregar ciertos detalles que iban a desempeñar un papel significativo en la evolución de la imagen de María.

En determinadas circunstancias, las omisiones también ponen de relieve problemas ideológicos relacionados con la presentación de la ideología mariana deseada. La infancia de María, tal como hemos visto, se revela en varias obras apócrifas y halla corroboración en el Corán islámico, el cual tiene en común buena parte de la mitología e historia religiosas del judaísmo. Sin embargo, este capítulo crucial es ostensiblemente omitido en los textos canónicos porque, desde el principio, se vio que planteaba cuestiones espinosas, siendo una de las más preocupantes la de por qué María fue admitida en el Templo.

La escasez de información detallada sobre la vida posterior de María en las escrituras canónicas y apócrifas halla su eco en la no menos desconcertante ausencia de datos sobre el periodo siguiente. Después de su muerte, el interés por María parece desaparecer casi por completo hasta el siglo II de la era cristiana. En Hechos de los Apóstoles, escrito por Lucas en algún momento entre 60 d.C. y el final del siglo I, se alude brevemente a María, aunque sin dar su nombre, para señalar la ocasión en que se reunió con los discípulos en Jerusalén después de la Ascensión. En cuanto al escritor cristiano más antiguo, el evangelista Pablo, salvo por un comentario de pasada en Gálatas, la pasó por alto.

El elaborado culto que se ha desarrollado en torno a María viene a ser una burda manipulación de las profecías del Antiguo Testamento sumada a la escasa información detallada del Nuevo Testamento aderezada con romanticismo popular. Bajo la mitología popular, no obstante, reside una aspiración ideológica y política más profunda de una minoría influyente. Con vistas a exponer esto, será preciso que antes cuestionemos con mucho más detalle las anomalías que aparecen en la biografía autorizada de María. Sólo cuando éstas hayan sido desveladas podremos iniciar el verdadero proceso de arrancar las capas que ocultan el retrato original.

7

Sacerdotisas del matrimonio

El Evangelio de Mateo comienza con una genealogía que contiene un chocante error para la causa de la biografía autorizada de la madre de Cristo. De los cuatro relatos evangélicos, sólo Mateo y Lucas incluyen un presunto linaje de Jesús. En ambos casos, el propósito (si bien ilógico, dado que José se supone que no tomó parte en la concepción de Jesús) era presentar pruebas de la ascendencia de José para así vincular a Jesús con la casa real de David. Tal como hemos visto en el último capítulo, estos dos evangelistas proponen distintas líneas de descendencia desde David, además de dar nombres distintos al padre de José. Sin embargo, puede que tales discrepancias no sean particularmente significativas. Se sabe que muchas familias de Judea conservaron registros de sus antepasados, probablemente con la esperanza de reclamar el trono judío en el futuro, y a veces estos registros se fundamentaron en criterios un tanto diferentes.

La lista de Mateo probablemente sea la más exacta, ya que respeta la realidad histórica de las genealogías de Judá e Israel contenidas en 1 Crónicas. Lucas tiende a prestar mayor atención a las profecías en el Capítulo 3 de su Evangelio, aunque hay que reconocer que se refiere a un número de generaciones más realista. Varios analistas bíblicos, como E. P. Sanders y Margaret Davies en su libro *Studing the Synoptic Gospels*, piensan que, al iniciar la biografía de Jesús con una genealogía, el autor de Mateo copió 1 Crónicas. Llamó a este trabajo «El Libro de la Genealogía de Jesucristo». La lista de Mateo comienza por Abraham y progresa vía David hasta Jesús. Lucas va en dirección contraria, de Jesús a David, para luego remontarse hasta Adán pasando por Abraham. En cada una de las listas, no obstante, David constituye el vínculo fundamental, dado que el *messiah* era preciso que fuese descendiente suyo para cumplir las profecías según las cuales Israel sería restaurado por el linaje davídico.

> Oye, pues, tú ahora, ¡oh prosapia de David! [...] el mismo Señor os dará la señal: sabed que una virgen concebirá y parirá un hijo, y su nombre será Emanuel. [Is. 7, 13, 14]

> Y saldrá un renuevo del tronco de Jesé [padre de David], y de su raíz se elevará una flor. [Is. 11, 1]

Mateo incluye cuarenta y tres generaciones en tres secciones distintas. Dos tienen catorce nombres y al tercer grupo le falta uno, el cual sería (tal como han insinuado Sanders y Davies) el de Jesús para así completar el total dividido en partes iguales de cuarenta y dos. El primer grupo abarca el periodo desde Abraham hasta David, el segundo va de David hasta el Exilio y el tercero desde el Exilio hasta el nacimiento de Jesús, cada uno de ellos señalando los principales momentos decisivos de la historia israelita.

En tiempos bíblicos, la genealogía judía debía ajustarse a una sucesión familiar que era estrictamente patriarcal, la *beth 'ah* o «casa del padre de uno». La herencia era siempre por línea paterna, siendo el parentesco más próximo el de tío paterno. Las mujeres, rara vez mencionadas, se trataban como propiedades.

> Si alguno sedujere a una doncella todavía no desposada y durmiere con ella, la dotará y tomará por mujer. Si el padre de la doncella no quiere dársela, dará la cantidad de dinero correspondiente a la dote que suelen recibir las esposas.
> [Éx. 22, 16-17]

El marido era el *ba'al* o «amo» de la esposa, y un padre tenía plena autoridad no sólo sobre sus propios hijos sino incluso sobre las esposas de sus hijos casados. La ausencia de derechos de la mujer no podía quedar más clara llegado el caso de una violación.

> Si un hombre hallare a una doncella virgen que no está desposada, y forzándola la desflora, y se pone la cosa en tela de juicio, dará el agresor al padre de la doncella cincuenta siglos de plata, y la tomará por mujer. [Dt. 22, 28-29]

Las mujeres aparecen sólo ocasionalmente en la larga lista de generaciones que presenta 1 Crónicas. La genealogía de Lucas pasa por alto a todas las mujeres del periodo que va de Jesús a Adán, aunque la concisa lista de Mateo incluye a cinco mujeres en las generaciones que separan a Abraham de Jesús. Lo que resulta más sorprendente son las semejanzas entre ellas: se sabe que al menos cuatro eran paganas, o mantenían estrechos vínculos con el paganismo, y que gozaron de enlaces con dirigentes israelitas. Como consecuencia directa de unas relaciones sexuales poco ortodoxas y en buena medida sin explicar, cada una de las cinco parió un hijo para quien luego fue reivindicado el trono davídico.

La primera de estas mujeres, Tamar, fue elegida como esposa para Er, hijo del patriarca Judá. Resulta razonable suponer que era de extracción cananita, dado que Judá se había casado con una cananita que se convirtió en la madre de Er. Tamar se identifica como prostituta.

> Tu nuera Tamar ha pecado, pues se ha observado que está embarazada. [Gn. 38, 24]

Fruto de sus relaciones sexuales ilícitas con Judá, Tamar concibió a su heredero, Fares, nueve generaciones antes de David.

La segunda mujer, Raab, era una reconocida cananita y prostituta confesa, una de las pocas residentes de Jericó que sobrevivió a su saqueo a manos de los israelitas porque dio refugio a dos de sus espías antes del ataque.

> Entre tanto, Josué, hijo de Nun, había enviado secretamente desde Setim dos hombres por exploradores, diciéndoles: Id y reconoced bien el terreno y la ciudad de Jericó. Los cuales partiendo del campamento llegaron a Jericó, y entraron en casa de una mujer pública, llamada Raab, y se hospedaron en ella.
> [Jos. 2, 1]

En la genealogía de Mateo, Raab devino la esposa o concubina del dirigente israelita Salmón y madre de Booz, el bisabuelo de David.

La tercera es Rut, una mujer moabita que Booz se llevó a la cama en circunstancias deshonestas. Su relación tuvo lugar después de que Malón, uno de los hijos de Noemí (cuyo marido judaíta falleció en Moab adonde habían ido para escapar a la hambruna), se casara con Rut. Al morir Malón, dejándola viuda como a su madre, Rut insistió en regresar a Judá, presumiblemente con la intención de buscar el apoyo de su familia legítima. En Belén, Noemí alentó a Rut a comprometerse con un hombre llamado Booz, un poderoso pariente del marido fallecido de la primera. Independientemente de que fuera o no hermano de Malón, las circunstancias de dicha relación fueron muy irregulares según las condiciones del Levirato y la conducta de Rut vino a ser lo mismo que la prostitución.

> Ese Booz, con cuyas criadas andas junta en el campo, es nuestro pariente, y esta noche avienta cebada en su era. Lávate, pues, y úngete con los perfumes, y ponte los mejores vestidos, y encamínate a la era; procura que no te vea hasta que haya acabado de comer y beber. Entonces, cuando se fuere a dormir, nota bien el sitio donde duerme, e irás y alzarás la capa por la parte con que se cubre los pies, y echaráste allí y te pondrás a dormir. Él mismo te dirá, como pariente más cercano, lo que debes hacer.
> [Rt. 3, 2-4]

Habiendo dormido con Rut, Booz se sintió obligado a casarse con ella y Rut engendró a Obed, el abuelo de David.

Tras el regreso de Rut y Noemí a Belén, Noemí hizo oír su grito de desesperación: «No me llaméis Noemí —esto es, "graciosa"—, sino Mara —que significa "amarga"—, porque el Todopoderoso me ha llenado de gran amargura» [Rt. 1, 20]. El uso del término *mara* da a entender que Noemí, en alguna ocasión, pasó por el juramento de las Aguas Amargas, el *me hammarim ham'ar rim*, que lo falló y quedó por consiguiente estéril. En sus propias palabras, «salí de aquí colmada, y el Señor me ha hecho volver vacía» [Rt. 1, 21]. Dado que Noemí había sido una prostituta moabita, parece acertado suponer que Rut se dedicara a la misma profesión. Las pruebas también sacarán a la luz en su debido momento que la era de trilla como entorno para la cita de Rut reviste más importancia de la que se desprende del comentario de pasada que se hace a ese respecto.

La cuarta mujer de la genealogía de Mateo es Betsabé, la esposa de Urías el Heteo, quien efectivamente se prostituyó con el rey David. Tal vez no fuese una ramera profesional, pero actuó de un modo sexualmente provocativo desvistiéndose y bañándose como quien dice ante las narices de David, quien reaccionó seduciéndola y disponiendo que su marido fuese asesinado.

> Acabados los siete días de luto, David la hizo venir a palacio y la tomó por esposa; y ella le parió después un hijo. Mas esto que hizo David fue sumamente desagradable a los ojos del Señor. [2 S. 11, 27]

Aunque las esposas y concubinas existentes de David, con inclusión de su primera esposa Egla, ya le habían proporcionado hijos, fue el primogénito de Betsabé, Salomón, quien obtuvo la herencia real. Este incidente ha sido considerado tan delicado y socialmente pernicioso que es uno de los únicos tres de todo el canon judío cuya lectura en público no está autorizada en ningún idioma.

Luego hay que esperar un considerable espacio de tiempo hasta el surgimiento del quinto nombre. Éste es el de María, la madre de Jesús. La tradición sostiene que, igual que Tamar, Raab, Rut y Betsabé, concibió fuera del matrimonio (en su caso con un padre que presuntamente era Dios) y parió a un muy anunciado pretendiente al trono davídico, a un *messiah*. Los coetáneos judíos de María no tardaron en presentar la acusación de que también era una prostituta. Sabemos por el primer capítulo del Evangelio de Lucas que María estaba tan preocupada por las repercusiones que pudiera suscitar su situación que huyó a casa de su prima Isabel durante el embarazo. Su inquietud estaba más que justificada, puesto que, según el *Protoevangelio*, ella y José se vieron sometidos al mismo juicio por el que al parecer había pasado la madre de Rut, el *me hammarim ham'ar rim*, antes de ser absueltos de la acusación de mala conducta sexual. Ahora bien, las acusaciones no cesaron ahí. La obra de Celso, el crítico judío ortodoxo del siglo II, se ha perdido para la posteridad, probablemente destruida a manos de activistas cristianos antiguos. Tal como hemos visto en el capítulo inicial, sólo sobreviven algunos fragmentos en forma de citas que el teólogo cristiano griego Orígenes (184-254 d.C.) utilizó como munición en su mordaz acusación *Contra Celsum*. Según Orígenes, Celso sostenía que Jesús se inventó el que hubiese nacido de madre virgen, acusación no poco común en la que coincidían varias sectas de los primeros cristianos con inclusión de los ebionitas y los valentinianos, y que debatiremos con más detalle más adelante. Celso fue más lejos, no obstante, al alegar que María, que ganaba un magro salario como hilandera, había sido expulsada de su casa por su marido carpintero acusada de adulterio. Celso sostenía que había quedado embarazada de un soldado romano mencionado como Pantherus. Este nombre quizá no tenga mayor importancia, ya que Pantherus era un apodo común entre los hombres que servían en las legiones romanas [*Contra Celsum* I, caps. XXVIII y XXXII]. La acusación quizás haya que atribuirla a rumores sin fundamento, salvo que Pantherus sea una corrupción del latín *panderus*, origen del verbo inglés *to pimp* («ser el proxeneta de») o *to pander* («consentir, hacer el juego»).

Ahora bien, regresando a la genealogía, ¿por qué se incluyen esos cinco nombres? Está claro que Mateo los añadió con algún propósito, ya que una inclusión tan llamativa no puede deberse a un mero capricho. Muchos estudiosos de la Biblia creen que la autoría del Evangelio de Mateo es discutible pero, fuera quien fuese, el hombre en cuestión era sin duda susceptible a las críticas judías contra los cristianos y su respuesta fue demostrar que Jesús cumplía la profecía bíblica. A lo largo del relato de la Natividad confirma que diversas escrituras se han cumplido. Por ejemplo, cuando aborda el regreso de Egipto, se apresura en agregar el siguiente matiz: «De suerte que se cumplió lo que dijo el Señor por boca del profeta: Yo llamé de Egipto a mi hijo» [Mt. 2, 15].

La presencia de estos nombres, incluido el de la madre de Cristo, en la genealogía de Mateo planteaba una situación embarazosa que hizo que la primera Iglesia fuese objeto de una extraña investigación. Entre las figuras más destacadas de la clase dirigente, Ambrosio, «peso pesado» y arzobispo de Milán entre 373 y 397 d.C., se vio obligado a admitir que los adversarios del cristianismo habían descubierto a varias mujeres de mala reputación en la lista de Mateo [*In Lucam* (iii) 17, p. 110.17]. La explicación que propone la Iglesia en la actualidad es que Mateo demostró la intención del Dios israelita de abrazar el mundo gentil o pagano, pero esto son tonterías. Los textos del Antiguo Testamento están plagados de exhortaciones militantes que alientan a los israelitas a masacrar a sus adversarios con la ayuda de Yahvé.

> Cuando el Señor Dios tuyo hubiere exterminado delante de tus ojos las naciones que vas a conquistar, y las sojuzgues y ocupares su tierra. [Dt. 12, 29]

> Vosotros, entre tanto, no paréis de perseguir a los enemigos, hiriendo siempre la retaguardia de los fugitivos, ni dejéis entrar

a guarecerse en sus ciudades a los que el Señor Dios ha entregado en vuestras manos. [Jos. 10, 19]

La clave de la importancia real de las cinco mujeres probablemente resida en los momentos en que aparecen, pues de ellos se desprende que todas dieron a luz dirigentes que fueron vistos como garantías divinas hechas realidad en momentos de crisis. Cada una de ellas ha sido llamada a parir un hijo en la cadena hereditaria que va de Abraham a David y acaba en Jesús. Ese hijo se convertiría en dirigente, en un ungido entre el pueblo elegido de Dios. Tendemos a dar por supuesto que a los judíos sólo les fue prometido un único *messiah*. Ahora bien, tal individuo, un esperado rey que libraría al pueblo de la opresión, fue prometido de distintas maneras y en numerosas ocasiones a lo largo de la historia bíblica, y las mayores garantías de su advenimiento solían coincidir con momentos de gran urgencia nacional. Cuando los hebreos fueron esclavizados en Egipto, José les dijo: «Así que el Señor me ha enviado delante, a fin de que vosotros os conservéis sobre la tierra y tengáis alimentos para sostener la vida» [Gn. 45, 7]. Durante la primera dominación mesopotámica, se ofreció a los hebreos una salvación similar de la mano del dirigente militar Otniel: «Y clamaron los israelitas al Señor, el cual les suscitó un salvador que los libertó» [Jue. 3, 9]. Desde los tiempos del patriarca religioso Samuel, a finales del siglo XI a.C., el dios israelita fue prometiendo la liberación mediante sucesivos reyes. Después de que Saúl hiciera caso omiso de las órdenes de Dios y fuese rechazado, fue dicho a Samuel que ungiera a David, el hijo menor de Jesé, como nuevo libertador. Todos estos hombres aparecen como parte del linaje que va de Adán a David en 1 Crónicas.

De los embarazos de las mujeres que figuran en la genealogía de Mateo, dos coincidieron con hambrunas en el campo. Cuando Judá cohabitó con Tamar, Canaán sufría una escasez que sólo se vio aliviada cuando José, el hermano contra quien Judá había conspirado para matarlo, envió trigo desde Egipto.

Rut sedujo a Booz en una era de trilla al principio de la crucial siega de la cebada y poco después de una mala cosecha en los cultivos de Canaán. Otros dos embarazos coincidieron con operaciones militares cuyo éxito era fundamental para la prosperidad de los israelitas. Raab se casó con Salmón en una época de encendidas tensiones, cuando estaba siendo reducido el último bastión de la resistencia cananita en Palestina. David se acostó con Betsabé en el curso de una guerra de vital importancia estratégica contra los amonitas, quienes amenazaban reiteradamente la seguridad nacional desde su poderoso campamento base sito al norte del mar Muerto. Después del reinado de David no se citan más mujeres hasta que se añade a María, sin embargo, su preñez también se produjo en circunstancias turbulentas. Judea había padecido un abyecto fracaso en la conservación de la soberanía nacional; su pueblo se hallaba subyugado y castigado por los romanos y había sido diezmado durante la reciente revuelta macabea.

En el singular culto a Yahvé, aunque los individuos como Fares, Booz, Obed y Salomón no podían ser reyes-dioses en el sentido de los soberanos divinos de Mesopotamia y Egipto, sin duda eran considerados dirigentes enviados de Dios. Lo mismo sucedió, en lo que a los judíos simpatizantes de su causa se refiere, con Jesucristo. Así pues, ¿qué tenían de especial las madres de estos hombres? Ninguna estaba casada con el padre de su hijo de estirpe real y el mero hecho de haber mantenido relaciones adúlteras o a través de la prostitución comercial parece poco adecuado como explicación.

Debemos tomar en consideración la posibilidad de que cada una de las mujeres mencionadas en la genealogía, con inclusión de María, fuese una prostituta sagrada, una *qdesha*, la mujer santa que devenía suma sacerdotisa del Matrimonio Sagrado. En esta coyuntura tropezamos con dificultades porque la oficialidad negaba la existencia de sacerdotisas judías. No cabe duda de que el crítico judío Celso creía que María era una prostituta aunque no matizó si comercial o religiosa. Incluso si alguno de los escritores del Nuevo Testamento se hubiese mostrado de acuerdo, tampoco estaríamos en condiciones de discernir si consideraban a María sacerdotisa o prostituta comercial dado que, tal como hemos visto, su biografía fue redactada en griego, idioma que sólo reconocía la palabra *porne*. No obstante, contamos con otras pruebas circunstanciales que indican que los judíos probablemente consideraban que María era una *qdesha*. Al referir su muerte, el autor apócrifo de la *Asunción de la Virgen* detalló un extraordinario ataque a su féretro por parte de unos judíos aparentemente dispuestos a hacerse con su cadáver para incinerarlo. Resultaría fácil catalogar esta historia como un cándido intento cristiano por desacreditar la conducta rebelde de los judíos. Ahora bien, un puñado de portavoces antiguos, entre los que se cuentan Evodio, arzobispo de Roma, Teodosio, arzobispo de Alejandría y Cirilo, obispo de Jerusalén (315-87 a.C.), percibieron un odio contra María provinente de ciertos sectores judíos, cosa que da a entender que ese relato tiene implicaciones más profundas. Bajo la ley mosaica, el castigo normal para delitos capitales era la lapidación, pero había dos delitos que merecían la pena extrema de la muerte por fuego. Uno era el incesto de un hombre que se casara al mismo tiempo con una madre y una hija, el otro era la prostitución de la hija de un sacerdote. Dado que la pena de morir abrasada fue exigida cuando Tamar, que no era hija de sacerdote sino que era llamada *qdesha* o sacerdotisa sagrada, fue condenada por su suegro, Judá, «hija de sacerdote» también parece haber sido un eufemismo de sacerdotisa.

> Pero he aquí que al cabo de tres meses avisaron a Judá, diciendo: Tu nuera Tamar ha pecado, pues se ha observado que está embarazada. Y dijo Judá: Sacadla fuera, para que sea públicamente quemada. [Gn. 38, 24]

Especular que una turba judía intentó una ejecución simbólica para someter el cadáver de María al castigo reservado a la prostitución litúrgica podría resultar aventurado si no fuera por el hecho de que podemos sacar a la luz otros casos que guardan un notable parecido. En Alejandría, en 415 d.C., una prominente mujer pagana, Hipatia, fue raptada y muerta a hachazos con la aprobación de Cirilo, obispo de Alejandría (370-444). No queda claro si sus actividades comprendían la prostitución litúrgica pero la muchedumbre quemó sus restos de un modo que curiosamente recuerda aquel en que fue maltratado el cadáver de María poco más de tres siglos antes.

Insinuar que María, la madre de Jesús, o cualquiera de las demás mujeres de la genealogía de Mateo, era una *qdesha* constituirá un endeble alegato a no ser que también establezcamos, con una certidumbre razonable, que los judíos que residían dentro de las fronteras del Israel bíblico celebraban el rito del Matrimonio Sagrado. El Antiguo Testamento está cuajado de referencias a prácticas paganas de naturaleza sexual aunque indefinida y una institución tan repugnante para los judíos ortodoxos quizá no sea una candidata muy adecuada para aparecer en los textos canónicos. La Biblia sólo reconoce abiertamente el Matrimonio en el Antiguo Testamento: apretujada entre el Eclesiastés e Isaías figura una obra maestra literaria que aporta pruebas más que suficientes. El último de los llamados «libros poéticos», el *Canticum canticorum* o Cantar de los Cantares, tal vez sea más conocido a partir de sus primeras frases como los Cantares de Salomón. Redactado no como un único poema sino como una recopilación de versos, su autoría sigue siendo desconocida. Tradicionalmente, no obstante, se atribuye a Salomón, o a un poeta que lo ensalza, y los estudiosos barajan posibles fechas de redacción entre los siglos VIII y III a.C. Tuvo que ser después del siglo IX a.C., ya que el Cantar identifica la ciudad de Tirza en Samaria con Jerusalén en Judá, y Tirza se convirtió en capital del norte durante el reinado de Omri (876-869 a.C.).

Poco hay en el Antiguo Testamento que sea mera especulación y si incluye el Cantar de los Cantares será por alguna razón. Esta exquisita evocación lírica de la pasión no cabe explicarla como una alegoría aséptica del amor de Dios por su novia, Israel, ya que su contenido es demasiado ostensiblemente sexual. Tan agridulce como bellamente escrito, el poema es de naturaleza incestuosa y translúcido en su erotismo.

> Entonces mi amado metió la mano por la hendedura; y por él se conmovieron mis entrañas. Me levanté para abrir a mi amado, y mis manos destilaron mirra, mirra fluida de mis dedos.
> [Cant. 5, 4-6]

En el Cantar, «mirra» posee connotaciones sexuales asociadas con los pechos.

> Bolsita de mirra es mi amado para mí, que reposa entre mis pechos. [Cant. 1, 13]

«Mano» es a veces un gazmoño sustituto de pene.

> Has procedido idolatrando de muchísimos modos, y te has fatigado, y nunca dijiste: Tomaré descanso: hallaste la vida y tus delicias en los ídolos de tus manos, y por eso no has recurrido a mí. [Is. 57, 10]

Por consiguiente, los esenios, supuestamente en Qumran, consideraban delito punible «exhibir la mano».

> Quienquiera que haya ido tan mal vestido como para que al sacar la mano de debajo de sus ropas se haya visto su desnudez, deberá hacer penitencia durante treinta días. [IQS 7, 15]

El Cantar tampoco es una inocente historia de pasión humana. En este evocador e inquietante dúo la iniciativa recae en una mujer anónima a la que sólo se alude como Sulamita, cosa que no habría sido posible si fuese una esposa o concubina normal y corriente en una sociedad judía machista. El sentido y el orden de las secciones es confuso, un embrollo de partes juntadas caprichosamente por un editor anónimo. Sea cual fuere la identidad de la mujer, el Cantar refiere la llegada de la primavera mientras el rey pastor, su consorte y su mayor deseo, está durmiendo.

> Yo os conjuro, hijas de Jerusalén, por las gacelas, por los ciervos de los campos, no despertéis, no desveléis al amor hasta que le plazca. [Cant. 3, 5]

Cuando el rey despierta saluda a su novia y juntos consuman su amor en una enramada bajo los árboles verdes. Las palabras presentan un sublime contrapunto del tierno despertar de las pasiones.

> ¡La voz de mi amado! Vedle cómo viene saltando por los montes y brincando por los collados. [...] Tú sí, amado mío, que eres el hermoso y el agraciado. De flores es nuestro lecho, de cedro las vigas de nuestras habitaciones, y de ciprés sus artesonados. [...] Al gamo y al cervatillo se parece mi amado. Vedle ya cómo se pone detrás de la pared nuestra, cómo mira por las ventanas, cómo está atisbando por las celosías. He aquí que me habla mi amado, y dice: Levántate, apresúrate, amiga mía, paloma mía, hermosa mía, y vente al campo; pues pasó ya el invierno y disipáronse y cesaron las lluvias. [Cant. 2, 8; 1, 15-16; 2, 9 y ss.]

Hacia el final del Cantar, un extraordinario fragmento de información, tan discreto que no es de extrañar que se pase por alto, confirma que no se trata de una mujer corriente. Mientras deambula por las calles en busca de su amante perdido, los guardas de la ciudad la detienen.

> Alcé, pues, la aldaba de mi puerta para que entrase mi amado; pero él se había ya retirado y seguido adelante. Mi alma había quedado desmayada al eco de su voz: le busqué, mas no le hallé; le llamé a voces, y no me respondió. Encontráronme las patrullas que rondan la ciudad, me hirieron y me lastimaron; y quitáronme mi manto, con que me cubría, los centinelas de los muros. [Cant. 5, 6-7]

La relevancia de este pasaje reside en el hecho de llevar puesto el velo. En la sociedad israelita el velo no solía ser una prenda que llevaran las mujeres corrientes más que como adorno en ocasiones señaladas, o cuando se lo ponía una novia prometida antes y durante la boda, como Rebeca en sus nupcias con Isaac. Una prostituta, fuese *zona* o *qdesha*, se distinguía porque ella sí que llevaba el velo en público. Igual que Tamar en su cita con Judá, necesitaba proteger su anonimato.

> La cual, depuesto el traje de viuda, tomó un manto o mantilla grande, y mudando de traje, sentóse en la encrucijada del camino que va a Tamnas [...] Judá, luego que la vio, sospechó que era una mujer pública; porque se había cubierto el rostro para no ser conocida. [Gn. 38, 14-15]

En tiempos bíblicos, en muchas otras partes del antiguo Oriente Próximo la costumbre era al revés, tal como sigue siendo hoy. Llevada por la modestia, la mujer corriente, así como la sacerdotisa del culto retirada pero casada, se refugiaba tras el velo cuando se hallaba en un lugar público. Las prostitutas en activo de ambas categorías dejaban sus rostros sin cubrir.

> Ni las esposas de hombres libres ni las viudas ni las mujeres asirias podrán ir con la cabeza descubierta [...] una prostituta sagrada a quien un hombre haya tomado por esposa deberá llevar velo en la calle, pero aquella que no haya contraído matrimonio deberá llevar la cabeza descubierta en la calle; no deberá usar velo. Una ramera no debe usar velo; tiene que llevar la cabeza descubierta.
>
> [*Middle Assyrian Laws* n.º 40, en Meek, 1950]

Los rollos de Qumran, textos sagrados que datan del siglo I o II a.C., confirman la diferencia entre las prostitutas de Judea y las de otras regiones de Oriente Próximo señalando que las de Judea llevaban velo.

> Sus modos son los modos de la muerte, y sus sendas los caminos del pecado, y sus huellas conducen a la iniquidad, y sus vericuetos son díscolas fechorías. Sus puertas son las puertas de la muerte, y desde la entrada de su casa se encamina al averno. Nadie que entre ahí regresará jamás, y quienquiera que la posea bajará a los infiernos. Está al acecho en lugares secretos [...] en las plazas de la villa usa velo y la encontraréis en las puertas de las ciudades.
>
> [Scroll 4Q184.5 y ss.]

El protocolo judío a propósito del llevar velo también se revela en el relato apócrifo de Susana, que se desarrolla en el periodo del Exilio babilónico. Mientras se bañaba desnuda en su jardín, Susana recibió proposiciones de dos ancianos quienes, al verse rechazados, por despecho, la acusaron de adúltera, presentando contra ella cargos de prostitución ante un tribunal judío. Aunque tenga la intención de ser una moralidad judía, la humillación de Susana presenta claros paralelismos con la de David y Betsabé, con la inclusión de una esposa presuntamente virtuosa que al bañarse desnuda se convierte en objeto de lujuriosas atenciones. El escritor alude a actividades sexuales indecorosas «bajo un árbol verde» y acusa a ambos ancianos de ser «reliquias de costumbres perversas, hijos de Canaán y no de Judá, cuyos pecados, cometidos en el pasado, ahora han venido a la patria». Estos puntos refuerzan la impresión general de que algunos sectores del clero judío exiliado tenían sus simpatías por el culto de la fertilidad babilónico. Acusada de prostitución con un trasfondo litúrgico, Susana fue llevada ante el tribunal cubierta con un velo.

> La hicieron llamar. Y vino con sus padres, sus hijos y todos sus parientes. Susana era una mujer muy refinada y de hermosa apariencia. Puesto que llevaba velo los hombres perversos le ordenaron que se lo quitara, pues querían regodearse en su belleza. [Sus. 30 y ss.]

Se ha dado a entender que, después del Exilio, Judea quizá quedó rezagada respecto del mundo árabe en cuanto a indumentaria femenina. El historiador Josefo, no obstante, señala en sus *Antigüedades* que si un hombre sospechaba que su esposa había cometido adulterio ésta debía ser llevada a las puertas del templo para que un sacerdote le quitara el velo [*Antig.* 3.270].

El autor judío Filo (*ca.* 20 a.C. - *ca.* 50 d.C.) también relacionaba el velo con la prostitución, si bien al hacerlo lo separaba del tocado. Éste era una prenda que llevaban las mujeres respetables hecha de redecilla o tela para recogerse el cabello más que para ocultar el rostro y se le quitaba a la acusada en señal de vergüenza.

> Si su propia conciencia la declara culpable, que se cubra el rostro, haciendo de la modestia el velo de sus iniquidades, pues persistir en la impudencia es una extravagancia perversa.
> [*De Specialibus Legibus* III, X, 54]

> El sacerdote le quitará el tocado de la cabeza, para que sea juzgada con la cabeza descubierta, y desprovista del símbolo de la modestia. [*De Specialibus Legibus* III, X, 56]

El tocado no era la única prenda de vestir de la que podía despojarla un tribunal. En la Mishná, donde se condena a la mujer que «sale con el cabello suelto» [*Ket.* vii, 6], dando a entender que las mujeres corrientes debían cubrirse el pelo, no se menciona en absoluto el velo. Los deberes de un sacerdote juez, no obstante, incluían el agarrar las vestiduras de la mujer y desgarrarlas «hasta que desnude su pecho» [*Sot.* (i), 5, E]. Hay pruebas que confirman que, en la sociedad judía, llevar velo era una señal de prostitución. Una mujer acusada de adulterio se veía obligada a cubrir su rostro en señal de vergüenza para luego mostrarlo ante la judicatura.

Casi en toda su extensión, el Cantar de los Cantares se hace eco de pormenores del Matrimonio Sagrado mesopotámico. En la tercera parte, la novia deambula por las calles de la ciudad durante la noche buscando a su amante perdido hasta dar con él.

Cuando he aquí que a pocos pasos me encontré al que adora mi alma: asile, y no le soltare hasta haberle hecho entrar en la casa de mi madre, en la habitación de la que me dio la vida.

[Cant. 3, 4]

Sus palabras reflejan el drama babilónico cuando la sacerdotisa *entum* conduce a su rey y consorte hasta la casa de la diosa. Estos versos están llenos de imaginería que no es israelita sino mesopotámica, sabiéndose por los textos cuneiformes que su origen es al menos mil años más antiguo que la fecha más remota que resulte realista para la redacción del Cantar. La casa a la que aluden recuerda vivamente a la *giparu* de la diosa en Babilonia y la imaginería de los venados y corzos también puede rastrearse hasta Babilonia y Asiria, aunque fue copiada extensamente en el mundo antiguo. A finales de la década de 1950, el arqueólogo M. E. L. Mallowan halló, entre las ruinas de Kalaj, la Calá del Génesis, fragmentos de relieves de marfil de un ciervo ante una celosía de ramas que reproducen con práctica exactitud el relato del Cantar.

El Cantar de los Cantares es una descripción del Matrimonio Sagrado y sólo puede haber encontrado su sitio en el canon judío porque reflejaba una parte importante de una tradición judía no ortodoxa. La decisión que tomaron los editores cristianos del Antiguo Testamento de mantener esta controvertida obra poética en la nueva tradición sólo puede indicar que también ellos se enfrentaban a presiones de sectores en el seno del movimiento cristiano para conservar elementos paganos como parte de su canon oficial. La inclusión del Cantar en el Antiguo Testamento bíblico tuvo como resultado un considerable «culebreo» ideológico. En los primeros siglos de la era cristiana, las interpretaciones sexuales se negaron con virulencia y obispos que hicieron época, como Orígenes, y el escritor de principios del siglo III Hipólito sostenían la ridícula afirmación de que el Cantar constituía una brillante metáfora del amor entre Cristo y la Iglesia. En los albores de la época medieval, no obstante, se daría un giro todavía más extraordinario que prácticamente devolvería el asunto al punto de partida: la mujer del Matrimonio sería identificada como la Virgen María.

Sólo cabe comprender la presión ejercida sobre los editores bíblicos para que retuvieran el Matrimonio cuando uno se hace cargo de su inmensa popularidad. El ritual se seguía con gran devoción por todo el Oriente Próximo y su influencia se extendía más allá de las fronteras de Mesopotamia. Los registros cananitas hallados en Ras Shamra, el enclave de la antigua ciudad de Ugarit, confirman que el culto a Baal y Asherah incluía un rito similar. Casi invariablemente en la mitología, y no pocas veces en la representación dramática del mito, conllevaba incesto. En Mesopotamia la unión sexual era entre la diosa madre y su hijo. En Canaán, Baal se acostaba con su hermana, la diosa virgen Anat, para consumar el mundo natural y asegurar su prosperidad.

Él es apasionado y agarra su vagina.
Ella es apasionada y agarra sus testículos.
Baal hace el amor mil veces con la virgen Anat.
[Gordon, 1949]

Hay alguna que otra prueba de que el asunto del incesto llegó a calar incluso en el folclore cristiano. Durante el siglo I, por ejemplo, en Alejandría corrió el rumor de que María había concebido incestuosamente con un hermano no identificado [Nourry-Warner].

El Cantar no fue el único relato del Matrimonio Sagrado que los cristianos sacaron del canon judío e intentaron hacer potable. La leyenda apócrifa de José y Asenet, mencionada en el Génesis, fue idealizada en el siglo III d.C. al parecer con la intención de justificar el vínculo cristiano entre pecado, sexo y pesar. En el relato, una historia de amor entre un sacerdote hijo de Jacob y la hija de dieciocho años del sacerdote egipcio, Asenet es descrita como una virginal sacerdotisa de la fertilidad, rodeada de otras vírgenes e ídolos a los que se rinde culto en una torre encumbrada en lo más alto de la casa de su padre. Cuando Asenet ve a José queda prendada de él, pero no deja de estar muy orgullosa de su posición en el culto. José, que ha hecho voto de castidad, la rechaza aunque reza para que se convierta; su pasión por él se ve satisfecha espiritualmente después de pasar muchas dificultades personales, renunciar a sus ídolos paganos y convertirse al judaísmo. La historia deviene así una alegoría sobre la riqueza y la recompensa espiritual de una vida dedicada a Yahvé tras denunciar el paganismo, el cual sólo puede conducir a la desolación y la muerte. Los ingredientes, no obstante, siguen siendo paganos. La sacerdotisa virgen duerme siempre sola en una ornamentada cama de oro dentro de una habitación custodiada. Lleva tiara y velo, cosa que para un autor judío la señala como prostituta, y participa en un ágape ritual acompañado de «una gran abundancia de aceite» para celebrar la llegada de su deseado consorte, ambos elementos de un notable contenido pagano. La historia no es más que otra versión apenas disfrazada del Matrimonio Sagrado.

El Cantar de los Cantares constituye, no obstante, la indicación más clara de que los judíos celebraban el Matrimonio Sagrado, en cuyo caso necesitaría de sus intérpretes. Esto nos lleva de vuelta a María, ya que las pruebas recopiladas dan a entender que ella participaba en el Matrimonio. Ahora bien, lo que vincula a María con la prostitución ritual no es sólo el hecho de estar incluida en la genealogía de Mateo, sino también su nombre.

8

¿Qué significa un nombre?

Si María era una *qdesha*, está claro que no podía ser nombrada como tal. Los escritores judíos no estaban dispuestos a usar el término, y la mera insinuación de que pudiese haber estado relacionada con la prostitución litúrgica era anatema para los cristianos ortodoxos. Sin embargo, la profesión existía en el siglo I y, por consiguiente, su hermandad tenía que ser identificable.

Durante los tiempos bíblicos, en el mundo semítico los nombres tenían más relevancia que en la actualidad, y el uso de nombres-código para identificar a las personas era una práctica habitual. El Libro de los Proverbios recalca que «un buen nombre es preferible a grandes riquezas». Un nombre no sólo identificaba a una persona, sino que con frecuencia insinuaba la personalidad o posición social de ésta. En el Génesis, Eva es llamada «la madre de todos los seres vivos» debido a los vínculos populares existentes entre *hawwa*, su nombre en hebreo, y *hayya*, que significa «vivir». La tradición también puso una vez *hawwa* en el mismo cajón etimológico de la antigua palabra semítica que designaba a la serpiente, insinuando la progenitora primigenia de la vida. Los nombres de pila que evocaban el carácter de una persona no siempre eran elogiosos. En los albores de la realeza israelita, «David» devino sinónimo de buen gobierno, pero un individuo acaudalado que rehusó pagar dinero al rey David a cambio de protección en el momento de su escisión política de Saúl recibió el nombre de Nabal, que significa «idiota».

> En esta sazón salieron a campaña los caudillos de los filisteos; y desde el punto que se dejaron ver, se manejaba David con más arte y prudencia que todos los demás oficiales de Saúl; por donde se hizo más y más célebre su nombre. [1 S. 18, 30]

> No hagas, te ruego, mi señor y mi rey, ningún caso de la injusticia de Nabal; porque es un insensato, y su mismo nombre denota su necedad. [1 S. 25, 25]

Un nombre también podía expresar esperanza o convicción religiosa. Josué, que en su traducción griega se convierte en el más conocido Jesús, significa «Yahvé salvará». Un nombre a veces revelaba hábitos personales y así, cuando en su autobiografía, *La vida*, Josefo alude a un hombre llamado Bannus, hay que interpretarlo como alguien que tiene la manía de bañarse.

> Tuve noticia de un hombre llamado Bannus que vivía en el desierto, vistiéndose sólo con lo que los árboles le daban, alimentándose de cosas que crecían por sí mismas, y efectuando frecuentes abluciones con agua fría, de día y de noche, para mantener su pureza. [*Vida* 11]

Si el significado es algo a lo que atenerse, una de las elecciones de nombre más curiosas de la Biblia es la de Mariam (vertido como Miriam en el Antiguo Testamento) que devino María en castellano. Antes de la era herodiana, Miriam o Mariam sólo se encuentra una sola vez en el lapso de los mil quinientos años que comprende la historia bíblica judía, y algunos elementos del modo de ser de la mujer en cuestión probablemente reflejen el significado de dicho nombre.

La ausencia de información detallada en los textos bíblicos convierte a Miriam, la hermana de Moisés y Aarón, en un personaje enigmático, descrito en el Libro del Éxodo como una profetisa que acompañaba a los israelitas que huían de los egipcios. A primera vista no parece que sea importante, pero es mencionada en las genealogías levíticas, o sacerdotales, de Números y Crónicas y puede que de su historia se haya perdido más de lo que ha sobrevivido al proceso de edición y corrección política. Sin embargo, pequeños detalles de los textos canónicos sumados a una única prueba arqueológica dan a entender que pudo tener inclinaciones paganas, y que dirigía un culto femenino entre los refugiados.

> Entonces María, la profetisa, hermana de Aarón, tomó en su mano un pandero; y salieron en pos de ella todas las mujeres con panderos y danzas, cuyos coros guiaba, entonando la primera: Cantemos himnos al Señor, porque ha dado una gloriosa señal de su grandeza: ha precipitado en el mar al caballo y al caballero. [Éx. 15, 20-21]

En cuanto al papel que desempeñaba entre los hebreos y a su parentesco, no cabe determinar la verdadera identidad de Miriam partiendo del Antiguo Testamento. Sin embargo, no es una hermana mayor de Moisés. El segundo capítulo del Éxodo la presenta interviniendo en su rescate de los juncos puesto que, según las Crónicas, por lo general consideradas los textos con más rigor histórico del Antiguo Testamento, Moisés fue el primer hijo que parió Jocabed.

A principios de los años treinta del siglo XX, durante la excavación de una sinagoga del siglo III d.C. en el asentamiento romano de Dura Europos, en Siria, se descubrió un mural que arroja más luz sobre Miriam. Parece relacionar el rescate de Moisés con una diosa local de la fertilidad, Anahita, quien después fue traspuesta como Afrodita. Unas mujeres identificadas como Miriam, Jocabed y dos comadronas miran (Leach y Aycock, 1983) al faraón mientras éste da órdenes para eliminar a los primogénitos hebreos. En primer plano, la figura desnuda de Anahita, sosteniendo un bebé sin rostro, emerge de las aguas en las que flota un objeto que parece un sarcófago romano en miniatura. Otras tres figuras femeninas detrás de la diosa llevan presentes y una figura arrodillada, que se piensa es la princesa, completa el cuadro.

Esta composición parece relatar una historia de muerte y renovación. Moisés compartía ciertos rasgos con los reyes-dioses, con inclusión de su nacimiento fruto de una relación incestuosa, ya que el Éxodo [6, 20] identifica a su madre, Jocabed, como tía de su marido. Su muerte queda simbolizada por el sarcófago, y la desnudez de la diosa que lo resucita indica el vínculo de ésta con la fertilidad. Dado que Miriam no sirve a ningún propósito concreto en el mural, quizá fue incluida porque era la sacerdotisa de Anahita. Según hemos descubierto, el lugar donde fue enterrada Miriam también revela un posible vínculo con cultos a la fertilidad, puesto que se identifica con el dios de la Luna, a menudo representado como padre de la diosa de la fertilidad.

Miriam fue una mujer a quien muy bien podían aplicarse los epítetos de «rebelde» y «amargada». Puso en entredicho a Moisés como jefe de los israelitas en un momento de impetuosidad por el que Dios la «castigó» con la enfermedad mortal de la lepra. Se vio obligada a vivir hasta el fin de sus días aislada y nunca llegó a ver la Tierra Prometida.

> He aquí que María de repente se vio cubierta de lepra, blanca como la nieve. Y como Aarón la mirase y la viese toda cubierta de lepra, dijo a Moisés: Suplícote, señor mío, que no nos imputes este pecado que neciamente hemos cometido, y que no quede ésta como muerta... [Nm. 12, 10 y ss.]

Se han dado versiones contradictorias de que el nombre de Miriam se deriva de «mirra» (término que posee connotaciones sexuales dado que el Cantar de los Cantares lo asocia con los pechos) o que está relacionado etimológicamente con palabras acadias que significan «testarudo» y «regordete». Jerónimo, estudioso cristiano italiano del siglo IV, responsable de la primera traducción de la Biblia del latín al hebreo, puso mucho empeño en seguirle el rastro hasta *stilla maris*, que significa «una gota del océano». El origen más probable, no obstante, es la raíz hebrea *mara*, מאר, término que se recoge en distintos lugares del Antiguo Testamento. El hebreo ha tendido a beber de fuentes mesopotámicas y *mara* es un préstamo derivado del verbo acadio *mararu*, «ser amargo». Aunque *mara* puede expresar rasgos personales de rebeldía o audacia, los escritores del Antiguo Testamento lo usaban para describir la amargura, y la palabra suele aparecer en el contexto de amonestaciones contra el sexo ilícito y los peligros del conocimiento carnal. Tales advertencias bíblicas se emitían con frecuencia en un mundo donde la tentación en forma de prostitutas y adúlteras acechaba constantemente a los hombres. En el Libro de los Proverbios, el destino de la seductora era «amargo *(mara)* como el ajenjo, y penetrante como una espada de dos filos» [Pr. 5, 4]. Un aviso semejante aparece en el Libro de Eclesiastés, cuyo autor vuelve a usar la palabra en relación con la prostitución.

> Y hallé que es más amarga *(mara)* que la muerte la mujer; la cual es un lazo de cazar, y una red barredera su corazón, y sus manos unos grillos. Quien es grato a Dios huirá de ella; pero el pecador quedará preso. [Ecl. 7, 27]

La yuxtaposición de palabras y tema en distintos pasajes como éste da a entender que *mara* es un eufemismo para designar a alguien que ha pasado por la ordalía de las Aguas Amargas. El tratamiento de *me hammarim ham'ar rim*, establecido por ley para una mujer acusada de prostitución y adulterio, está basado en la palabra *mara*. El Libro de Rut parece aportar una confirmación de este argumento en el lamento de Noemí, que queda estéril por voluntad de Dios (el destino de toda mujer culpable sometida a la ordalía), cuando regresó a Belén y alentó a su hermana a ejercer la prostitución.

> No me llaméis Noemí (esto es, graciosa), sino llamadme Mara (que significa amarga), porque el Todopoderoso me ha llenado de grande amargura. [Rt. 1, 20]

A pesar de estas asociaciones negativas, hallamos una extraordinaria dicotomía en el uso de Mariam en el Nuevo Testamento. El aparentemente estigmatizado nombre de la madre de Cristo también se da a no menos de otras seis mujeres relacionadas directamente con Jesús. Uno de los portavoces más influyentes del primer cristianismo, Cirilo de Jerusalén, al parecer creía que el término *maryam* era la descripción de un oficio. En su seudoepigráfica obra copta (atribuida a personajes bíblicos mas no juzgada genuina por los estudiosos), el *Vigésimo discurso*, puso unas palabras en boca de María, la madre de Jesús, que indican que ella misma veía su nombre como un denominador común.

> Soy María Magdalena, porque el nombre del pueblo donde nací era Magdala. Mi nombre es María de Cleopa. Soy María de Santiago, el hijo de José el Carpintero.

Como cristiano ortodoxo, Cirilo, naturalmente, habría negado de forma categórica cualquier inferencia que indicara prostitución litúrgica. No obstante, si las Marías vienen a ser lo mismo que una hermandad, quizás otros que las describieron dejaran escapar pequeños detalles de la naturaleza de ésta.

La madre de Cristo probablemente sea la figura religiosa que ha gozado de más fama entre los artistas. Ha sido dibujada, pintada, esculpida y modelada *ad infinitum*, aunque el gusto popular ha querido situarla en un trío con María de Magdala y María de Betania, cuyas personalidades respectivas destacan entre las de sus tocayas.

María de Magdala, o María Magdalena, fue una de las seguidoras de Jesús que más intimidad tuvo con él. Procedía del extremo occidental del mar de Galilea, de un pueblo al noroeste de Tiberias llamado Magdala (del arameo *migd la*, que significa «torre») donde en la actualidad se encuentra la ciudad de Mejdel. Se la describe como una mujer pagana que ayudaba a Jesús en sus finanzas [Mt. 27, 55; Lc. 8, 2-3] y estuvo presente en la Crucifixión y el entierro. Según Juan, fue la única que vio a Cristo resucitado [Jn. 20, 14]. El *Vigésimo discurso* también revela que fue la persona hacia quien se volvió la Virgen María, en su lecho de muerte, para nombrarla su sucesora. La homilía de Cirilo no sólo presenta una nada frecuente prueba escrita del vínculo especial que unía a la Virgen María con María Magdalena; también confirma que una camarilla de mujeres especiales acompañó a la madre de Cristo a lo largo de toda su vida.

> Un día la Virgen pidió a Juan que llamara a Pedro y Santiago; y éstos se sentaron ante ella, y ella les habló, recordándoles la vida de Jesús. Continuó diciendo que Jesús se le había presentado para decirle que su hora había llegado. «Ocultaré tu cuerpo en la tierra —le había dicho—; ningún hombre lo hallará hasta el día en que lo resucite incorrupto. Una gran iglesia se construirá encima de él. Ahora, pues, convoca a las vírgenes.» Así se hizo. María tomó la mano de una de ellas, María Magdalena, ya muy anciana, y la comprometió a hacerse cargo de las demás. *[Vigésimo discurso]*

María de Magdala, tal como se desvelará en el próximo capítulo, también disfrutó de una relación más íntima con Jesús de lo que los textos canónicos admiten. Además, la relativa abundancia de información acerca de ella ha sido fuente a menudo de gran irritación para la Iglesia al comparársela con la biografía de la madre de Jesús, carente de colorido. Cuando Mateo, Marcos y Lucas hablan de las mujeres que «siguieron a Jesús desde Galilea», así como cuando mencionan a grupos de Marías, Magdalena es quien encabeza invariablemente la lista. Particularmente extraña resulta la ausencia, en todos los Evangelios menos el de Juan, de la Virgen María en la

Crucifixión o en el momento de la resurrección. Mateo y Marcos afirman que María de Magdala fue testigo de ambos acontecimientos y, según el segundo, fue la primera persona en saludar al Cristo resucitado (aunque no la única, como sostiene Juan). Juan Crisóstomo, Patriarca de Constantinopla (398-404), se sintió hasta tal punto ofendido por ello que llegó a protestar públicamente diciendo que Cristo se habría aparecido a su madre en la gloria de su ascensión. A partir del siglo II en adelante, se convirtió en motivo de bochorno para los dirigentes cristianos que los evangelistas sinópticos hubiesen reclamado tal privilegio para María de Magdala. Orígenes fue uno de los muchos que aseguraron que no era en absoluto la indicada para ocupar tan elevada posición.

Los autores de los Evangelios canónicos, no obstante, quizás hayan mirado con cierta incredulidad la posterior eliminación del personaje de María Magdalena, puesto que habían escrito muy poco acerca de ella que resultara perjudicial. Ahora bien, si se la juzga partiendo del arte y la ficción romántica será fácil terminar siguiendo diversas pistas falsas. Una de las representaciones donde peor parada sale probablemente sea la famosa escultura de madera conocida como *La Maddalena*, creada por el artista florentino del siglo XV Donatello. La obra es de una expresividad grotesca, un fiel reflejo de lo que el inflexible aparato de propaganda de la Iglesia iba a hacer de María Magdalena. Aunque los historiadores bíblicos modernos han reconocido que buena parte de la calumnia que ha recaído sobre ella carece de todo fundamento, durante siglos se la señaló como la «prostituta penitente» cuya corrupción le acarreó la desagradable fetidez de una descomposición física prematura. Por consiguiente, *La Maddalena* de Donatello representa a una horrible vieja bruja marchita, con la larga cabellera cubriendo sus descarnados miembros, quien, según explica la literatura medieval, pasó largos años de ayuno y abstinencia en un inútil castigo autoimpuesto por sus pecados. Menos crueles son los retratos que la pintan como una hermosa y cautivadora, aunque un tanto escarmentada, ramera de refulgente cabellera.

La información que poseemos sobre María de Betania, que escuchó las enseñanzas de Jesús, es escasa comparada con la de María Magdalena. Vivía en un pueblo a pocos kilómetros al este de Jerusalén, en la falda del monte de los Olivos, y era hermana de Marta y Lázaro. Mientras Marta desempeñaba el papel de anfitriona y ama de llaves [Lc. 10, 38-40; Jn. 12, 2], María era la devota acólita espiritual [Lc. 10, 39]. En el apócrifo *Libro de la Resurrección*, que se supone redactó san Bartolomé Apóstol, se la cita en el grupo de mujeres que acude a la tumba la mañana de Pascua. La *Epístola de los Apóstoles*, escrita por un autor anónimo hacia el final del siglo II d.C., corrobora este dato y la identifica como la hermana de Marta.

A primera vista quizá parezca que tengan poco en común, aparte de ser discípulas de Jesús, pero hay ciertos factores que vinculan a estas dos Marías. Ambas se granjearon una reputación de dudosa naturaleza con etiquetas como las de «pecadora» y «poseída por espíritus malignos», y ambas parecen haber ungido a Jesús. Este emparejamiento reclama un examen más detenido, puesto que el acto de ungir tenía diversas connotaciones en el mundo antiguo, algunas de las cuales estaban asociadas con los ritos de la fertilidad y, por consiguiente, con la prostitución ritual.

Todos los evangelistas hacen hincapié en la unción, pero las diferencias en los detalles de los distintos relatos ha provocado confusión a propósito de quién la llevaba a cabo y sobre si se realizó en más de una ocasión. Siguiendo los Evangelios según están ordenados, Mateo describió a una mujer anónima que contrarió a los apóstoles al ungir la cabeza de Jesús en su pueblo de Betania en las semanas inmediatamente anteriores a la Última Cena:

> Estando Jesús en Betania, en casa de Simón el leproso, se llegó a él una mujer con un vaso de alabastro, lleno de un ungüento de gran precio, y lo derramó sobre la cabeza de Jesús, el cual estaba a la mesa. Los discípulos, al ver esto, lo llevaron muy a mal, diciendo: ¿A qué fin este desperdicio? [Mt. 6 y ss.]

Marcos se hizo eco del incidente, sin nombrar a la mujer, y también señaló la actitud negativa de los discípulos, aunque su narración es más concreta y circunscribe la objeción a sólo *algunos* miembros de su círculo más inmediato.

Hallándose Jesús en Betania, en casa de Simón el leproso, estando a la mesa, entró una mujer con un vaso de alabastro lleno de ungüento, o perfume, hecho de la espiga del nardo, de mucho precio, y, quebrando el vaso, derramó el bálsamo sobre la cabeza de Jesús. Algunos de los presentes, irritados interiormente, decían: ¿A qué fin desperdiciar ese perfume?

[Mr. 14, 3-4]

Lucas situó el incidente en una época anterior de la vida de Jesús, cuando se encontraba en los inicios de su ministerio en casa de Simón el fariseo en la localidad de Naín, sita unos ocho kilómetros al sudeste de Nazaret. La narración de Lucas también se diferencia en que la mujer ungía los pies de Jesús en lugar de la cabeza.

Cuando he aquí que una mujer de la ciudad, que era, o había sido, de mala conducta, luego que supo que se había puesto a la mesa en casa del fariseo, trajo un vaso de alabastro lleno de bálsamo, o perfume, y arrimándose por detrás a sus pies, comenzó a bañárselos con sus lágrimas y los limpiaba con los cabellos de su cabeza, y los besaba, y derramaba sobre ellos el perfume.

[Lc. 7, 37-38]

La versión no sinóptica atribuida a Juan reviste una notable importancia porque nombra a la mujer anónima descrita en Mateo y Marcos como María de Betania.

Estaba enfermo por este tiempo un hombre llamado Lázaro, vecino de Betania, patria de María y de Marta, su hermana. Esta María es aquella misma que derramó sobre el Señor el perfume, y le limpió los pies con sus cabellos: de la cual era hermano Lázaro, que estaba enfermo. [Jn. 11, 1 y ss.]

La explicación de Juan no es del todo satisfactoria. Complica el asunto llamando la atención sobre los pies de Jesús, mientras que Mateo y Marcos aluden a la unción de la cabeza. También resulta difícil reconciliar un acontecimiento que supuestamente tuvo lugar en Betania, en casa de Simón el leproso, con la descripción de un acto de unción anterior que Lucas situó en Naín.

El uso que hace Lucas de la expresión «de mala conducta» ha alimentado una tradición según la cual la mujer sería María Magdalena, puesto que, en una descripción aparte, identifica de forma concluyente a ésta como la mujer poseída por «espíritus malignos»: en la mente de muchos cristianos, estas deficiencias han resultado indistinguibles.

> Algún tiempo después andaba Jesús por las ciudades y aldeas predicando y anunciando el reino de Dios, acompañado de los doce y de algunas mujeres que habían sido liberadas de los espíritus malignos y curadas de varias enfermedades: de María, por sobrenombre Magdalena, de la cual había echado siete demonios. [Lc. 8, 1-2]

La última observación se repite en Marcos.

> Jesús, habiendo resucitado de mañana, el primer día de la semana, se apareció primeramente a María Magdalena, de la cual había lanzado siete demonios. [Mr. 16, 10]

La semejanza entre los actos de unción, sumada a la vaguedad que envuelve a María de Betania en los Evangelios sinópticos, se ha utilizado a veces para respaldar la reivindicación de que María de Magdala y María de Betania son la misma persona. Esto, no obstante, resulta bastante improbable, dado que la primera no hace su aparición en Lucas hasta el capítulo *posterior* al de la descripción de la mujer de Naín. En la actualidad, los estudiosos bíblicos aceptan por lo general que la de Betania y la de Magdala eran dos personas distintas del círculo de Jesús y que la mujer de Naín a la que alude

Lucas es una referencia anacrónica a María de Betania, en cuyo caso es *ella* a quien cabe identificar como la mujer «de mala conducta». Sin embargo, no hay una clara explicación de por qué María de Betania debería ser considerada pecadora e, implícitamente, prostituta.

¿Acaso María Magdalena también era prostituta? Estar poseída por «espíritus malignos» no la convierte forzosamente en eso, aunque bien es cierto que la tradición la describe como la «ramera penitente». Ahora bien, en el próximo capítulo se formularán cargos más concluyentes a propósito de su sexualidad. Los textos canónicos no revelan nada abiertamente pero resulta muy interesante que ambas mujeres estén vinculadas por el hecho de ungir a Jesús. Este acto suscitó una respuesta hostil, y es preciso que tomemos en consideración por qué los discípulos pusieron objeciones. Mateo y Marcos se limitaron a rechazar tal acción como un derroche de un bien valioso que podría haberse vendido para reunir un dinero que distribuir entre los pobres. Según Lucas, la objeción se debió a que la mujer era una pecadora, y en el lenguaje de la Biblia los delitos menores suelen ser de carácter sexual cuando una mujer es equiparada con el pecado, es decir, prostitución o adulterio.

> Lo que viendo el fariseo que le había convidado, decía para consigo: Si este hombre fuera profeta, bien conocería quién y qué tal es la mujer que le está tocando, que es una mujer de mala vida. [Lc. 7, 39]

Los comentaristas bíblicos tratan de justificar la unción como un acto de dedicación a Jesús y, desde su punto de vista, como una preparación simbólica para la muerte y el entierro, un anticipo del propósito de regresar a la tumba después de la Crucifixión.

> Y pasado el sábado, María Magdalena y María, madre de Santiago, y Salomé, compraron aromas para ir a embalsamar a Jesús. [Mr. 16, 1]

La unción formaba parte de la tradición de Oriente Próximo desde tiempos remotos y su práctica estaba muy extendida entre los judíos de Palestina, tanto en las celebraciones como durante los ritos funerarios. También era un gesto de dedicación y consagración que simbolizaba realeza. Su práctica continuó hasta avanzada la era cristiana y en la actualidad sigue acompañando la coronación de un rey o reina en Inglaterra. Para una persona de creencias paganas, no obstante, la unción también poseía un significado estrechamente relacionado con los ritos de la fertilidad y el culto al dios que muere y renace. Constituía una alegoría de la inseminación. En la poesía mesopotámica se designa con frecuencia como unción el acto del dios de la fertilidad copulando con su diosa. En el ejemplo siguiente Inana (Ishtar) llora la ausencia de Dumuzi (Tammuz).

Por el que está lejos va este lamento.
Ay de mí, mi niño, el que está lejos.
Mi Damu [Dumuzi], el que está lejos.
Mi ungidor, el que está lejos.

Los dibujos de ritos mesopotámicos en los que aparecen árboles sagrados, símbolos de la diosa y quizá de su consorte, a menudo muestran al rey o a su cortesano mojando una piña en un cubo de lo que bien podría ser aceite bendito para luego señalar con ella a modo de falo. A veces lo dirige hacia el árbol, a veces hacia el rey. En Babilonia era costumbre ofrecer aceites y ungüentos perfumados para que el espíritu del rey-dios que muere y renace pudiese absorber la esencia de dichas sustancias. Disponemos de pruebas concretas de la unción del *massebah* cananita que representa el falo de Baal. También cabe la posibilidad de que la alusión a la unción de los pies de Jesús posea un significado esotérico dado que, en tiempos bíblicos, «pies» se empleaba como eufemismo de los genitales masculinos. El ejemplo más destacado contenido en el Antiguo Testamento aparece con ocasión del compromiso de Rut y Booz.

> Y cuando Booz hubo comido y bebido y alegrádose, e ido a dormir junto a un montón de gavillas, se llegó Rut calladamente, y, alzando la capa por los pies, echóse allí. Cuando he aquí que a media noche despertó el hombre, despavorido y turbado al ver a una mujer echada a sus pies; y díjole: ¿Quién eres? Y ella respondió: Soy Rut, esclava tuya; extiende tu manto sobre tu sierva. [Rt. 3, 7 y ss.]

Así pues, hemos establecido los hilos que unen a dos de las Marías (aparte de la madre de Jesús), una de ellas pagana declarada, primero a la prostitución y luego a la unción, acto que constituía parte integrante de ritos con una marcada carga sexual en los que participaban sacerdotisas del culto a la fertilidad.

Las otras cuatro Marías tienen poca información útil que ofrecer, puesto que aparecen con distintos grados de importancia como intérpretes de papeles secundarios. La primera esposa de José, la madre de sus hijos mayores, también se llamaba María. Disponemos de escasa información acerca de ella aparte del hecho de que engendró a Santiago el Joven, José y Salomé. Según los autores de Mateo y Marcos, fue una de las mujeres que asistieron a la Crucifixión y al entierro y que visitaron la tumba la mañana de Pascua [Mt. 27, 56; Mr. 15, 40-47; 16, 1]. Se alude a ella como a la «otra María» del grupo de mujeres que refirieron la resurrección de Jesús a los apóstoles [Lc. 24, 10]. Si estas aseveraciones son correctas, desbaratan las versiones según las cuales José era viudo; no obstante, incluso si uno abandona la idea de la virginidad perpetua, resulta poco probable que esta mujer fuese la madre de Jesús que, según se dice, también estuvo presente en la Crucifixión [Jn. 19, 25]. También es improbable que fuese la hermana de la Virgen María, ya que entonces Santiago y José habrían sido primos de Jesús, no sus hermanastros.

María, la esposa de Clopas o Cleofás (de quien se dice a veces que era Alfeo, el padre del apóstol Santiago el Justo), sólo se menciona una vez [Jn. 19, 25]. El historiador Eusebio cita pruebas perdidas del historiador Hegesipo según las cuales

Cleofás era hermano de José, cosa que convierte a esta María en cuñada de la madre de Jesús, y a Santiago el Justo en primo de Jesús. La relación aparece todavía más enredada dado que, según el *Liber de Infantia*, María la madre de Jesús tenía una hermana, llamada también María, que era hermana de Cleofás.

Una quinta María, identificada como la esposa de Zebedé, se menciona en una de las copias manuscritas supervivientes del *Liber de Infantia* aunque no aparece en otras copias medievales, de las cuales existen más de ciento treinta en latín.

> Y cuando José, agotado por su avanzada edad, murió y fue enterrado junto a sus padres, la bendita María vivió con sus sobrinos o con los hijos de sus hermanas; pues Ana y Emerina eran hermanas. De Emerina nació Elisabet, la madre de Juan el Bautista. Y en cuanto a Ana, la madre de la bendita María, era muy hermosa, y cuando Joaquín murió se casó con Cleofás, de quien tuvo una segunda hija. Le puso el nombre de María y la dio como esposa a Alfeo; y de esa unión nacieron Santiago el hijo de Alfeo y Felipe su hermano. Y una vez fallecido su segundo marido, Ana se casó con un tercer marido llamado Salone [sic] con quien tuvo una tercera hija. También le puso el nombre de María y la dio como esposa a Zebedé; y de esa unión nacieron Santiago el hijo de Zebedé y Juan el Evangelista.
>
> [ANT, p. 98]

En los Evangelios no se menciona a ninguna otra María, pero en Hechos, se alude de pasada a una sexta, la madre de Juan Marcos, cuyo domicilio particular utilizaba como lugar de encuentro la primera Iglesia [Hch. 12, 12 y ss.]. Siendo moderadamente acomodada, pues contaba al menos con un criado, algunas tradiciones sostienen que fue la anfitriona de la Última Cena y del incidente de Pentecostés descrito en Hechos cuando el Espíritu supuestamente se apoderó de los discípulos, permitiéndoles hablar en lenguas extranjeras.

Cabe descubrir una séptima María no ya en las narraciones canónicas o apócrifas sino en el *Panarion*, una obra antiherética firmada por Epifanio, obispo de Salamina en el siglo IV. Ésta era la madre de Rufo y Alejandro, los hijos de Simón el Cireneo, el hombre a quien los romanos ordenaron que cargara con la Cruz cuando Jesús se tambaleó bajo su peso [Mr. 15, 21].

> María Magdalena se hallaba junto a la cruz, así como María la esposa de Cleofás, y María la madre de Rufo, y la otra María, y Salomé y las demás mujeres.

Merece la pena señalar que estas siete Miriam suman un número que posee una notable importancia mística tanto en la tradición cristiana como en la pagana, donde hallamos reiteradas alusiones a siete vírgenes vestales, así como a siete diablos. Las siete Estaciones del Vía Crucis son una adaptación cristiana de las siete puertas del averno por las que pasa la diosa Ishtar en su enfrentamiento místico con la muerte. El dibujo de la hoja de *palmette* en el Árbol Sagrado de Mesopotamia se corresponde, según antiguos estudiosos de Oriente Próximo, con los siete lóbulos que en su momento se creyó constituían el útero humano.

Jesucristo no fue el único aspirante al trono de Israel del siglo I que atrajo a las Miriam. El historiador judío Josefo describe a otras seis Mariamnes o Mariammes que nacieron o se casaron con miembros de la dinastía herodiana en las décadas cercanas a la muerte de Jesús, y las biografías de algunas de estas mujeres indican también vínculos con la prostitución. La más influyente se convirtió en la segunda esposa de Herodes el Grande. Corrió el rumor de que ésta había mantenido una relación indecorosa con José, el marido de su cuñada Salomé, y Herodes también pensaba que se había acostado con otros entre los que se contaba Antonio, protagonista de una muy cacareada aventura con Cleopatra de Egipto. Herodes hizo asesinar a su descarriada esposa en algún momento entre 35 y 29 a.C. para luego casarse con otra Mariamne, identificada por Josefo como hermana de Simón, el sumo sacerdote.

Una tercera, hija de Olimpia, quien a su vez lo era de Herodes el Grande y su esposa samaritana Maltace, se convirtió en esposa de otro Herodes, el rey de Chalcis, una ciudad del valle del Líbano. Josefo también menciona a Mariamne, la esposa de Julio Arquelao, quien examinó la exactitud de su obra, y a una quinta tocaya que era la hija de Aristóbolo, hijo de Herodes y Mariamne, y Berenice, la hija de Salomé.

La sexta, una hija del rey judío Agripa I (41-44 a.C.) y hermana de Drusila y Berenice, pasó por dos destacados matrimonios. Un rasgo muy notable de su historia es el que aparece tras la muerte de su padre cuando, según Josefo, el pueblo de Cesarea y Sebaste (Samaria) «fueron a sus casas, agarraron las imágenes de las hijas del rey y las llevaron de común acuerdo a los burdeles, donde las plantaron en lo alto de los tejados para dedicarles toda suerte de insultos, haciendo cosas demasiado indecentes como para ser referidas» [*Antig.* XIX, 357].

Si dichas imágenes representaban al trío de hermanas, el incidente tiene poco sentido dado que Agripa I era un judío en extremo piadoso y modesto que prohibió que su efigie apareciera en las monedas acuñadas en Jerusalén, si bien aquellas emitidas en otras ciudades a veces llevaban su imagen o la del emperador. Agripa, se nos dice, «no faltaba a ningún rito de purificación, y no pasaba un día sin que cumpliera el sacrificio prescrito» [*Antig.* XIX, 331]. La idea de que erigiera estatuas de sus hijas, en un clima religioso que prohibía tales cosas, resulta bastante inverosímil. Otra objeción reside en el hecho de que, en el momento de la muerte de su padre, Berenice era una muchacha casada de dieciséis años de edad, Mariamne sólo tenía diez y Drusila seis. Además, los tejados donde las imágenes fueron sometidas a toda una gama de indecencias eran lugares de culto a la diosa madre desde tiempos inmemoriales. Lo más plausible es que las imágenes a las que alude Josefo fueran las del *asherah*, lo que plantea la posibilidad de que una o más de las hermanas hubiesen servido como sacerdotisas o al menos como novicias del culto a la fertilidad.

Tras la crucifixión de Jesús, uno puede hallar diversos casos de hostilidad judía hacía mujeres llamadas María. Ya hemos identificado el odio contra la madre de Cristo, que tuvo como resultado que una turba de judíos airados intentara quemar su cadáver, la ejecución de la segunda esposa de Herodes el Grande acusada de adulterio, y los graves abusos infligidos a la hija de Herodes Agripa. En otro pasaje Josefo denigra la conducta de una Miriam quien, durante el sitio de Jerusalén por los romanos en 70 d.C., se supone que mató a su propio hijo, lo guisó, comió parte de la carne y terminó dando el resto a los miembros de la resistencia.

> Mientras sentía el hambre correr por los intestinos y la médula y el fuego de la cólera la consumía incluso más que la propia hambre, empujada por los aguijonazos de la furia y la necesidad por igual, cometió una atrocidad contra la naturaleza. Agarrando a su hijo, un niño de pecho, se lamentó: «Pobre bebé, entre la guerra, la hambruna y la sedición, ¿con qué fin voy a conservarte? Con los romanos, nos aguarda la esclavitud, suponiendo que vivamos hasta su llegada; pero el hambre se está anticipando a la esclavitud, y es dos veces más cruel que los rebeldes. Ven, serás mi alimento, para los rebeldes una furia vengadora, y para el mundo el relato que faltaba añadir a las calamidades de los judíos.» Con estas palabras dio muerte a su hijo y luego, tras haber asado el cuerpo y devorado la mitad, envolvió y guardó el resto.
>
> [Josefo, *Bello Judaica* VI, 206 y ss.]

Tomando en consideración los factores que presentan en común las cinco mujeres de la genealogía de Mateo, las pruebas empiezan a dar a entender que, en el siglo I, Miriam se había convertido en un eufemismo de *qdesha*. ¡El título se evitaba porque oficialmente tal vocación no existía!

Esta teoría se ve reforzada por el descubrimiento de otra María en los primeros siglos del cristianismo que no estaba relacionada directamente con Jesús, pero cuya historia, irónicamente, fue manipulada hasta convertirla en una moraleja medieval cristiana: María Egipcíaca. Nacida en Alejandría hacia

344 d.C., se ganó la vida como prostituta desde niña. A la edad de diecisiete años decidió embarcarse en una peregrinación hacia la Tierra Santa y, dado que carecía de dinero suficiente, ofreció sus servicios gratis a la tripulación del buque en lugar de comprar su pasaje. Cuando por fin llegó al Santo Sepulcro de Jerusalén se fijó en un icono de la Virgen María que la llevó a arrepentirse en el acto, y a abandonar su carrera profesional. Acto seguido se encaminó a una zona remota del desierto donde vivió como una asceta durante cuarenta y siete años hasta que un cura mendicante que pasaba por allí le dio la sagrada comunión y, al cabo de poco, murió [Warner, 1976, p. 233].

En la actualidad la Iglesia cristiana pasa por alto o resta importancia a estos detalles asegurando su intrascendencia, pero plantean preguntas incómodas acerca de la verdadera identidad y función de María, la madre de Jesús. Al rascar la superficie del retrato, empezamos a descubrir las capas que se ocultan debajo. Nos encontramos con que fue una entre un extraordinario número de mujeres del círculo de Jesús que llevaban todas el mismo nombre, el cual, cuando se exploran sus raíces etimológicas, aparece como sinónimo de la prostitución ritual. Una de las tocayas, aunque se la identifica como pecadora, está relacionada con la prostitución o el adulterio en los Evangelios. Otra lleva a cabo la unción, acto que también está estrechamente relacionado con la prostitución sagrada. Cabría argumentar que cuando la Iglesia, con un sesgo muy poco razonable, tachó de ramera a María Magdalena, la convirtió convenientemente en el chivo expiatorio de todas esas mujeres. Ya indiqué al principio que para hallar a la verdadera María no bastaría con contemplar su retrato. Para seguir arrancando capas de engaño, tenemos que volver la vista hacia la Natividad, la relación de Jesús con su madre y el vínculo de ambos con María de Magdala.

9

Novias de Cristo

El caso contra la biografía oficial de María debe abordar ahora el papel de ésta como madre de Jesús. Es preciso efectuar un cuidadoso examen, ya que desde las primeras etapas de la vida de Jesús aparecen elementos inusuales y anomalías en la relación de María con su hijo, ninguna de las cuales ha sido satisfactoriamente explicada por los teólogos cristianos.

Las rarezas empiezan por el lugar que eligió María para el nacimiento de Jesús. El apócrifo *Liber de Infantia* identifica el «establo» de la Natividad como una gruta que, según se dice, un ser espectral indicó a María.

> El ángel ordenó al animal que se detuviera, pues había llegado el momento de que ella diera a luz; y ordenó a María que desmontara del animal y que entrase en una cueva subterránea, en la cual nunca había luz, sino siempre oscuridad.
>
> [*Liber de Infantia* 13, ANT]

Esta descripción sólo cuenta una parte del relato. La verdadera naturaleza del lugar en cuestión salió a la luz gracias a una carta que se conserva de San Jerónimo (*ca.* 342-420 d.C.), el estudioso bíblico italiano que pasó en Belén los últimos años de su vida. Según Jerónimo, de quien suponemos escribió sobre la base de pruebas consistentes aunque no contemos con ningún dato que corrobore esta afirmación, la cueva distaba mucho de ser un inofensivo refugio de piedra para el ganado. Era un santuario pagano dedicado a Tammuz, el dios que muere y renace del antiguo Oriente Próximo, quien sustituyó a Baal como hijo y amante de la diosa de la fertilidad en el corazón de los israelitas.

> Belén, que ahora pertenece a nuestra fe y es uno de los lugares más sagrados del mundo entero, se extendía antiguamente a la sombra de una arboleda dedicada a Tammuz, que viene a ser lo mismo que Adonis, y la mismísima gruta donde el niño Jesús profirió sus primeros gritos resonaba antiguamente con los lamentos a propósito del amante de Afrodita.
>
> [*Patrologie Cursus Completus*, XXII, col. 581]

Si esta información es verdadera, cuesta trabajo imaginar que la decisión de María de dar a luz en un templo pagano haya sido fruto de una mera coincidencia. Resulta de lo más significativo que el lugar no aparezca en los textos canónicos, lo cual indica que los autores de los Evangelios de Mateo y Lucas decidieron no divulgarlo o que unos editores anónimos se apresuraron en suprimirlo. La correspondencia privada de Jerónimo revela que el asunto estaba en conocimiento de al menos una parte de los cristianos de su época, pero el hecho de que la suya sea la única fuente que ha sobrevivido da pie a la probabilidad de que los primeros Padres de la Iglesia decidieran eliminar información delicada acerca del lugar de nacimiento.

La actitud posterior de Jesús hacia María no es la que hubiese cabido esperar de un hijo para con su madre. Cuando, a la edad de doce años, se le dio por desaparecido y José y María lo hallaron en el Templo, María se quejó de su comportamiento poco razonable y recibió una respuesta tajante: «¿Cómo es que me buscabais? ¿No sabíais que yo debo emplearme en las cosas de mi Padre?» [Lc. 2, 49]. Éste fue sólo el primero de una de serie de fríos intercambios de palabras que dan la impresión de una relación cuanto menos insólita. La reacción de Jesús hacia su madre durante las bodas de Caná revela una actitud semejante cuando le replica: «Mujer, ¿qué nos va a mí y a ti? Aún no es llegada mi hora» [Jn. 2.4].

El Evangelio de Juan presenta otro caso similar. En el momento de la Crucifixión, Jesús dijo a María, refiriéndose no a él sino a Juan: «Mujer, ahí tienes a tu hijo.» En lugar de tratar a María íntimamente, se dirige a ella como «mujer» en un tono muy impersonal, casi despectivo, el mismo que Pablo utilizó en su carta a los Gálatas cuando aludió al nacimiento de Cristo como «formado de una mujer». Muchos estudiosos pasan por alto esta anomalía a la que aún no se ha dado una explicación convincente.

Los textos canónicos no aportan ninguna respuesta en cuanto a por qué Jesús, el amigo compasivo de todos, adoptó esta actitud tan fría con María. Cabe hallar más datos al respecto entre los códices «perdidos» de los gnósticos, una rama del cristianismo que permitía una libertad de expresión mucho mayor que la que autorizaba la ortodoxia. Los llamados Evangelios gnósticos salieron a la luz durante unas excavaciones realizadas en Nag Hammadi, en el Alto Egipto, en 1945. Uno de los más importantes de estos antiguos textos apócrifos, el *Evangelio de Tomás*, quizá sirva para esclarecer el misterio. Consiste en una recopilación de dichos de Jesús que supuestamente anotó el apóstol Dídimo Judas Tomás aunque lo más probable es que lo redactaran sectarios gnósticos anónimos en algún momento anterior a 300 d.C. Muchos de estos dichos también figuran en las narraciones canónicas, lo que indica que uno y otras se derivan de una fuente común. *Tomás* se cuenta entre los textos condenados en el *Decretum Gelasianum*, la primera lista exhaustiva de libros que prohibieron las autoridades eclesiásticas con el pretexto de que contenían material herético. La ausencia de copias del *Evangelio de Tomás*, aparte del único manuscrito completo hallado en Nag Hammadi, da a entender que se efectuaron serios esfuerzos para destruir las pruebas contenidas en el texto. El papiro sobre el que fue escrito se ha deteriorado, pero el códice conserva un comentario particularmente insólito. Las palabras entre corchetes son las que se han inferido al descifrarlo.

> Quienquiera que no odie a su padre y a su madre como yo hago no puede convertirse en mi discípulo. Y quienquiera que [no] ame a su [padre y] a su madre como yo hago no puede convertirse en [discípulo] mío. Pues mi madre [...] pero mi [madre] verdadera me dio la vida. [NHL, p. 137]

James Robinson, uno de los estudiosos más destacados de Nag Hammadi, piensa que, si se llenan los espacios en blanco, el verso final queda como sigue: «Mi madre [terrenal] me dio la muerte pero mi madre verdadera me dio la vida.» Si esto es cierto, sus consecuencias tienen un alcance extraordinario: Jesús, un judío cuya religión insiste en la única presencia de una deidad masculina en los cielos, reivindica dos madres. Sólo una de estas matronas es terrenal; así pues, implícitamente, la otra (su madre verdadera) tiene que ser una diosa.

El versículo equivalente en Lucas no viene a decir lo mismo.

> Si alguno de los que me sigue no aborrece, o no ama menos que a mí, a su padre y madre, y a la mujer, y a los hijos, y a los hermanos y hermanas, y aun a su vida misma, no puede ser mi discípulo. [Lc. 14, 26]

Comparando ambos versículos, vemos que el texto apócrifo ha ganado palabras que distinguen entre una «madre verdadera» y una «madre terrenal». Desconocemos si el autor anónimo del *Evangelio de Tomás* fue responsable de una añadidura o si ésta es la versión exacta (cosa que indicaría que tales palabras fueron suprimidas deliberadamente de la narración de Lucas). Lo que está claro es que las palabras adicionales constituían una herejía para los primeros Padres de la Iglesia ya que implicaban que Jesús tuvo una *madre celestial* además de un padre celestial, anatema para una creencia religiosa fundamentada en el monoteísmo y que reconoce a un único Dios universal.

Si los demás comentarios citados en *Tomás* son exactos, Jesús reconoció a María como la suplente terrenal de su madre celestial. En el contexto de la tradición del Matrimonio Sagrado, esto sólo puede dar a entender que la consideraba una sacerdotisa de la diosa que ofrecía su útero como mero receptáculo para el semen del dios. Las palabras de Jesús plantean la crítica cuestión de si se percibía a sí mismo sacado del mismo molde que los reyes sagrados, las encarnaciones terrenales de los dioses que mueren y renacen que le precedieron en el antiguo Oriente Próximo. Las pruebas presentadas en *Tomás* explicarían la actitud de Jesús hacia María quien, una vez cumplida su misión de concebir y dar a luz al rey sagrado, continuaría desempeñando sus funciones de *qdesha* o *maryam*.

Otro de los textos apócrifos hallados en Nag Hammadi, el *Evangelio de Felipe*, cuenta que Jesús tenía tres compañeras íntimas, todas ellas *maryams*.

> Había tres que siempre andaban con el Señor: María su madre y su hermana y Magdalena, a la que llamaban su compañera. Su hermana y su madre y su compañera eran cada una de ellas una María. [NHL, p. 145]

Con vistas a examinar en detalle la posibilidad de que las *maryams* que rodeaban a Jesús fueran sacerdotisas del culto a la fertilidad, es preciso que analicemos con más detenimiento la relación de Jesús con al menos una de las que se mencionan en *Felipe*: María de Magdala. Fuera quien fuese y lo que fuese en la vida real, desde luego no fue el personaje grotesco que idearon los artistas medievales y cuyo arquetipo sería *La Maddalena* de Donatello. Si bien no cabe acusar a los autores de los Evangelios canónicos de describir a María de Magdala como una arpía marchita o bien como una afectuosa «fulana» cristiana, sin duda fueron culpables de eludir sus méritos más dignos de crédito.

El excepcional prestigio de que gozaba María Magdalena entre las filas de los exaltados discípulos varones no se pregona en el Nuevo Testamento, como tampoco la inteligencia que le dio una espléndida comprensión académica de temas tan etéreos como el origen del mundo. Los Evangelistas le confirieron una posición de favorita en las listas de los compañeros de Jesús, pero omitieron toda mención al valor que Jesús otorgaba a su amistad e intelecto.

La renuencia de los autores canónicos a elogiar a Magdalena quizá refleje, en parte, la renuencia endémica del cristianismo a reconocer que las mujeres desempeñaron un papel influyente en la vida de Jesús; también cabe que sea fruto de una deferencia para con los demás discípulos. La reacción de los discípulos varones cuando les refirieron el suceso milagroso acaecido en el sepulcro es típica de la actitud desdeñosa hacia las mujeres que prevaleció en la incipiente comunidad cristiana.

> Las que refirieron esto a los apóstoles eran María Magdalena, Juana, María, madre de Santiago, y las otras, sus compañeras. Si bien estas nuevas las miraron ellos como un desvarío, y no las creyeron. [Lc. 24, 10-11]

El *Evangelio de Tomás* revela que el principal artífice del antagonismo hacia María Magdalena fue Pedro, un yahveísta de línea dura a quien Jesús respondió con un prejuicio no menos típicamente judío.

> Sus discípulos le dijeron: «¿Cuándo llegará el reino?» «No llegará porque lo esperéis. No será cuestión de decir helo aquí o helo allí. Sino que el reino del Padre se extiende sobre la tierra y los hombres no lo ven.» Simón Pedro les dijo: «Que María nos abandone, pues las mujeres no merecen vivir.» Jesús dijo: «Yo mismo la guiaré para convertirla en varón, de modo que también ella devenga un espíritu vivo semejante a vosotros varones. Pues toda mujer que se haga varón entrará en el reino de los cielos.» [*Evangelio de Tomás* 1, 13 y ss., NHL]

El antagonismo entre María y Pedro se pone de relieve en los restos incompletos de otra obra hallada en Nag Hammadi, el *Evangelio de María*, aunque en esta ocasión no se repite la retórica misógina que encontramos en *Tomás*. Quizá refleje con más exactitud la verdadera relación entre Jesús y Magdalena: ésta se sitúa en una inequívoca posición como la amada pupila que ha recibido enseñanzas acerca de revelaciones y visiones que van mucho más allá de cuanto ha sido divulgado a los discípulos varones.

> Pedro dijo a María: «Hermana, sabemos que el Salvador te amaba más que al resto de las mujeres. Dinos las palabras del Salvador que tú recuerdes, aquellas que tú sabes y nosotros no por no haberlas oído.» María contestó diciendo: «Os revelaré lo que se os ha ocultado.»
>
> [*Evangelio de María* 10, 1 y ss., NHL]

María comienza a explicar visiones sobre el universo y la ascensión del alma, que no tienen que ver con nuestra investigación, a propósito de las cuales dos apóstoles, Andrés y Pedro, no dudan en desautorizarla.

> Pero Andrés contestó y dijo a los hermanos: «Podéis decir lo que queráis sobre lo que ella ha dicho. En cuanto a mí, no creo que el Salvador haya dicho eso. Pues sin duda esas enseñanzas son ideas extrañas.» Pedro contestó y habló a propósito de las mismas cosas extrañas [...] «¿En verdad habló con una mujer sin nuestro conocimiento [y] no abiertamente? ¿Vamos a volvernos y a escucharla? ¿Acaso la prefería a nosotros?» Entonces María lloró y dijo a Pedro: «Hermano Pedro, ¿qué piensas? ¿Piensas que he inventado esto en mi corazón o acaso que miento a propósito del Salvador?»
>
> [*Evangelio de María* 18, 8 y ss., NHL]

La prueba más contundente de la posición de favorita de la que goza Magdalena y del distanciamiento entre ella y algunos de los discípulos varones queda al descubierto en otra obra gnóstica, la *Pistis Sophia*. El escenario es el monte de los Olivos once años después de la Crucifixión, cuando el Cristo resucitado está enseñando a los apóstoles. Magdalena es quien hace las preguntas más pertinentes e inteligentes acerca de los «misterios superiores» del cosmos y es ella quien recibe los mayores elogios precisamente por eso. De las cuarenta y seis preguntas planteadas a Cristo en el *Primer Libro de Pistis Sophia*, no menos de treinta y nueve corresponden a Magdalena, siendo también ella la primera en contestar cuando se pide a los discípulos que manifiesten opinión.

> Sucedió que cuando Mariam oyó estas palabras en boca del Salvador, se quedó con la mirada perdida durante una hora y dijo: «Señor, ordenadme que hable abiertamente.» Jesús, el compasivo, contestó diciendo a Mariam: «Mariam bendita, a quien contemplaré en todos los misterios de las alturas, habla abiertamente, tú eres de tus hermanos aquella cuyo corazón está más próximo al Reino de los Cielos.»
>
> [*Pistis Sophia* 17, NTA]

Magdalena es ensalzada por «la belleza de su discurso» y sus inteligentes reacciones dan lugar a respuestas elogiosas como «Excelente, Mariam. Planteas bien una cuestión excelente y en todo buscas certidumbre y exactitud». En la *Pistis Sophia* las alabanzas resultan inequívocas.

> Sucedió que cuando Mariam terminó de decir estas palabras, él dijo: «Excelente, Mariam. Eres Bendita entre todas las mujeres de la tierra, porque serás el *pleroma* [ser divino] de todos los *pleromas* y la finalización de todas las finalizaciones [...] habla abiertamente y no temas. Te revelaré todas las cosas que buscas.»
>
> [*Pistis Sophia* 19, NTA]

Pedro, el ortodoxo incondicional, niega la idea de revelación esotérica para luego rechazar acaloradamente la autoridad de las mujeres para participar en el debate.

> Sucedió que, cuando Jesús terminó de decir estas palabras a sus discípulos, dijo: «¿Entendéis de qué manera estoy hablando con vosotros?» Pedro dio un paso al frente y dijo a Jesús: «Señor, no podemos sufrir a esa mujer que nos roba la oportunidad y que no deja que ninguno de nosotros hable, pues ella habla muchas veces.» [*Pistis Sophia* 36, NTA]

La *Pistis Sophia* también alude a la estrecha relación entre Magdalena y la Virgen María cuando ésta también manifiesta sus opiniones.

> Jesús contestó y dijo: «Tú también, Mariam, has recibido forma que está en el Barbelo [uno de los poderes cósmicos] según la materia, y has recibido el parecido que está en la Virgen de la Luz según la luz, tú y la otra Mariam, la bendita. Y por vosotras la oscuridad existe y, además, de vosotras procede el cuerpo material en el que yo existo, que he lavado y purificado.» [*Pistis Sophia* 59, NTA]

Que la posición de María Magdalena era próxima, cundo no igual, a la de Pedro, y que ésta suscitaba un profundo rencor entre varios de los discípulos varones es un punto en el que coinciden los autores del *Evangelio de Felipe*, el *Evangelio de María* y la *Pistis Sophia*. Un panorama completamente distinto empieza a desprenderse de estos escritos apócrifos. Lejos de desempeñar un papel de comparsa en el drama cristiano, María de Magdala llegó a dominar el grupo de discípulos con su superioridad intelectual. Sin embargo la relación al parecer fue más allá de esto: los Evangelios gnósticos indican que ella y Jesús mantenían una relación sexual.

El *Evangelio de Felipe* deja al descubierto los sentimientos de Jesús hacia María Magdalena con una reconfortante franqueza y contribuye en gran medida a desdecir las reprobatorias estupideces que posteriormente se escribieron acerca de ella. También indica, no obstante, que su relación era más profunda y en un plano más físico que la de maestro y discípula, intimidad que contrarió sobremanera a algunos de los demás discípulos.

> Y la compañera del [Señor era] María Magdalena. [La amaba] más que a [todos] los discípulos y [solía] besarla [a menudo] en la [boca]. El resto de los discípulos protestaba. Le decían: «¿Por qué la amas más que a todos nosotros?» El Salvador contestó y les dijo: «¿Por qué no os amo como a ella? Cuando un ciego y un hombre que ve están juntos en la oscuridad, no son distintos el uno del otro. Cuando se haga la luz, el hombre que ve verá la luz y el ciego permanecerá en la oscuridad.»
>
> [*Evangelio de Felipe* 63, 34 y ss., y 64, 1 y ss., NHL; las palabras entre corchetes indican los fragmentos deteriorados del códice original que han sido restaurados.]

La cuestión de la sexualidad de Jesús y de quién participó de ella (según las pruebas de los textos antiguos) resulta extremadamente delicada para los dirigentes cristianos y, por tanto, exige un examen cuidadoso. Pablo, en su correspondencia con la Iglesia cristiana en Corinto, hizo una observación insólita.

> Es ya voz pública que entre vosotros se cometen deshonestidades; y tales, cuales no se oyen ni aun entre gentiles, hasta llegar alguno a abusar de la mujer de su propio padre.
>
> [1 Co. 5, 1]

Esta carta da lugar a una pregunta importante: ¿había células cristianas que abusaban del código de ética permitiendo un incesto sistemático entre hijos y madres o madrastras? Si Pablo hizo su comentario en un contexto puramente secular, las relaciones que critica huelen a la decadencia que suele asociarse con la decadencia de un movimiento más que con sus días pioneros, los cuales por regla general están impregnados de fervor moral. Por otra parte, ¿acaso se refería a actos de sexo ritual? Creo que lo más probable es que así fuera. Puede que Pablo secundara la franqueza, pero no podía permitirse pregonar asuntos como el Matrimonio Sagrado, y su reticencia se hace patente en el uso de la expresión «cuales no se oyen». El Matrimonio Sagrado se seguía representando en tiempos de Pablo y parece poco probable que él no estuviera al corriente. Su popularidad tal vez había disminuido entre los europeos, ya que los ritos agrícolas habían devenido *démodés* dado que los habitantes de los pueblos y ciudades habían adoptado un nuevo *chic* urbano, pero no había sido eliminado. El culto a los viejos dioses fue prohibido por Constantino el Grande en 383 d.C.

Aunque Pablo reconocía la exclusividad del cristianismo, la restricción no fue impuesta, pues su deseo era reducir el paganismo, pero más bien para refrenar el aura mágica que la superstición otorgaba a ciertos sacerdotes y poner fin así a la inaceptable costumbre de los sacrificios de sangre. La aristocracia romana, no obstante, (con inclusión de casi todo el Senado) y sobre todo las Fuerzas Armadas romanas, en realidad se opusieron a la prohibición por lo menos hasta el siglo VI; en las zonas rurales el apego por la tierra y su fuerza sagrada también se mantuvo con fuerza. Los archivos romanos revelan que, en la ciudad siria de Edesa, cerca de Harrán, la celebración de la versión romana del Matrimonio continuó hasta el final del siglo V. Otros documentos muestran que hasta fecha tan tardía como 494 d.C. los ritos cargados de sexualidad dedicados a Atis y Cibeles, el dios y la diosa frigios de la fertilidad cuyo culto había sido llevado a Roma, se celebraban todos los años el 27 de mayo, para gran disgusto del papa Gelasio I. En Oriente Próximo, el culto a la diosa de la fertilidad y su consorte se conservó particularmente en el reino de Saba y, en fecha tan tardía como el siglo X, un viajero árabe cristiano, Abu-Sa'id Wahb Ibn Ibrahim, escribió:

> A mediados de este mes tiene lugar la fiesta de Al-Baqat, es decir de las Mujeres de Luto; y ésta es la fiesta de Ta'uz que se celebra en honor del dios Ta'uz. Las mujeres le lloran, lamentando que hayan dado muerte a su Señor con tanta crueldad.
>
> [Briffault, 1927]

Lo que se desprende de los mensajes de Pablo a los Corintios es que había sectas en el seno del movimiento cristiano que celebraban tanto el Matrimonio como otros ritos relacionados con la diosa madre y su hijo y amante que muere y renace. Las acusaciones de Pablo se ven corroboradas en la Carta católica de san Judas, la última epístola del Nuevo Testamento. Su autor reivindica ser hermano del discípulo Santiago, pero escribe sobre el periodo apostólico en pasado y los estudiosos bíblicos se inclinan a considerar que la autoría de la obra, redactada hacia 90 d.C., es anónima. La epístola no va dirigida a ningún grupo cristiano en concreto y constituye un ataque sin tregua contra los herejes. Algunos estudiosos han argüido que se centra en una rama temprana del gnosticismo pero las acusaciones están formuladas en términos tan generales que cabría aplicarlas a muchas otras facciones judeocristianas o gentilcristianas.

La carta describe a «ciertos hombres impíos, los cuales cambian la gracia de Dios en una desenfrenada licencia, y reniegan de Jesucristo, nuestro único soberano y Señor». Prosigue acusando a dichos individuos de «contaminar vuestros convites de caridad, cuando asisten a ellos sin vergüenza, cebándose a sí mismos» [Jud. 4, 12]. «Convites de caridad» es un eufemismo del *ágape*, el «festín del amor» de los primeros cristianos (de la palabra griega que significa amor). Según Tertuliano, obispo de Cartago en el siglo III, este acontecimiento «no permite ninguna vileza ni inmodestia. Los participantes, antes de reclinarse, dedican una oración a Dios. Se come hasta satisfacer las ansias de saciar el apetito» [*Apologética* 38]. Los comentarios de Tertuliano tienen un tono defensivo y puede que el *ágape* tuviera más repercusión de la que transmiten sus lisonjas. Fue un acontecimiento que se granjeó una considerable condena entre los críticos del movimiento cristiano.

En su *Historia de la Iglesia*, Eusebio, obispo de Cesarea, citó con frecuencia a otros autores cristianos antiguos cuya correspondencia había estudiado. Eusebio expuso en detalle un asunto que antes planteara Ireneo, vociferante obispo de Lyon y gran defensor de la causa ortodoxa en la segunda mitad del siglo II. Éste concernía al comportamiento de los carpocratianos, los seguidores de la doctrina de Carpócrates, un pionero cristiano que hizo mucho por promover la causa del gnosticismo. Según sus críticos, entre los que destacó Ireneo, los carpocratianos eran radicales con una cierta tendencia a la conducta licenciosa. Se sabe, por ejemplo, que fueron los primeros cristianos del siglo II en rezar ante imágenes litúrgicas de Cristo. Ireneo había admitido, en el contexto de un ataque contra los carpocratianos, que ciertos cristianos «mantenían relaciones sexuales ilícitas con sus madres y hermanas y tomaban parte en banquetes no consagrados» [*Hist.* 7, 10]. Por consiguiente, en los escritos cristianos de los siglos I y II hallamos alusiones a un banquete celebrado por ciertos miembros del movimiento pero que era condenado por los críticos como una excusa para la licencia sexual. También nos encontramos con que Pablo e Ireneo admiten que los cristianos estaban siendo tachados de incestuosos. La correspondencia de Ireneo relaciona el *ágape* con el incesto.

Estas acusaciones fueron emparejadas con conductas reminiscentes de las costumbres de varias culturas paganas vinculadas al Matrimonio Sagrado. En la mitología de Mesopotamia, dramatizada en el rito del Matrimonio, Tammuz, el dios que muere y renace, era el amante de la diosa de la fertilidad Ishtar y también su hijo. En mitos cananitas equiparables, Anat era la hermana de Baal mientras que Asherah era su madre. Sabemos por los archivos asirios y babilónicos que en esos países el Matrimonio Sagrado incluía un banquete. También hallamos en los archivos que los soberanos que interpretaban el papel del dios designaban a sus propias hijas para el cargo de sacerdotisas del Matrimonio. Por consiguiente, sabemos que la relación sexual entre las sacerdotisas que interpretaban el papel de la diosa de la fertilidad y el rey sagrado que adoptaba el del dios que muere y renace que fue asesinado por su pueblo para luego volver a ser restaurado era de carácter incestuoso.

Hacia 346 d.C., Firmico Materno, un senador romano convertido al cristianismo, compiló un panfleto apoyando la supresión del paganismo en el que atacaba diversos cultos. Haciéndolo confirmó que en su época los ritos del Matrimonio Sagrado seguían siendo cosa corriente por toda Mesopotamia y Siria y que su influencia se había extendido hacia el oeste a través del Mediterráneo.

El autor judío Filo (*ca.* 20 a.C. - *ca.* 50 d.C.) refirió que el nacimiento de soberanos de estas relaciones incestuosas era comúnmente reconocido, hasta tal punto que incluyó advertencias concretas contra semejantes prácticas.

> [La ley] ordena que los hombres se abstengan no sólo de las viudas de los demás sino también de ciertas parientes, con quienes no es lícito cohabitar; pues los magistrados [en un contexto bíblico el término puede significar soberano hereditario] de los persas se casan incluso con sus madres, y consideran los hijos de tales matrimonios los más nobles de todos los hombres y, según dicen, los ven dignos de la suprema autoridad soberana.
>
> [*De Specialibus Legibus* 3 (13)]

Los Salmos de Salomón no hicieron más que aumentar la inquietud de la comunidad judía del siglo I con sus enérgicas acusaciones de irregularidades sexuales secretas, con inclusión del incesto, entre la clase sacerdotal.

> Dios expuso sus pecados a plena luz del día; toda la tierra conoció los acertados juicios de Dios. En lugares secretos subterráneos quebrantaban la ley, provocándole, hijo unido con madre y padre con hija; todos cometían adulterio con la esposa de su vecino; y establecían acuerdos entre ellos con juramentos sobre esas cosas. [Salmos de Salomón 8, 8 y ss.]

La observación de que estos ritos tenían lugar «bajo tierra» sugiere que los antepasados de los cristianos judíos cada vez dependían más de las cuevas y grutas discretas. Este ocultismo parece haber continuado incluso después de que esta poco ortodoxa costumbre fuese declarada ilegal entre los cristianos. En el siglo X, el viajero medieval Ibn Fadlan anotó en su diario la preponderancia de unas remotas cuevas santuario de Chipre donde se celebraban tales ritos.

También ha aparecido otra información capaz de asestar un duro revés a la tradición cristiana a la luz de lo que ya sabemos de la relación sexual de la diosa madre y su hijo en la cultura pagana y de los ritos que supuestamente practicaban los judíos del siglo I. La obra antiherética *Panarion* fue compilada por Epifanio, obispo de Salamina, con la intención de poner en evidencia y catalogar las sectas no ortodoxas del movimiento cristiano.

Epifanio escribió una obra apócrifa que se ha perdido, las *Genna Marias* (Preguntas de María), de la que todo rastro directo ha desaparecido en la actualidad, cosa que indica que todas las copias fueron retiradas de la circulación y escondidas o destruidas. El autor señaló que había incorporado dos textos diferentes a las *Genna Marias* y aludía a éstos como las «Preguntas mayores» y las «Preguntas menores». Los expertos que han estudiado los códices de Nag Hammadi creen que las «Preguntas mayores» probablemente equivalían al códice que ha sobrevivido, la *Pistis Sophia*, dado que los comentarios de Epifanio acerca del texto de las «Preguntas mayores» hacen patente que algunas partes de ambas obras son las mismas. Partiendo de su breve descripción de las «Preguntas menores», no obstante, parece claro que ninguna de sus partes está incluida en las versiones existentes de la *Pistis Sophia*.

Epifanio llamó la atención sobre una parte de las «Preguntas menores» al sostener que Jesús fue «el revelador de prácticas obscenas que constituyen ritos de redención». Ésta era una idea muy propia de los gnósticos y que la sucesión apostólica sin duda habría condenado como herética puesto que situaba a Jesús en el mismísimo contexto de la obscenidad.

> Pues en las llamadas «Preguntas mayores de María» se han fraguado también otras «Menores»; éstas dan a entender que [Cristo] se lo reveló tras llevársela a solas a la montaña [monte de los Olivos], donde rezó, hizo aparecer a una mujer, comenzó

> a fornicar con ella y entonces, invitándola a compartir su emisión, le mostró que «Esto debemos hacer para vivir» [...] Y cuando María se alarmó y se desplomó, él la levantó y le dijo: «Mujer de poca fe, ¿por qué dudas?» [*Panarion* II. (26) 8, 1 (2 y ss.)]

La conclusión que cabe sacar de un análisis superficial es que Jesús llevó aparte a María de Magdala y tuvo relaciones sexuales con ella. Sin embargo, está claro que Magdalena no fue el objeto de las atenciones de Jesús sino sólo una tercera observadora. La clave de la verdadera identidad de la mujer con quien tuvo relaciones reside en la expresión «sacando una mujer de su costado». Es una frase tomada del Génesis cuando refiere la creación de Eva.

> Y de la costilla aquella que había sacado de Adán formó el Señor Dios una mujer: la cual puso delante de Adán.
>
> [Gn. 2, 22]

Epifanio, no obstante, igual que muchos de sus contemporáneos, comprendió que el álter ego de la primera mujer, Eva, era la Virgen María.

> Aunque hay otra maravilla sobre la que cavilar en relación con estas mujeres, Eva y María. Eva se ha convertido en la ocasión de la muerte humana, puesto que «La muerte entró en el mundo con ella». Pero María, puesto que a través suyo nació la vida para nosotros, es la ocasión de la vida.
>
> [*Panarion* 7, 18, 5]

En el sentido que le daba Epifanio (y presumiblemente el autor de las *Genna Marias*) «sacando una mujer de su costado» era un eufemismo para designar a Eva o a María. Puesto que, en el contexto de las actividades de Jesús, está claro que el autor de las *Genna Marias* no estaba refiriéndose a Eva, sólo cabe que estuviera diciendo que Jesús cometió incesto con su madre y que Magdalena era una circunstante asombrada. La revelación de Epifanio presenta una acusación específica, si bien es cierto que formulada con disimulo y sacada de una obra conocida a través de terceros, de que Jesús se unió con María en un rito de Matrimonio Sagrado.

Debemos recordar que el principal propósito del Matrimonio en las culturas mesopotámicas había sido invocar anualmente al dios y la diosa de la fertilidad mediante la puesta en escena de un rito de renacimiento para que el mundo natural volviera a florecer tras la disminución de las cosechas y el ganado durante la estación seca. Lo llevaban a cabo un rey-dios (que también asumía funciones de sumo sacerdote) y sus sumas sacerdotisas y, de vez en cuando, en tales uniones se engendraban nuevos reyes-dioses. Las pruebas procedentes del Antiguo Testamento y de la genealogía de Mateo dan a entender que los hebreos representaban el Matrimonio Sagrado regularmente porque muchos de ellos creían que les aportaría prosperidad y pondría fin a su perenne subyugación a potencias extranjeras. En los momentos de crisis el rito también se utilizaba para invocar a un nuevo rey ungido o *messiah*.

En resumen, la inferencia obtenida de juntar las pruebas de los textos cristianos antiguos es que María fue iniciada en el Templo como sacerdotisa del culto a la fertilidad y participó en el Matrimonio Sagrado. Éste tuvo lugar en circunstancias que concordaban con las de la llegada del mesías según la predijo el patriarca Jacob y, tal como sucede con las demás mujeres que figuran en la genealogía de Mateo, en momentos críticos para la historia judía. Aparentemente el Matrimonio tendría que haber sido consumado con José, quien fue señalado como el pretendiente legítimo al trono de la depuesta casa real de David. José, se nos da a entender, era demasiado viejo para engendrar más hijos, y por consiguiente debemos suponer que María consumó el Matrimonio con un sumo sacerdote, identificado como Abiatar, que actuaría por poderes. Hemos visto que en tiempos de María había sectores corruptos en la clase sacerdotal judía, en cuyos escalafones más altos había miembros que se dedicaban a prácticas paganas que comprendían la celebración del Matrimonio. Diversas fuentes indican que las primeras sectas cristianas también practicaban esta costumbre y dan a entender que ésta tenía lugar en un contexto ritual, probablemente relacionado con el *ágape* o «banquete de amor». El texto perdido de las *Genna Marias* al parecer refería que Jesús había celebrado el Matrimonio Sagrado en un «alto lugar» (un monte) con una de las Marías. Mediante el uso de palabras y frases sacadas del Libro del Génesis, el fragmento de texto descrito por Epifanio aludiría a una consumación incestuosa entre María, la madre de Jesús, y su hijo adulto.

Las obras como las que se han mencionado en este capítulo, que contienen detalles muy delicados acerca de María, fueron particularmente vulnerables a resultar estigmatizadas en la orgía de censura que alcanzó su apogeo durante los siglos III y IV de la era cristiana. Voces influyentes de la primera Iglesia, como las de Ireneo, Jerónimo, Ambrosio, Orígenes y Tertuliano, ya habían señalado los riesgos que entrañaba toda división ideológica y habían resuelto cerrar filas. Ireneo consideraba una necesidad primordial eliminar los cismas y fue quien introdujo el término «ortodoxo», si bien éste no devino de uso común hasta el siglo IV., Cualquier insinuación de que Jesús o María intervinieran en prácticas sexuales era anatema, puesto que entraba en conflicto con uno de los principios fundamentales de lo que se estaba convirtiendo rápidamente en el dogma cristiano aceptado u ortodoxo: sexo equivale a pecado y equivale a muerte.

La milagrosa conversión del emperador Constantino a la fe cristiana antes de la batalla de Puente Milviano, en 312 d.C., indudablemente tuvo un profundo efecto en la centralización del movimiento. Habiendo visto, supuestamente, una cruz ardiente en el cielo nocturno blasonada con la leyenda *In hoc signo vinces* (En este signo está la victoria), emprendió la persecución de todos los grupos no ortodoxos. Se ha dicho que después de Constantino lo único que contaba era la nueva fe triunfante. El Imperio romano se había convertido en el Imperio cristiano y, tal como lo expresó Ramsay

MacMullen, «el paganismo, que no era más que una masa esponjosa de tolerancia y tradición, al menos en apariencia, se enfrentó a un creciente número de personas resueltas a eliminar por completo esa masa, de modo que fuese reemplazada por la imposición de la tremenda voluntad de un único Dios» [1997, p. 2].

Tras la muerte de Constantino, la religión y la política estrecharon más si cabe sus lazos, dando lugar a actitudes cada vez más duras para con las antiguas organizaciones e instituciones religiosas. Desde 397 d.C. en adelante, las sectas marginales cristianas, junto con las paganas, se convirtieron en el blanco de la ley imperial bajo Teodosio, quien había sido proclamado jefe del ala oriental del imperio en Constantinopla, y las autoridades comenzaron a tomar medidas drásticas cada vez más severas contra las costumbres paganas. No obstante, el celo cristiano de Teodosio en cierta medida le fue impuesto por las circunstancias. En 390 d.C., en represalia por la muerte del comandante de la guarnición de Tesalónica a manos de los cristianos, Teodosio ordenó una matanza que se cobró la vida de un millar de civiles. El obispo Ambrosio exigió un acto público de contrición para readmitir a Teodosio en la comunión cristiana, y Teodosio manifestó su gratitud renovando la ofensiva contra el paganismo. El 24 de febrero de 391 d.C. dictó una ley contra todos los cultos paganos prohibiendo incluso que se visitaran los templos. Tan draconianas disposiciones condujeron a la destrucción de altares y santuarios paganos con inclusión del enorme Templo de Serapis en Alejandría, arrasado tras unos sangrientos disturbios provocados por fanáticos cristianos.

Todo libro que contuviera una insinuación de herejía o creencias paganas se convertía en blanco de esta persecución. Esto explica por qué son tan pocos los que han sobrevivido al paso del tiempo.

Cirilo de Jerusalén (315-386) rugió una vez con piadoso fervor:

> En el Nuevo Testamento sólo hay cuatro Evangelios, pues los demás presentan títulos falsos y son perniciosos [...] recibid también los Hechos de los Doce Apóstoles, así como las siete Epístolas Católicas de Santiago, Pedro, Juan y Judas; y como colofón a todo ello, siendo la última obra de los discípulos, las catorce epístolas de Pablo. Y que todos los demás sean dejados de lado en un rango secundario. Y en cuanto a los libros que no se lean en las iglesias, no los leáis por vuestra cuenta, tal como ya me habéis oído recomendar a propósito de los apócrifos del Antiguo Testamento. [*Catequeses* 4, 36]

Otra cosa es que todas estas obras se hayan perdido por completo. En la actualidad, el Archivo Vaticano de Expedientes Secretos contiene un mínimo de siete mil volúmenes encuadernados que van de 1566 a 1846. También existe un catálogo incompleto, aunque apenas menos exhaustivo, de obras anteriores que se remontan hasta los primeros siglos de la era cristiana. Muchos de estos catálogos, siendo el *de libris recipiendis* (escritos recibidos) del *Decretum Gelasianum* uno de los primeros, aluden a decisiones sobre qué libros de la biblioteca más exclusiva del Vaticano deberían constituir lecturas prohibidas.

El caso planteado en la biografía autorizada de María, según el cual ésta no presentaría mácula de sexualidad, está a todas luces plagado de incongruencias. Muestra una imagen de la castidad que equivale a una invención de cuento de hadas sin ningún fundamento. Sin embargo, la retrógrada insistencia en que nunca mantuvo relaciones sexuales, dando a luz a Jesús a través de un himen intacto, se convertiría en el puntal fundamental sobre el que se desarrollarían el marianismo y buena parte del dogma católico romano.

10

El debate de la virginidad

En los dos textos canónicos que refieren el nacimiento de Jesús, los de Mateo y Lucas, se describe a María como una virgen que concibió por voluntad de Dios. En palabras de Mateo, María «había concebido en su seno por obra del Espíritu Santo» [Mt. 1, 18]. Parece haber estado poco dispuesto a identificarla directamente como una virgen y en su lugar recurre a una traducción griega errónea de la profecía de Isaías: «Sabed que una virgen concebirá y dará a luz un hijo» [Mt. 1, 23]. Lucas alude a María como a «una virgen desposada con cierto varón de la casa de David, llamado José» [Lc. 1, 27]. Se dice que el ángel Gabriel la tranquilizó ante la sobrecogedora perspectiva de la divina concepción.

> Y el ángel le dijo: ¡Oh María! No temas, porque has hallado gracia en los ojos de Dios: Sábete que has de concebir en tu seno, y darás a luz un hijo, a quien pondrás por nombre Jesús.
>
> [Lc. 1, 30-31]

Estos comentarios resultan muy significativos en la búsqueda de la verdad acerca de María, pues es en la fuerza de las narraciones de Mateo y Lucas de donde emana toda la apasionada ideología católica romana del celibato de por vida de María y su posición excepcional entre las mujeres. Sin embargo, la afirmación de virginidad que Mateo da a entender con un único versículo (y que es de suponer que Lucas copió) se basa en un error literario fundamental: la profecía de Isaías de la que se desprende este alegato no identifica a María como virgen. Incluso si lo hubiese hecho, el significado de virginidad ha cambiado desde los tiempos bíblicos y en la mitología del antiguo Oriente Próximo la concepción divina no tenía nada de extraordinario.

El primer campo de análisis crítico debe ser exactamente lo que Isaías predijo en el siglo VIII a.C.

> Por lo tanto, el mismo Señor os dará la señal: sabed que una virgen concebirá y parirá un hijo, y su nombre será Emanuel.
> [Is. 7, 14]

Lamentablemente, tanto para su crédito como para la tradición romántica, Isaías jamás propuso el nacimiento de virgen. Los primeros traductores judíos helénicos, al trabajar sobre el original arameo en los siglos III y II a.C., tergiversaron el texto de Isaías. En su versión griega (conocida como Septuaginta porque supuestamente setenta escribas redactaron otras tantas traducciones idénticas) las palabras de Isaías fueron adulteradas. En lugar de la palabra aramea original *'almah*, que designa a una muchacha en edad de casarse, los escribas emplearon la voz *parthenos*, que significa virgen. Esto altera sustancialmente la idea de la profecía de Isaías, la cual, para ser exactos, no se basa en la fecundación divina sino en el advenimiento de un futuro rey davídico. No obstante, es a esa traducción griega de Isaías a la que al parecer se remiten Mateo y Lucas.

Durante los primeros cien años del cristianismo no parece que el estado virginal de María y la Inmaculada Concepción de Jesús hayan suscitado gran interés. A juzgar por el comentario de Pablo, dirigido a los gálatas hacia 52 d.C. («envió Dios a su hijo, formado de una mujer, y sujeto a la ley»), se la consideraba más bien una mujer corriente que había dado a luz un hijo extraordinario.

El mito de la virginidad de María *in partu* combinado con una creencia en su virginidad perpetua (durante y después del nacimiento de Jesús) probablemente halló su sitio en un texto escrito durante la redacción del *Protoevangelio de Santiago*. A partir del siglo I, no obstante, ciertos portavoces empezaron a reconocer que el aspecto de la Inmaculada Concepción del dogma oficial de María presentaba sus puntos fuertes y flacos. Acertaron a ver que la Iglesia tendría dificultades para justificar la traducción inexacta de *'almah*. En una obra que suscitó una enorme polémica, *Contra los herejes*, dirigida principalmente contra lo que se consideraba el azote del gnosticismo, Ireneo, obispo de Lyon en el siglo II, fue de los primeros en defender la versión griega de la palabra tal como figura en la Septuaginta. Ireneo insistió en que valía como «prueba incontrovertible» de que Cristo nació de una virgen.

> Dios, entonces, se hizo hombre, y el propio Señor nos salvó, dándonos el obsequio de la Virgen. Mas no como algunos alegan, entre quienes ahora se atreven a hablar de la Escritura [de este modo]: «He aquí que una muchacha concebirá y dará a luz un hijo», como Teodosio de Éfeso ha interpretado, y Aquila de Pontus, ambos prosélitos judíos. Los Ebionitas, siguiendo a éstos, aseguran que Él fue engendrado por José; y así destruyen, en cuanto a ellos concierne, tan maravillosa bendición de Dios, y dejan a un lado el testimonio de los profetas que procedían de Dios. [*Contra los herejes* 3, 21]

A principios del siglo III, los escépticos empezaron a poner en entredicho la afirmación del alumbramiento virginal pero sus opiniones pronto fueron suprimidas, cosa nada sorprendente dado el clima de creciente fanatismo e intolerancia. Uno de esos mordaces críticos del floreciente dogma de la Natividad fue Celso, el crítico judío del cristianismo. Las autoridades eclesiásticas respondieron con la saña que les caracterizaba destruyendo sus escritos y se publicó una réplica contundente, *Contra Celsum*, firmada por Orígenes (nacido en 184 d.C.), un autor alejandrino que se estaba convirtiendo rápidamente en el más directo y categórico representante de la línea dura entre los Padres de la Iglesia de su tiempo. Orígenes apeló a la sabiduría de los patriarcas hebreos para formular una poco convincente reivindicación de la milagrosa concepción de Jesús.

> Ahora bien, si un judío se desmarcara diciendo que las palabras no son «hete aquí una virgen» sino «hete aquí una muchacha», deberíamos responder que la palabra *'almah* que los septuagintos han traducido como «una virgen» y otros como «una muchacha» aparece en el Deuteronomio aplicada a una virgen en el contexto siguiente.

En su *Historia de la Iglesia*, el escritor griego cristiano Eusebio (263-339) respaldó los argumentos de Ireneo aplaudiendo la interpretación griega y amonestando enérgicamente a quien tuviera la osadía de señalar que la traducción exacta era «muchacha» en lugar de «virgen» [*Hist.* 8, 9]. Puede que hubiera un cierto romanticismo en circulación a propósito de María pero tampoco faltó una buena dosis de distorsión.

Una vez aceptada la traducción incorrecta, otros escritores del primer movimiento cristiano aprovecharon con entusiasmo la oportunidad de referir un milagroso nacimiento *virgo intacta* viéndolo como un golpe maestro de propaganda. Éste liberaba a María del pecado sexual pero además, y esto iba a causar profundas divisiones en la Iglesia, otorgaba a Jesús algunas de las credenciales de una divinidad. Ciertos escritores, con inclusión del autor anónimo del *Protoevangelio*, reivindicaron la virginidad no sólo en nombre de María sino también de su madre, Ana. Daban a entender un absoluto rechazo de toda actividad sexual a lo largo de más de una generación en la familia de María. El escritor del *Protoevangelio* pintó una escena comparable a la del marido de María, José, ausentado por negocios en el momento de la concepción de

Jesús al sostener que Joaquín, el marido de Ana, había salido a pasar cuarenta días en el desierto cuando María fue concebida.

> Y Ana, mujer de Joaquín, se deshacía en lágrimas, y lamentaba su doble aflicción, diciendo: Lloraré mi viudez, y lloraré también mi esterilidad. [...] Y he aquí que un ángel del Señor apareció, y le dijo: Ana, Ana, el Señor ha escuchado y atendido tu súplica. Concebirás, y parirás, y se hablará de tu progenitura en toda la tierra. [*Protoevangelio* 1, 2, 1 y ss., ANT]

Los textos seudoepigráficos del Antiguo Testamento (llamados así porque, aun habiendo sido redactados en su mayoría en los siglos III y IV d.C., sus autores sostenían que provenían de la Antigüedad) comprenden un surtido de ingeniosas variaciones sobre el tema del alumbramiento virginal por inmaculada concepción. El *Apocalipsis de Adán* alude a alguien llamado el «Iluminador», a quien está claro que hay que interpretar como Jesucristo, si bien lo sitúa anacrónicamente en el reinado de Salomón en 970 a.C.

> Nació [de una virgen (...) Salomón] la buscó, él y Phersalo y Samuel y sus ejércitos que fueron enviados. Salomón también envió a su ejército de demonios en busca de la virgen. Y no hallaron a la que buscaban, sino que la virgen que les fue entregada era aquella a por la que iban. Salomón la tomó. La virgen concibió y dio a luz un hijo allí. Lo alimentó en el límite del desierto. Una vez nutrido, Él recibió gloria y poder de la semilla que lo había engendrado. Y así vino hasta el agua.
> [*Apocalipsis de Adán* 79, NHL]

Las leyendas cristianas proféticas que anticipaban la inusual concepción de Jesús con frecuencia se presentaban como una especie de tributo arcaico que otorgaba una espuria autoridad a los relatos bíblicos de la Natividad y su naturaleza milagrosa. Para aprovechar sus afirmaciones, muchos escritores abusaron de la creencia popular de que si los antiguos habían predicho tales hechos, tenían que estar predestinados.

> Adán dijo a Set, su hijo: Ya has oído, hijo mío, que Dios va a venir al mundo después de mucho tiempo, concebido por una virgen y puesto en un cuerpo, nacerá como un ser humano y crecerá como un niño. [*Testamento de Adán* 3, 1, OTP]

> Entonces vendrá de entre tus descendientes Jesús el Mesías, nacido de una virgen llamada Mariam. Y Dios devendrá encarnado en él hasta que se cumplan cien años.
> [*Testamento de Isaac* 3, 17-19, AOT]

> Y vi a una mujer de la familia del profeta David cuyo nombre era Mariam, y era una virgen y era la prometida de un hombre llamado José, un carpintero, y él también era de la progenie y el linaje del honrado David de Belén en Judá [...] y no se acercó a María, sino que la mantuvo como virgen santa aunque estaba preñada. [*Visiones de Isaías* 11, 2 y ss., NTA]

Sin embargo, ninguna de estas predicciones cristianas antiguas fue considerada verdaderamente «determinante» del alumbramiento virginal de Jesús. Tal honor sigue correspondiendo a Isaías.

De hecho fueron varios los portavoces de la primera Iglesia de los siglos II y III que rechazaron de plano cualquier idea de nacimiento milagroso. Entre los comentaristas occidentales más prominentes se contaban Joviniano, Bonoso y Helvidio, quienes ridiculizaron la creencia en tan descabellada idea. Helvidio fue un oscuro individuo que llegó a obispo de Cerdeña y redactó uno de los muchos panfletos polémicos del momento. Sostenía que la observación de Mateo «y, sin haberla conocido, o tocado, dio a luz su hijo primogénito» [Mt. 1, 25] probaba sobradamente que José se había limitado a posponer las relaciones sexuales con María hasta después del nacimiento de Jesús, cuando la relación devino sexualmente íntima. Helvidio sacó a colación la comparación con un pasaje del Génesis donde el autor señala que el patriarca Judá, al descubrir que Tamar estaba preñada, «nunca más tuvo trato carnal con ella» [Gn. 38, 26] y dio a entender, indirectamente, que Judá sólo se mantuvo alejado del lecho de Tamar, según era costumbre, hasta después del parto.

La segunda cuestión importante que plantean los relatos evangélicos reside en el significado de la voz «virgen». Un diccionario moderno la define como una muchacha o mujer que no ha experimentado relaciones sexuales, pero en tiempos bíblicos a veces se entendía de otra manera. Entre los textos babilónicos que detallan la moralidad y las convenciones religiosas, descubiertos en las ruinas de la ciudad asiria de Nínive, aparece un saludable consejo sobre el matrimonio.

> *No te cases con una virgen que tenga muchos amantes,*
> *ni con una ramera que haya sido consagrada a Ishtar,*
> *ni con una devota cuya humillación [de ti] será múltiple.*
> *Pues no te aliviará de tus pesares,*
> *te ridiculizará en tus discusiones [con ella],*
> *el temor y la humildad no van con ella.*
> *Si entra en una casa, hazla salir.*
> *Si dirige su atención hacia la casa de un desconocido,*
> *será la perdición de dicha casa.*
> *Y quien con ella se case no prosperará.*
>
> [en Langdon, 1916]

La palabra «virgen» no describía necesariamente a una mujer casta sino a una persona de espíritu independiente y batallador. Uno de los ejemplos más claros del sentido con que se aplicaba el término se encuentra en las descripciones de la diosa cananita Anat, la hermana de Baal. Se la describe como una dama que se distingue por sus proezas sexuales, pues «hace el amor con miles», y, no obstante, en el mismo contexto se la identifica como «la virgen Anat» [Gordon, 1965].

Aunque los textos bíblicos no reivindiquen tal cosa, la Iglesia tiende a transmitir la impresión, con piadosa convicción, de que la experiencia de María fue única en su género. Cirilo de Alejandría, por ejemplo, clamó durante el Concilio de Éfeso de 431 que María estaba «ensalzada para siempre en la Iglesia católica por encima de todas las criaturas, por encima de querubines y serafines, y tiene su lugar a la derecha del Hijo». A decir verdad, la reivindicación de un alumbramiento virginal no fue un rasgo exclusivo del cristianismo. Si nos remontamos a través de la cultura hebrea descubrimos una retahíla de embarazos milagrosos en la tradición judía, las más de las veces de mujeres en apariencia estériles y que concibieron contra todo pronóstico.

La esposa de Abraham, Sara, era una anciana cuando, con noventa años cumplidos, se convirtió en la improbable madre biológica de Isaac después que Dios les prometiera un hijo a ella y al todavía más anciano patriarca.

> Dijo también Dios a Abraham: A Sarai, tu mujer, ya no llamarás Sarai sino Sara. Yo le daré mi bendición, y te daré de ella un hijo, a quien he de bendecir también, y será origen de muchas naciones, y descenderán de él reyes de varios pueblos. Abraham se postró sobre su rostro, y sonrióse, diciendo en su corazón: ¿Conque a un viejo de cien años le nacerá un hijo? ¿Y Sara de noventa ha de parir? [Gn. 17, 15-17]

Un poco más tarde en la historia bíblica, Rebeca, la hermosa aunque estéril esposa de Isaac, fue recompensada tras veinte años infructuosos con el nacimiento de los gemelos Jacob y Esaú. A la esposa de Jacob, Raquel, quien al parecer también era estéril y se moría de envidia por los embarazos de su hermana Lea, Dios terminó por concederle un hijo, José. La esposa de Manoá, la madre anónima del forzudo Sansón, no tuvo hijos hasta que intervino la divina providencia. En todos estos casos se creyó que el Dios israelita había sido el responsable de poner fin a una infertilidad crónica al tiempo que mantenía a los maridos humanos a distancia.

A veces los acontecimientos requerían que los ángeles estuvieran a mano para infundir ánimo. Abraham, por ejemplo, recibió la visita de una tríada de enviados celestiales cuando Sara quedó embarazada.

> Apareciósele de nuevo el Señor en el valle o encinar de Mambre, estando él sentado a la puerta de su tienda en el mayor calor del día. Sucedió, pues, que alzando los ojos, vio cerca de sí parados a tres personajes: y luego que los vio, corrió a su encuentro desde la puerta del pabellón, y les hizo reverencia inclinándose hasta el suelo. Y dijo: Señor, si yo he hallado gracia en tu presencia, no pases de largo a tu siervo. [Gn. 18, 1 y ss.]

La esposa de Manoá también refirió una visita sobrenatural en el momento de su concepción.

> Un varón de Dios ha venido a mí, el cual tenía rostro de ángel, sumamente respetable, a quien preguntando yo quién era, de dónde venía y cómo se llamaba, no ha querido decírmelo: solamente me ha respondido: Sábete que concebirás y parirás un hijo. [Jue. 13, 6]

Los hebreos tomaron prestadas estas ideas de sus vecinos y podemos seguir rastreando el tema del alumbramiento virginal de reyes-dioses en culturas que eran esencialmente paganas. En esas sociedades (Canaán, Asiria, Babilonia y, más avanzada la historia judía, Grecia) se esperaba que los gobernantes tuvieran una procedencia un tanto fuera de lo común. Entre los pueblos del antiguo Oriente Próximo y luego del mundo clásico europeo, todos ellos atraídos por la tradición, el «alumbramiento virginal» había sido un tema predilecto de la obstetricia celestial junto con otras anomalías como embarazos excesivamente largos y extraños partos de deidades que nacían como adultos hechos y derechos. Pocos dioses y semidioses han nacido alguna vez de forma normal.

En el mito, a veces se alegaba un alumbramiento virginal cuando el padre de la criatura había muerto. La diosa egipcia Isis, llorando el asesinato de su hermano y consorte Osiris, juntó los miembros esparcidos de su cuerpo despedazado y se las arregló para quedar preñada de Horus mientras lo hacía. En otras tradiciones, la paternidad divina simplemente permanecía en el anonimato. Una dedicatoria al rey acadio Sargón el Grande comienza con la siguiente frase: «Mi madre fue de baja cuna; a mi padre no conocí.» Esto quizá parezca inofensivo pero es característico de un estilo de inscripción muy frecuente en el mundo antiguo para explicar que un dios engendra a un soberano. La partenogénesis (reproducción por un medio que no sea la fertilización del óvulo) ha sido otra de las opciones favoritas. El dios frigio Atis nació de la semidiosa Nana después que ésta pusiera una almendra madura en su pecho y Mitra, héroe divino persa y dios de la luz, salió de una roca, la llamada *petra generatrix*, sita junto a un arroyo sagrado. Muchas de estas tradiciones paganas de alumbramiento originarias de Asia occidental emigraron y hallaron su sitio en las mitologías clásicas de Grecia y Roma. Atenea salió completamente armada de la frente sobrenatural de Zeus, mientras que Dionisio, el hijo «nacido dos veces», concebido mas no gestado del todo por la desventurada Semele, surgió de un muslo de Zeus. Algunas de las historias griegas terminaron por volver al punto de partida para influenciar a los judíos galileos de la generación de María.

El principio del alumbramiento virginal también era apropiado para hombres de talla legendaria ajenos a la arena mitológica. Pitágoras y Alejandro Magno tenían fama de haber sido concebidos con la ayuda de un consorte divino. El escritor Plutarco, en su *Vida de Alejandro*, dice que «a los bárbaros exigía [Alejandro] el servilismo debido a un déspota oriental y para sí reivindicaba el título de Hijo de Dios». Puesto que los mitos egipcios, cananitas, asirios, babilónicos y helénicos desempeñaron un papel importante en el pensamiento judío, no es de extrañar que las escrituras del Antiguo Testamento incluyan historias de alumbramiento virginal relacionadas con dirigentes mesiánicos o divinos.

En los primeros tiempos de la era cristiana, el alumbramiento virginal se reivindicaba para un variopinto surtido de personalidades. El *Apocalipsis de Daniel* fue escrito en algún momento entre 780 y 815 d.C. durante el reinado de la emperatriz Irene en Bizancio, pero se remite a tradiciones cristianas mucho más tempranas sobre la llegada del Anticristo. Según dice el texto se creía que el Anticristo estaba preparado para llegar a la tierra por medios igualmente bizarros.

> Una muchacha virgen comprará el pescado [en el que el Anticristo ha de venir]. Su nombre es Injusticia porque el hijo de la injusticia nacerá de ella. Y su apellido será Perdición. Tocando la cabeza del pescado se quedará embarazada y concebirá al Anticristo. Y éste nacerá de ella pasados tres meses. Y mamará de ella durante cuatro meses. Vendrá a Jerusalén y devendrá un falso maestro. [*Apocalipsis de Daniel* 9, OTP]

Simón Magus, un autoproclamado mago samaritano que hacía proselitismo de su taumaturgia particular en los tiempos en que los apóstoles predicaban su Evangelio cristiano, fue considerado por muchos un Anticristo. Se atribuyó a sí mismo un alumbramiento virginal en un tratado que tuvo gran difusión y al que aludieron varios escritores antiguos, entre los que se cuenta Clemente, obispo de Alejandría.

> No penséis que soy un hombre de vuestra misma raza. No soy un mago, ni un amante de Luna, ni hijo de Antonio. Pues antes de que mi madre Raquel y él se juntaran, ella, todavía virgen, me concibió, mientras aún estaba en mi poder el ser pequeño o grande, y aparecer como un hombre entre los hombres.

Comparado con todos estos relatos, el alumbramiento virginal de María pasa a ser un ejemplo más de esas narraciones que, en última instancia, provienen de tradiciones paganas ancestrales. Están entretejidas como mitos y ninguna puede tomarse al pie de la letra. Sin embargo, los Padres de la Iglesia ortodoxa decidieron pasar por alto todos los precedentes y sostuvieron que el estado inmaculado de María era un hecho real, excepcional, de inspiración divina y fuera de toda duda. Adoptaron una postura excepcionalmente firme con respecto a su celibato permanente, vinculándolo a prejuicios contra las mujeres en general y contra el acto físico del sexo en particular. A todas luces estaban resueltos a distanciar a María de cualquier mácula de carnalidad y el propio hecho de que este énfasis surgiera con tanta fuerza da a entender una actitud defensiva. Cabe comparar su preocupación, en principio, con la perenne insistencia con que el Antiguo Testamento ataca las costumbres paganas. Si la sexualidad no hubiese constituido una amenaza para los Padres de la Iglesia, no habría merecido su atención. La realidad era que el primer cristianismo se veía acosado por los mismos problemas a los que se enfrentaron los judíos antiguos. El movimiento cristiano era un híbrido que lidiaba con ideologías encontradas.

Existen pruebas de las divisiones ideológicas basadas en si el sexo constituía o no una parte fundamental del ritual en abundantes alusiones de autores cristianos antiguos a las facciones heréticas en el seno del movimiento. San Pablo fue el primer comentarista que describió estos problemas. Su misión se centraba en los gentiles, a quienes los cristianos designaban como *pagani* o paganos, y expresa por primera vez su inquietud por la supervivencia de costumbres paganas entre los cristianos en Hechos, en el contexto de cartas a comunidades gentiles recién convertidas.

> Por lo cual, yo juzgo que no se inquiete a los gentiles que se convierten a Dios, sin que se les escriba que se abstengan de las inmundicias de los ídolos, o manjares a ellos sacrificados, y de la fornicación, y de animales sofocados, y de la sangre.
>
> [Hch. 15, 19-20]

A juzgar por el énfasis que pone Pablo en sus escritos, estaba obsesionado con lo que consideraba ceremonias clandestinas de naturaleza sexual efectuadas en nombre del cristianismo. Una persistente desaprobación de éstas impregna buena parte de su correspondencia con las incipientes iglesias de Europa y Asia Menor. Al hablar de licencia sexual, Pablo fue muy franco. La fornicación era el tema que se discutía, y fornicación era como debía llamarse. En el contexto judío (y

Pablo era de educación judía), fornicación significaba adulterio o prostitución relacionados con la idolatría. Una de sus observaciones más reveladoras aparece en la carta a la Iglesia de Corinto, una ciudad sita justo debajo del istmo que conecta la península del Peloponeso con la Grecia continental. Pablo pintó muy negro el futuro de la Iglesia de Corinto, dividida por rivalidades intestinas y divisiones teológicas.

> Porque he llegado a entender, hermanos míos, por los de la familia de Cloe, que hay entre vosotros contiendas.
> [1 Co. 1, 11]

Sus jóvenes iglesias habían cometido lo que Pablo consideraba una lista inaceptable de abusos, de los que hacía en buena parte responsable a la nueva congregación.

> ¿No sabéis que vuestros cuerpos son miembros de Cristo? ¿He de abusar yo de los miembros de Cristo, para hacerlos miembros de una prostituta? No lo permita Dios. ¿No sabéis que quien se junta con una prostituta se hace un cuerpo con ella? Porque serán los dos (dice la Escritura), una carne. [...] Huid de la fornicación. Cualquier otro pecado que cometa el hombre está fuera del cuerpo; pero el que fornica, contra su cuerpo peca. [1 Co. 6, 15 y ss.]

Pablo se sintió obligado a reconvenir a los corintios una segunda vez cuando buena parte de su preocupación giraba en torno a la difusión de enseñanzas heréticas.

> Lo que temo que suceda es que cuando vaya yo a veros no os halle tales como yo quiero [...] y no sea que cuando yo vaya me humille Dios entre vosotros; y tenga que llorar castigando a muchos de los que antes pecaron, y todavía no han hecho penitencia de la impureza, y fornicación, y deshonestidad en que han vivido. [2 Co. 12, 20 y ss.]

Apenas fue menos crítico con las comunidades cristianas de Galacia, Éfeso y Colosas, situando invariablemente la fornicación al principio de la lista de faltas. Para los cristianos de Tesalónica tuvo el mismo mensaje intransigente.

> Ésta es la voluntad de Dios, a saber, vuestra santificación; que os abstengáis de la fornicación. [1 Ts. 4, 3]

Las cartas de Pablo revelan que muchas de las sectas estaban divididas por prácticas sexuales que, a juzgar por el modo en que las critica, constituían mucho más que meros devaneos. No era el único que expresaba inquietud. Los ritos de contenido sexual, incluidos los Matrimonios Sagrados, ocupan un lugar destacado entre las quejas de otros Padres de la Iglesia antigua. En la última década del siglo II, se prestó especial atención a la secta Nicolasiana, cuyo fundador fue acusado por Clemente, obispo de Alejandría, de conducta sexual incorrecta.

> Este hombre [Nicolás], nos dicen, tenía una joven y atractiva esposa. Tras la Ascensión del Salvador los apóstoles lo acusaron de celos, así que éste hizo comparecer a su esposa y dijo que cualquiera que la deseara podía poseerla. Este acto, nos dicen, obedecía al mandamiento «la carne debe tratarse con desdén»; y siguiendo su ejemplo y precepto grosera y ciegamente, los miembros de la secta se entregan en efecto a una promiscuidad absoluta. [*Misceláneas* 3]

Ireneo, obispo de Lyon, señaló a otro grupo cristiano, los valentinianos, haciendo la acusación de que «algunos de ellos montan una cámara nupcial y celebran un misterio con invocaciones a quienes son iniciados, declarando que lo que llevan a cabo es un matrimonio espiritual».

En el *Panarion*, Epifanio, obispo de Salamina, relacionó una impresionante lista de grupos, en su mayoría gnósticos, que desfilaban bajo el estandarte cristiano pero que eran llamativamente paganos en sus prácticas. Criticó a los valesianos por castrar a sus discípulos alegando que tal acto se realizaba para frustrar la excitación sexual. También es posible que esos hombres se hubieran comprometido a mantener vivos ciertos ritos masoquistas relacionados con el culto a Atis y Cibeles.

> En su mayoría pertenecieron a la Iglesia hasta que se conoció su insensatez y fueron expulsados. Todos salvo unos pocos eran eunucos. Cuando toman a un hombre como discípulo, no come carne mientras permanece sin castrar, pero cuando lo convencen para hacerlo o lo castran por la fuerza, puede comer cualquier cosa puesto que ya no participa de la lucha y no corre el riesgo de que aquello que coma le excite los placeres de la lujuria.
>
> [*Panarion* 38]

Gran parte de las críticas iban dirigidas contra los gnósticos. En su *Historia de la Iglesia*, Eusebio habla de ocuparse de «los nombres y fechas de nacimiento y defunción de quienes movidos por una pasión innovadora se han alejado cuanto han podido de la verdad, proclamándose a sí mismos como las fuentes del conocimiento mal llamado [gnosticismo] mientras sin ninguna clemencia, como lobos salvajes, desbaratan el rebaño cristiano». [*Hist.* 1, 1]. A propósito de Simón Magus, el predicador cristiano samaritano del siglo I, Eusebio escribió: «Pues cualquier cosa que quepa imaginar más vergonzosa que los crímenes más abyectos de los que se tenga conocimiento se ha visto sobrepasada por la repugnante herejía de estos hombres, quienes se divierten con mujeres desdichadas y cargan con vicios de toda clase.» [*Hist.* 13, 3]. En otra parte del libro cita las *Promesas* de Dionisio, obispo de Alejandría, a propósito de la herejía de la secta gnóstica de los cerintos. «Él [Cerinthus] colmó el cielo de sus sueños, indulgencia sin límite en la gula y lascivia en los banquetes, en las juergas y los convites de boda (llamándolos por lo que consideraba nombres más respetables), en las fiestas, los sacrificios y la inmolación de víctimas.» [*Hist.* 28, 2]. Epifanio continuaba acusando a la secta maniquea de una conducta semejante.

Las críticas no surgían sólo del seno del movimiento cristiano. En uno de sus ataques literarios contra Celso, cuyos escritos han sido destruidos en su totalidad, Orígenes hizo un comentario interesante.

> Su deseo [de Celso] era desacreditar lo que se ha dado en llamar los festines de los cristianos, como si tuvieran su origen en el peligro común y fueran más vinculantes que otros juramentos. Su intención era desacreditar a conciencia nuestro sistema moral. Se esforzó por difamar las doctrinas secretas del cristianismo visto que no comprendía correctamente su naturaleza.
> [*Contra Celso* 1, 1; 1, 4; 1, 7]

Los apologistas cristianos han descrito el *ágape*, el llamado «festín del amor», como una comida comunitaria durante la cual los devotos cristianos no intercambiaban nada más reprensible que ternura y caridad. Sin embargo, ¿podemos estar seguros de que fuese así? Entre las tradiciones de las religiones consagradas a la fertilidad, también tenía lugar una comida acompañada de actos sexuales y sabemos por el profeta Jeremías, que escribió durante el Exilio babilónico, que los judíos con tendencias paganas estaban muy versados en su preparación. Por consiguiente, es perfectamente posible que los judíos cristianos mantuvieran viva esa tradición.

> ¿Por ventura no estás viendo tú mismo lo que hacen esos hombres en las ciudades de Judá y en las plazas públicas de Jerusalén? Los hijos recogen la leña, encienden el fuego los padres, y las mujeres amasan la pasta con manteca, para hacer tortas, y presentarlas a la que adoran por reina del cielo, y ofrecer libaciones a los dioses ajenos. [Jer. 7, 17 y ss.]

La ofensiva más clara de la crítica de Orígenes era que Celso equiparaba varias prácticas cristianas con aquellas de los griegos paganos y que la terca renuencia de los cristianos a divulgar pormenores de sus cultos más esotéricos los exponía a toda suerte de acusaciones. En cierta medida, esta hostilidad

La Inmaculada Concepción (Diego Velázquez, 1609-1660). Las estrellas del cielo y las encendidas nubes de la creación rodean a María, de pie sobre un globo terráqueo que emerge de un mar en tinieblas. El artista de la Contarreforma ha entrelazado sutilmente imaginería cristiana y pagana.

En este inmenso y fascinante estudio de *Las dos Trinidades* (Bartolomé Murillo, 1617-1682), el artista dispone la luz para que caiga sobre los enignáticos rostros de María y su hijo, mientras Dios y José quedan en segundo plano.

La *Pietà* de Miguel Ángel es una obra inacabada del Duomo de Florencia. Representa la muerte de Cristo sostenido por José de Arimatea y una muchacha, mientras María apoya su rostro contra el pelo de su hijo.

La Maddalena (Nicolo Donatello, 1386-1466). Esta grotesca escultura de madera de María Magdalena caricaturiza el dogma cristiano que convierte la sexualidad en un pecado relacionado con el deterioro físico y la muerte.

En la *Madonna della Rondine* (Carlo Crivelli, 1430-1495). María figura vestida con ropajes de reina aunque presenta el rostro accesible de una joven madre con su hijo, mientras una golondrina se posa sobre su cabeza.

La Coronación de la Virgen (Lorenzo Monaco, 1370-1425). Este estudio florentino del siglo XV es uno de los muchos que abordan el popular tema de Cristo coronando a su novia y madre como Reina del Cielo.

Lourdes, a los pies del Pirineo francés, es un centro de peregrinación para los católicos romanos que buscan curas milagrosas en la gruta donde Bernadette Soubirous afirmó haber sido visitada por la Virgen María en 1858.

Un bajorrelieve de alabastro procedente de la sala del trono del palacio noroeste de Kalakh (Nemrud) muestra al rey asirio del siglo IX Asurnasirpal II venerando el árbol sagrado, símbolo de la diosa madre Ishtar.

La Adoración del Becerro de Oro (Nicolás Poussin, 1594-1665), revela la acusada inclinación pagana hacia el dios de la fertilidad Baal por parte de las tribus israelitas en tiempos de Moisés y Aarón.

En *La Crucifixión* de Quinten Matsys (1465-1530). María, la madre de Jesús, María de Magdalena y María de Betania figuran como espectadoras de la crucifixión.

sin duda formaba parte de una táctica disuasoria, pero probablemente también contenga algunas incómodas verdades sobre el sincretismo pagano y cristiano.

Existen algunas pruebas arqueológicas que respaldan las acusaciones de mala conducta sexual. Recientemente, fue descubierta en las afueras de Roma una cueva con un manantial. Tras su uso original como casa de baños fue convertida en santuario y, según documentos de la época, se mantuvo en activo hasta los tiempos del emperador Justiniano (527-565 d.C.), mucho después de la conversión del Imperio romano al cristianismo por parte de Constantino en 312 d.C. Miles de lámparas habían sido dispuestas en la cueva a modo de ofrendas, lo que dio pie a su sobrenombre popular: «fuente de las Lámparas». Muchas de las cuevas estaban decoradas con imágenes eróticas, lo que indica que el lugar había acogido ritos populares de cariz sexual.

Yendo más al grano en la confirmación de que había opiniones claramente divergentes en cuanto a quién era y qué representaba María, Epifanio criticó un culto femenino gnóstico, el de las coliridianas, por adorar a María como si fuese una diosa. Sin duda ejercieron una notable influencia, que abarcó un territorio considerable, puesto que las identifica con una base de operaciones establecida en la Tracia, al oeste del mar Negro, y extendiéndose hacia el norte y el este hasta la Escitia septentrional antes de expandirse hacia el sur y llegar hasta Arabia.

> He sabido que otros, que han perdido la cabeza con el tema de la santa Virgen Eterna, han hecho y hacen cuanto está en su mano, llevados por la locura y la insensatez, para sustituirla por Dios. Pues dicen que ciertas mujeres tracias allí en Arabia han introducido estas tonterías y que hornean un pan en nombre de la Virgen Eterna, se congregan, y se entregan al exceso y realizan un acto blasfemo prohibido en nombre de la Virgen santa, y ofrecen sacrificios en su nombre con mujeres oficiantes.
>
> [*Panarion* vol. 2, n.º 79]

Epifanio utilizó esta información para lanzar un feroz ataque contra las mujeres en general.

> ¿De dónde ha salido esta nueva historia? ¿Del orgullo de las mujeres y de la locura femenina? ¿Qué ha alimentado la debilidad que —a través de las mujeres una vez más— vierte en nuestras mentes el hábito femenino de la especulación? [...] Con intenciones adúlteras se han rebelado contra el único Dios, como una ramera común que se ha excitado con la debilidad de muchas relaciones y rechazado la moderación del matrimonio legal con un único marido.
>
> [Contra las Coliridianas, *Panarion*, n.º 79]

La de las coliridianas no fue la única secta que manifestó interés por una diosa madre cristianizada. Según Epifanio, otros gnósticos habían promocionado la idea de que una presencia femenina dominante llamada Sofía (Sabiduría) existía en los cielos. También describió sectas como las de los marcosianos y los osaenos, que practicaban Matrimonios Sagrados u otros aspectos del culto a la diosa. Los sacerdotes marcosianos «preparaban una cámara nupcial, iniciaban a sus candidatos con determinadas invocaciones, y sostenían que su rito es un matrimonio espiritual a semejanza de los *syzygies* [opuestos o cónyuges] de las alturas». Hasta la época del emperador Constantino (293-306 d.C.), padre de Constantino el Grande, la secta osaena, según se dice, adoraba como diosas a dos hermanas llamadas Marthur y Marthana.

Epifanio suponía que comunidades como los origenistas disfrutaban de ritos sexuales parecidos a puerta cerrada y que «mancillaban sus cuerpos, mentes y almas con su incontinencia». Refirió que algunos de sus miembros adoptaron la práctica ritual de eyacular en la tierra «haciéndose pasar por monjes y sus compañeras por monjas». Sostenía que la de los samaritanos era otra de las sectas cristianas que no seguía los buenos principios ortodoxos y confirmó que su antiguo santuario de Gerizim seguía en activo en su tiempo.

> Esta secta es intrínsecamente idólatra sin siquiera saberlo, porque los ídolos de las cuatro naciones están escondidos en el monte que llaman equívocamente Gerizim. [*Panarion* 9]

Las personas sobre quienes recaían tales acusaciones eran cristianos profesos, y los archivos literarios dejan claro que dos doctrinas opuestas corrían parejas en el seno del primer cristianismo. Una seguía la línea ortodoxa cuya aspiración era alejar al movimiento de los cultos paganos, la otra seguía poniendo en práctica actos de sexo ritual y reconocía a una diosa madre. Desgraciadamente para los dirigentes ortodoxos, todo un surtido de factores vinculaba a María, la madre de su inspirador y fundador, con el culto pagano. Tal como hemos descubierto, entre estos factores se contaban el significado de su nombre y el hecho de compartirlo con cuatro prostitutas de la genealogía de Jesús, la cuestión de su atípica educación en el Templo y los rumores de adulterio que envolvieron la concepción de Jesús y su nacimiento en un santuario pagano. A estos elementos cabe añadir las pruebas documentales de que María realizó un acto sexual incestuoso con su hijo y la conducta de los judíos ortodoxos que a su muerte intentaron quemar su cadáver.

Quién era María y qué representaba devino una cuestión muy polémica. Pablo y los demás Padres de la Iglesia primigenia, decididos a atraer conversos alejándolos del paganismo y sus ritos sexuales de devoción a la diosa de la fertilidad, se habrían visto obligados a tratar estos «aspectos difíciles» de su biografía. La respuesta de la jefatura ortodoxa a sus colores paganos parece que fue combatir el fuego con fuego.

Podría argüirse que el celibato permanente de María fue inventado, y luego promovido con igual pasión, como enérgica respuesta a los sectarios con inclinaciones paganas quienes, lógicamente, hubiesen deseado promoverla como suma sacerdotisa de la diosa de la fertilidad, provista de una fuerte carga sexual. Debido a la destrucción de la literatura herética bajo la censura de la Iglesia de Roma, las pruebas sobre las creencias y actividades de dichas sectas sólo nos han llegado a través de las invectivas de sus opositores. Ahora bien, si en la actualidad todavía se detectan vínculos entre María y el paganismo, podemos estar razonablemente seguros de que los dirigentes de la primera Iglesia tuvieron mucha más información a su disposición.

A partir de la época de Ireneo (130-200 d.C.) se estableció el fatídico paralelismo entre María y Eva, y las escrituras de los primeros Padres de la Iglesia dejan claro que éstos consideraban a María como el reverso de la mala conducta que había conducido a la Caída. Este argumento allanó el terreno para que se establecieran claros contrastes entre ambas mujeres: una sucumbió a la tentación sexual; la otra no. El vínculo de Eva con el pecado original, sin embargo, es exclusivo del dogma cristiano. Los Salmos de Salomón dejan claro que los judíos del siglo I opinaban que las mujeres corrían el riesgo de caer en costumbres pecaminosas y que consideraban a las prostitutas rituales como «cebos» para los varones devotos. La culpa del pecado original parece haber recaído en las deidades masculinas. En un contexto mitológico, el apócrifo 1 Enoc retoma el tema de los hijos de Dios, *bene elohim*, que tuvieron trato sexual con las hijas del pueblo, generando una raza corrupta de gigantes, los *nephilim*, que luego fue aniquilada en el Diluvio del que escaparon Noé, su familia y su zoo. Fragmentos de esta obra, redactada en arameo y que los estudiosos creen fue compilada en época tan remota como el periodo macabeo del siglo II a.C., aparecieron entre los rollos del mar Muerto, legado que se supone procede de la comunidad esenia de Qumran.

> En aquellos días, cuando los hijos del hombre se habían multiplicado, sucedió que les nacieron hermosas y bellas hijas. Y los ángeles, los hijos del cielo, las vieron y las desearon; y se dijeron: «Vamos, elijamos esposa entre las hijas del hombre y engendremos hijos» [...] fueron en busca de las hijas del pueblo de la tierra, y se acostaron con ellas —con esas mujeres— y se mancillaron, y les revelaron toda [clase de] pecados [...] y Dios

dijo: «Que sepan quienes han fornicado con las mujeres que morirán junto con ellas sumidos en su envilecimiento.»

[1 Enoc 6, 1 y ss.; 7, 1 y ss.; 9, 1 y ss.; OTP]

El Libro de Jubileos del siglo II a.C. hace hincapié en la relación entre pecado y fornicación.

Y no existe mayor pecado que la fornicación que cometen con la tierra porque Israel es una nación sagrada para el Señor su Dios, y una nación de herencia y una nación de sacerdotes, y una nación monárquica y una posesión especial. Y nada de lo que se ve entre el pueblo santo es tan corrupto como esto.

[Jubileos 33, 20]

Evangelistas demagógicos del calibre de Justino el Mártir, que escribió a mediados del siglo II, lanzaron el argumento de que «Adán nació de dos vírgenes, del Espíritu y de la virgen tierra. Por consiguiente, Cristo nació de una virgen para rectificar la Caída que tuvo lugar al principio de los tiempos». Pocas décadas después, semejante hipocresía estaba alentando a otros activistas cristianos. San Jerónimo, erudito monástico del siglo IV, y su contemporáneo Ambrosio, obispo de Milán, pusieron en circulación sucintos eslóganes como «De una mujer llegó la muerte, de una mujer llegó la vida».

Tertuliano (160-225), obispo de Cartago, fue otro de los que clamaron que las mujeres están malditas con el pecado de Eva.

Las mujeres deberían vestir con prendas de luto y no prestar atención a su aspecto exterior, interpretando el papel de una Eva doliente y arrepentida para expiar más plenamente, mediante toda suerte de atuendo penitencial, el que la mujer proceda de Eva [...] la ignominia, quiero decir, del pecado original y el rechazo de ser la causa de la caída de la raza humana.

[*Atavío de las mujeres* 1, 1]

El novedoso dogma del pecado original, así como el celibato de María, antítesis del libertinaje de Eva, no fue adoptado amplia ni inmediatamente sino que la Iglesia católica romana comenzó a poner énfasis en el «factor de la virginidad» hacia comienzos del siglo IV de la era cristiana. El concepto se amplió como analogía de la pureza de la doctrina cristiana. Al referir los excesos de Marco Aurelio (161-180 d.C.) contra los mártires cristianos, Eusebio empezó a referirse a la Iglesia como la «Virgen Madre», expresión que convertía convenientemente a María en símbolo de la pureza y el poder de la Iglesia. Y ha resistido el paso del tiempo puesto que los cristianos modernos siguen hablando de la «Madre Iglesia».

La creencia en que María se conservó virgen, aunque falsa, sirvió al fanatismo de hombres como Jerónimo, Agustín y Ambrosio, obispo de Milán en el siglo IV, gran promotor de la devoción mariana en Occidente puesto que permitió establecer varios fundamentos de la nueva religión: Dios había rechazado el sexo; la negación de María de lo carnal la distinguía del resto de las mujeres, y Jesús nació libre de la mácula del pecado original. Encontramos un ejemplo característico de su retórica en Ambrosio, quien tomó medidas para acabar con el rumor popular de que María posteriormente tuvo otros hijos (que ahora sospechamos que fueron los de la primera esposa de José).

> Imitad, santas madres, a aquella que con su único Hijo amadísimo nos dio tan gran ejemplo de virtud maternal; pues ni vuestros hijos son más amorosos [que Jesús], ni la Virgen buscó el consuelo de ser capaz de parir otro hijo.
>
> [*Cartas* 63, 111]

Epifanio hizo una vez la incisiva declaración de que «ella [María] jamás tendría relaciones sexuales con un hombre» y, en 392, el papa Siricio I, en la correspondencia con uno de sus obispos, utilizó el mismo argumento recurrente.

> Llevabas razón al horrorizarte ante la idea de que otro nacimiento hubiese surgido del mismo útero virginal del que nació Jesús hecho carne. Pues Jesús Nuestro Señor jamás hubiese

elegido nacer de una virgen de haber considerado que ésta sería tan incontinente como para contaminar con la semilla del apareamiento humano el lugar de nacimiento del cuerpo del Señor.
[*Carta al Obispo Anisio*]

En su explicación de cómo María llegó a ser identificada como esposa de José, Jerónimo había ido tan lejos como para hacer el dogmático y radical aserto de que en las escrituras antiguas dicho término no hacía alusión al estado civil de casados sino que en realidad significaba «prometida». Atacó en concreto la postura de hombres como Helvidio y Joviniano, el monje milanés, quienes negaban la virginidad perpetua de María y fueron expulsados de la Iglesia.

Debemos apelar a Jesús Nuestro Señor para conservar libre de toda sospecha de copulación la posada de ese sagrado útero donde Él moró durante diez meses. También debemos invocar a Dios Padre para demostrar que la madre de Su Hijo, que fue madre antes de casarse, permaneció virgen después de alumbrar a su Hijo. [*Contra Helvidio* 2]

Leyendo los comentarios de Jerónimo, cabe hacerse una idea de la vehemencia y la hipocresía con las que se argumentaban los beneficios del celibato. Entre sus característicos ataques misóginos, ¡hizo la distorsionada afirmación de que el matrimonio sólo era aceptable porque servía para generar más vírgenes! [*Contra Helvidio* 19]. Hombres del calibre de Agustín adoptaron una postura similar a propósito del matrimonio.

Puesto que materialmente no es distinto de la fornicación, está tan profundamente infectado de pecado que cometen pecado los cónyuges, por supuesto no el que consiente, pero sí el que exige, aunque lo hagan con la intención de evitar el adulterio. [Buenaventura y Tomás Q49, Art 4-6]

Uno se queda con la impresión de que los primeros Padres de la Iglesia creían que un himen intacto era un estado divino.

Una mujer que abandonaba su doncellez para tener trato sexual estaba desfigurando la excelente obra del Creador, y sólo manteniéndose firme en su virginidad podía una mujer escapar al castigo que se ganó Eva en la Caída.

La obsesión por relacionar a las mujeres con el pecado a veces alcanzaba proporciones ridículas. En un debate sobre la vestimenta de las mujeres, Tertuliano comenzó a adoptar tonos de censura rayanos en el fanatismo.

> Usamos la palabra «vestido» cuando aludimos a lo que se ha dado en llamar gracia femenina, mientras que al maquillaje sería más adecuado llamarlo desgracia femenina. Se consideran prendas de vestir el oro y la plata y las joyas y la ropa, mientras que el maquillaje consiste en el cuidado del cabello y de la piel y demás partes del cuerpo que atraen al ojo. A lo primero lo acusamos de ambición; a lo segundo de prostitución.
>
> [*Atavío de las mujeres* 4, 2]

Irónicamente, aunque el celibato se había convertido en una virtud peculiar del cristianismo, el alumbramiento virginal era un concepto pagano y a los primeros portavoces cristianos les preocupaba que las tradiciones sobre María no fueran a inclinarse demasiado hacia lo sobrenatural. Tanto Orígenes como Jerónimo fueron mordaces en su crítica contra la obra apócrifa conocida como *Evangelio de los hebreos*, un panfleto del siglo II que se piensa tuvo su origen en una secta judeocristiana. Se ha perdido todo rastro de dicha obra, salvo lo que de ella citan sus críticos, y debemos suponer que todos sus ejemplares fueron destruidos a principios de la era cristiana por los Padres de la Iglesia de Roma y otros lugares. El *Evangelio de los hebreos* planteaba preguntas sobre si Cristo había nacido de una madre terrenal normal, a lo que Orígenes respondió agriamente que algunos cristianos estaban tratando de dotar a María de atributos mágicos que iban más allá de cuanto se reivindicaba sobre ella desde la oficialidad.

Si hubiera que dar algún crédito al Evangelio según los hebreos, donde el propio Salvador dice: «Mi madre, el Espíritu Santo, me agarró de uno de mis cabellos y me sacó del gran monte Tabor», tendríamos dificultades para explicar cómo el Espíritu Santo puede ser la madre de Cristo.

[Orígenes, *Sobre Juan* 2, 12]

Los polemistas admitieron haber obtenido de segunda mano parte de la munición que disparaban. Ireneo sostenía que los seguidores de Carpócrates, conducidos por el hereje cristiano Marco, eran culpables de mantener relaciones sexuales indiscriminadas con mujeres que se convertían en sacerdotisas de Marco, aunque por lo general se reconoce que Ireneo no tuvo ningún contacto directo con esas personas de modo que sólo pudo enterarse de tal información a través de rumores.

[Marco] se dedica sobre todo a las mujeres, y suelen ser distinguidas, elegantes y de gran riqueza aquellas que con más frecuencia busca atraer hacia sí, dirigiéndose a ellas con palabras tan seductoras como éstas: «[...] Engalánate como una novia que espera a su novio, que tú seas lo que yo soy y yo lo que tú eres. Establece el germen de la luz en tu cámara nupcial. Recibe de mí un esposo, y sé receptiva hacia él, mientras por él eres recibida.»

[Ireneo, *Contra los herejes* 1, 13, 3]

Resultaría difícil, no obstante, hallar a un solo Padre de la Iglesia entre los siglos II y IV que no lanzara acusaciones de incorrección sexual contra alguno de sus hermanos en Cristo. Los cargos de relajación moral y promiscuidad desenfrenada devinieron poco menos que rutinarios, apuntando con monótona frecuencia a oponentes cuya defensa parece no haber sido archivada o fue meticulosamente eliminada por la Iglesia. Los acusadores continuamente ponían énfasis en la importancia de María como bastión del celibato, cuya vida inmaculada demostraba los beneficios de la virginidad y el rechazo del deseo sexual. Sin embargo, esta imagen, que no queda reflejada en los textos bíblicos, era una invención casi absoluta. La mera intensidad y persistencia de la crítica es prueba suficiente de que otras fuerzas andaban sueltas en el seno del movimiento cristiano promoviendo los ritos sexuales y, tal vez, un retrato un tanto distinto de María.

Llegados al siglo XV, las diferencias de opinión sobre esta imagen proyectada de la madre de Cristo —bendita matrona exclusivamente yahveísta o personificación de una diosa pagana de la fertilidad— se habían convertido en el foco de un virulento debate que iba a desembocar en abierta hostilidad entre facciones contrarias. Éste giraba en torno a la cuestión de si era legítimo referirse a María, la madre de Jesús, con el polémico título de Madre de Dios.

11

Engaño

Tal como dijo Ramsay MacMullen al comentar la veracidad de los documentos cristianos antiguos en *Christianity and Paganism in the Fourth to Eighth Centuries*:

> ... la verdad apenas dejó huella. Con toda justicia podemos acusar al archivo histórico de habernos fallado no sólo como de costumbre, es decir, siendo simplemente insuficiente, sino también por haber sido tergiversado [...] lo que fue escrito en el pasado tenía que transmitirse de generación en generación a través de siglos sucesivos y esos siglos, como todo el mundo sabe, constituyeron una membrana con distintos grados de permeabilidad: dejaron pasar los escritos del cristianismo pero excluyeron aquellos de los enemigos del cristianismo. [pp. 3-4]

Esta afirmación de MacMullen precisa una aclaración en cuanto a los parámetros que definen a los «enemigos del cristianismo». Las fuerzas eclesiásticas dominantes del momento no sólo atacaron los escritos de autores no cristianos sino también cualquier cosa que considerasen herética dentro del propio movimiento cristiano. Cuando se producían conflictos sectarios, la ideología de uno de los bandos invariablemente era declarada heterodoxa y se tomaban medidas para erradicar cualquier documento que acreditara su existencia, de la que sólo quedaba constancia en los comentarios de sus victoriosos detractores.

Ireneo, nombrado obispo de Lyon en 178, fue en buena medida el responsable de poner en marcha el proceso de «despotrique herético» mediante su extensa obra *Adversus Haereses* [Contra las herejías]. La actitud de Ireneo sería compartida por su contemporáneo Tertuliano, obispo de Cartago en el siglo III. Ambos hombres adoptaron la postura de que los herejes pertenecientes a las comunidades cristianas predicaban algo sumamente ofensivo. Ireneo inició su ataque con estas palabras:

> Dado que ciertos hombres han dejado la verdad de lado e introducen palabras mentirosas y vanas genealogías, las cuales, tal como dice el apóstol, suscitan preguntas en lugar de edificar piadosamente lo que hay en la fe, y mediante sus astutas verosimilitudes desvían las mentes de los inexpertos y los hacen cautivos, me he sentido obligado, querido amigo, a redactar el siguiente tratado para exponer y contrarrestar sus maquinaciones. [*Adv. Haer.* 1, Prefacio]

Este tipo de crítica con frecuencia presentaba el consabido trasfondo de equiparar la herejía con la promiscuidad sexual.

> Los «más perfectos» entre ellos se envician sin ningún temor con toda clase de actos prohibidos, aquellos que las Escrituras nos aseguran que «quienes hagan tales cosas no heredarán el reino de Dios» [...] otros se entregan a la lujuria de la carne con la mayor glotonería [...] aún hay otros, además, que tienen la costumbre de deshonrar a las mujeres a quienes han educado [...] tal como a menudo han confesado esas mujeres que han sido apartadas del buen camino por algunos de ellos cuando han regresado a la Iglesia de Dios, reconociendo esto junto con el resto de sus errores. Otros de ellos, también, abiertamente y sin ningún rubor, cuando se aficionan apasionadamente a determinadas mujeres, las seducen apartándolas de sus maridos y contraen matrimonios por su cuenta con ellas. Otros más, de nuevo, que al principio fingen vivir con toda modestia junto a ellas como si fuesen hermanas, con el tiempo se han revelado tal cual son en realidad cuando la hermana ha sido hallada embarazada por su [supuesto] hermano.
>
> [*Adv. Haer.* 1, 6, 3]

El sínodo de Laodicea, reunido hacia 363, fue uno de tantos de los que reforzaron este mensaje. El canon 59 del sínodo declara que «en la iglesia no se leerá ningún salmo compuesto por individuos particulares así como tampoco ningún texto no canónico». Si a uno le prohibían leer obras no canónicas, está claro que la mera posesión de tales libros también conllevaba sus riesgos. Las *Catequeses* de Cirilo de Jerusalén incluyen este sermón: «No leas por tu cuenta ningún libro que no se lea en la iglesia.» Resumiendo, la ausencia de literatura superviviente quizá no refleje con exactitud lo que hubo en circulación en su momento.

No sabemos cuántos de los escritos sobre María de esos primeros siglos fueron clasificados entre los que «introducen palabras mentirosas». Queda claro, no obstante, que, salvo en unos pocos textos apócrifos como el *Protoevangelio de Santiago,* María se vio excluida de los textos teológicos entre la fecha de la Crucifixión y el final del siglo II. La escasez de información resulta asombrosa y sigue sin contestar la cuestión de si la literatura sobre María simplemente no existió o si fue erradicada. Cabría comparar esta acusada ausencia de debate, sea cual sea su causa, con una virtual falta de comentarios sobre personalidades tan principales como Mozart o Napoleón Bonaparte hasta el final del siglo XX.

El enfoque del influyente escritor cristiano Eusebio es bastante propio de las escasas fuentes que han llegado hasta nosotros. Comenzó a compilar su exhaustiva *Historia de la Iglesia* a principios del reinado del emperador Diocleciano, en 284 d.C. Dicha obra abarca un periodo que va desde el nacimiento de Jesús en aproximadamente 4 a.C. hasta las primeras décadas del siglo IV y, sin embargo, sólo menciona a María en cuatro ocasiones. Las únicas alusiones que hace Eusebio a María son para reconocer la doctrina del nacimiento virginal.

> En aquel tiempo vivía Santiago, quien era conocido como el hermano del Señor; pues también le llamaban hijo de José, y a José padre de Cristo, aunque en realidad la Virgen era su pro-

metida y, antes de que se unieran, ella apareció preñada por obra del Espíritu Santo, tal como refieren los inspirados relatos evangélicos. [*Hist.* 2, 11]

Ireneo adoptó una actitud semejante. En *Adversus Haereses* mencionó a María por primera vez después del capítulo séptimo y sólo de pasada. Igual que Eusebio, introdujo a María en el debate para recalcar la relevancia del nacimiento virginal de Cristo y hacer hincapié en la excepcional naturaleza inmaculada de María.

> La Virgen señaló el lugar de Ecclesia. Y así, por una bendición especial, fue engendrado por Él, a través de María, ese hombre, a quien, al pasar por el útero, nuestro Padre decidió [conceder] el conocimiento de Sí por medio del Verbo.
> [*Adv. Haer.* 15, 3]

Un «cambio radical» tuvo lugar cuando, pasados unos doscientos años, se produjo un repentino aumento del interés por María que trajo consigo una interpretación más liberal de su vida. Quizás este proceso comenzase cuando los cristianos tuvieron ocasión de analizarse a sí mismos en la relativa calma que siguió a las espantosas persecuciones de los suyos por parte de Marco Aurelio (170 d.C.) y su hijo Cómodo (176-192 d.C.), el último emperador romano de la línea dura. Aunque la lucha entre la Iglesia y el imperio volvería a resurgir brevemente bajo el emperador Diocleciano (284-305 d.C.) no afectó al entusiasmo, tanto oficial como popular, por establecer el marco que se convertiría en el dogma mariano. Lo que no queda claro es si este brío estuvo siempre presente o si simplemente salió del armario.

Más o menos a partir del final del siglo II los obispos apostólicos recurrían no sólo a escrituras canónicas sino también apócrifas, como el *Protoevangelio de Santiago*, para establecer lo que cabría describir como una doctrina mariana «públicamente responsable». Si el extraordinario compromiso que revela esta doctrina sirve como indicador, el culto a María parece haberse desarrollado en dos planos distintos, lo que refleja la naturaleza híbrida de los orígenes del cristianismo. Por una parte, fue moldeada por la ideología apostólica que prohibía los deseos carnales. Éste es el aspecto de la ideología mariana que ha llegado hasta nosotros como dogma cristiano oficial. Por otra, floreció un conservadurismo, mucho menos divulgado, partidario de la antigua vertiente pagana de la religión judía y gentil, fundamentado en una mezcla de ideales cristianos y paganos en los que el sexo y la sexualidad constituían rasgos importantes del ritual. Dicho de otro modo, el culto mariano se vio acosado como quien dice por la misma división ideológica que padecieron los judíos en la Palestina del siglo primero. Ciertos elementos de la nueva congregación cristiana ejercían presión para hacer borrón y cuenta nueva y establecer a María como la Inmaculada cristiana sin el más leve tufillo a paganismo, mientras que otros la concebían como una *diva* pagana a la antigua usanza. Los adornos que aparecían en obras como el *Protoevangelio*, con inclusión de pormenores biográficos sobre el nacimiento milagroso de María (aunque no su inmaculada concepción), su genealogía, años de formación y matrimonio resultaban bastante inofensivos y ambos bandos podían servirse de ellos.

Otros textos apócrifos transmitían un mensaje más perturbador. Los autores del *Evangelio de Felipe* y las *Genna Marias* incluyeron un aspecto de la relación entre Jesús y las Marías de carácter inequívocamente sexual. Otros, como el *Origen del Mundo* y *Thunder, Perfect Mind* hacían patente el interés por una presencia femenina dominante en los cielos. Estas obras se conocen en buena medida gracias al descubrimiento de los llamados manuscritos gnósticos, enterrados en Nag Hammadi hacia 400 d.C. y conservados en la arena del desierto. Se piensa que fueron escritos por autores anónimos a principios del siglo IV, tal vez en Alejandría, e incluyen conceptos ajenos a los que oponía resistencia el grupo de presión ortodoxo. Eusebio hizo algunos comentarios virulentos en su *Historia de la Iglesia*.

> Nada podría estar más alejado de los usos apostólicos que el tipo de freseología empleada, mientras que las ideas e implicaciones de sus contenidos resultan tan irreconciliables con la verdadera ortodoxia que se hace patente que son falsificaciones obra de herejes. De ahí que aparte de catalogarlos entre los libros espurios, deban ser rechazados como impíos e inaceptables. [*Hist.* 25, 2]

Junto con los obstinados y con frecuencia vitriólicos ataques de la mayoría de obras antiheréticas como el *Contra Celsum*, de Orígenes, y el *Panarion*, de Epifanio, obras como los manuscritos de Nag Hammadi constituyen la única prueba del aspecto no ortodoxo de la perspectiva mariana. El alcance de su influencia, no obstante, se pone de manifiesto en el compromiso forzoso que se alcanzó a propósito del retrato oficial de María, un crisol de diversos elementos míticos.

Antes de revisar el desarrollo del culto mariano durante los primeros siglos de la era cristiana, es preciso que entendamos un poco mejor lo que estaba sucediendo a los cristianos de ese tiempo desde un punto de vista más general. Debido en buena medida a la escasez del archivo canónico y también al modo en que el cristianismo se desarrolló tras su llegada a Roma, María no fue lanzada a la escena pública enseguida. El cristianismo comenzó como una experiencia judía en Jerusalén. Es casi seguro que se estableció allí como un grupo escindido de la comunidad de la sinagoga judía. Durante la dispersión causada por la dominación extranjera de Palestina, algunos judíos fueron a Roma, donde fundaron sinagogas en cuyo seno sin duda se desarrollaron células cristianas. Fuera de la comunidad judía, Pablo aparece como el más destacado fundador de iglesias cristianas y sabemos por los archivos romanos que tanto él como Pedro murieron como mártires en Roma bajo el gobierno de Nerón entre 54 y 68 d.C. Durante cosa de dos siglos a partir de entonces, el cristianismo se dirigió desde casas particulares como un restringido club exclusivo. El movimiento se nutría de conversos principalmente de las clases media y baja. No existían iglesias en el sentido que le daríamos hoy y no ha sobrevivido ningún vestigio de la construcción de ninguna clase de altar cristiano permanente hasta el siglo V. Las ceremonias, fundamentalmente la eucaristía, revestían una apariencia sencilla, sin apelar a las emociones: la preocupación primordial parece haber sido eludir el escrutinio de quienes eran ajenos, los cuales, por lo general, no veían la causa cristiana con simpatía.

El escritor Arnobio resumió la actitud de buena parte de la ciudadanía romana hacia finales del siglo III cuando denigró a los cristianos por no tener templos, altares, estatuas o efigies de divinidades, acusándolos del declive general de la influencia romana en el mundo.

> Desde que hay cristianos en la tierra, el mundo está yendo a la perdición; muchos y muy diversos azotes han atacado a la raza humana; y los mismísimos seres celestiales, abandonando el cuidado con el que hasta ahora velaban por nuestros intereses, son desterrados de las regiones de la tierra.
>
> [*Adversus Nationes*, 1, 1]

Los conservadores paganos de Roma no estaban solos en su disgusto. En el seno de la comunidad cristiana los problemas no tardaron en surgir, puesto que el movimiento, si bien trataba de pasar desapercibido, también se codeaba con los sectores más liberales de la ciudadanía pagana. Hasta cierto punto esto era atribuible a un desequilibrio de género en la composición de las primeras comunidades cristianas. Sabemos por distintas fuentes contemporáneas que, en el siglo III, las mujeres cristianas superaban en número a los hombres cristianos. En su libro *Paganos y cristianos*, Robin Lane Fox refiere que una iglesia del norte de África, tomada durante una persecución en 303 d.C., contenía dieciséis túnicas de hombre contra ochenta y dos trajes femeninos y cuarenta y siete pares de zapatillas de mujer. Según Tertuliano, las esposas cristianas con frecuencia tomaban maridos paganos pese a los peligros que a todas luces conllevaban tales uniones.

> La sierva de Dios mora en medio de extraños; y aun estando entre ellos, todos los días en que se conmemoran demonios, en todos los ceremoniales de los reyes, al principiar el año y al comienzo del mes, estará inquieta por el perfume del incienso. Y tendrá que ir hasta un portón adornado con laureles y faroles, como si fuese el de un nuevo consistorio de públicas lujurias; tendrá que sentarse con su marido a veces en reuniones, a veces en tabernas. [*To His Wife* 2, 6]

El estrecho contacto entre paganos y cristianos que se daba en los grandes centros urbanos del imperio constituía un motivo de constante irritación y preocupación para los evangelistas de línea dura porque ejercía una influencia no poco importante al mantener encendido el crisol de ideologías. La inquietud más grave residía en la facilidad con que los cristianos conversos podían verse atraídos de vuelta a las costumbres paganas. Los niños se educaban siguiendo cualquier creencia que los padres considerasen natural y provechosa. La situación familiar y matrimonial se convirtió en un *déjà vu* casi exacto de los problemas de los matrimonios mixtos que habían plagado la historia israelita antigua cuando los israelitas tomaban esposas extranjeras con creencias religiosas diferentes a las suyas. De hecho, lejos de quedar establecido como un movimiento radical bien definido, la línea que separaba la incipiente ortodoxia cristiana del paganismo tradicional fue, durante un tiempo, cada vez más difusa. El cristianismo siguió siendo impopular entre amplios sectores de la población: muchos civiles veían poco atractivo en lo que éste les ofrecía y, aunque había unidades cristianas dentro del ejército romano, el grueso de los militares lo aborrecían. En 299 d.C. el emperador Diocleciano llegó hasta el extremo de ordenar una purga de cristianos en el ejército.

El catalizador del cambio, y el momento para que el cristianismo saliera del armario, aclarase su doctrina y sellara su autoridad, fue la milagrosa conversión del emperador romano Constantino en 312 d.C., cuando presuntamente presenció la aparición de un emblema cristiano que ardía en el cielo nocturno justo antes de la batalla de Puente Milviano contra su rival Magencio. Sin embargo, la conversión de Constantino no puso fin a la permeabilidad en la vida cotidiana. Los Padres de la Iglesia cristiana llegaron a estar tan preocupados por la situación que, dos años después de que Constantino cambiara de filiación religiosa, el Concilio de Arlés amenazó con la excomunión a cualquiera que se casara fuera de la nueva fe. Dicha advertencia por lo general no fue tenida en cuenta ni siquiera cuando Teodosio I, nombrado emperador en 378 d.C., refrendó el cristianismo como culto imperial oficial y puso en marcha el proceso contra el culto pagano.

El siglo IV fue testigo de cómo la ideología mariana tomaba una forma más definida, abrazando ideas ortodoxas y también heterodoxas. Durante este periodo, la supuesta virginidad permanente de María siguió siendo el mensaje más estridente y alentó cierto grado de extremismo entre los sectores más misóginos de la Iglesia. Hombres como Juan Crisóstomo, patriarca de Constantinopla, adoptaron un intransigente punto de vista paulino del matrimonio. Éste sólo era adecuado para aquellas personas que, debido a su debilidad de carácter, eran incapaces de abstenerse del sexo, y el mismo argumento se empleaba para justificar la imposición de severas restricciones sobre lo que acontecía en las alcobas cristianas. Crisóstomo se contaba entre quienes consideraban que la historia de la caída de Adán y Eva constituía una auténtica lección de moralidad. Se podía y debía prescindir de toda actividad sexual. El fanatismo del que hizo gala en su *Sermón sobre la virginidad*, que carecía de planes para el futuro de la humanidad, incluía la puritana declaración de que «allí donde hay muerte, hay apareamiento; y donde no hay muerte no hay apareamiento [...] ¿No veis dónde tiene el matrimonio su origen?». De esta singular lógica surgió el dogma de que, puesto que un niño concebido de forma normal es fruto del pecado, queda automáticamente manchado por el mal desde el momento de su nacimiento y sólo puede recobrar la inocencia mediante el rito del bautismo.

Si bien no es posible que todos los devotos marianos adoptaran esta actitud tan extrema, un grupo cada vez más nutrido, y resuelto a promover a María como virgen casta y pura, festejaba la creencia cada vez más extendida de que ésta era fruto de inmaculada concepción por parte de su madre, Ana. Partiendo de ahí, cabía sostener que María nunca había sido mancillada por el pecado y, por consiguiente, era la única capaz de dar a luz un bebé inocente. Esta ideología condujo a tratar con severidad a las mujeres cristianas acusadas de falta de decoro. Un comentario de san Jerónimo datado a finales del siglo IV d.C. indica que éste aprobaba la costumbre de decapitar a las mujeres que eran sorprendidas en prácticas sexuales fuera del matrimonio. Esto contrasta notablemente con el sentido pagano de la justicia en situaciones comparables. Un revelador documento de esa misma época procedente de Tebaida, en Egipto, expone en detalle cómo, cuando una prostituta era asesinada, su atacante era ejecutado y la madre de la víctima, cuya pobreza había hecho necesario que la hija se prostituyera, heredaba una décima parte de los bienes del asesino. Jerónimo era un fanático defensor del celibato y no deja de ser irónico el hecho de que fuese uno de los dirigentes más convincentes de la Iglesia de su tiempo, haciendo patente que los cristianos de toda clase y condición se permitían actividades escandalosas. Buena parte de su *Carta a Eustacio*, por ejemplo, abunda en pormenores acerca de la conducta sexual de los cristianos.

> Si ni siquiera las vírgenes auténticas, cuando tienen otros defectos, no se ven salvadas por su virginidad física, ¿qué será de aquellas que han prostituido a los feligreses de Cristo, convirtiendo el templo del Espíritu Santo en un burdel? Enseguida oirán estas palabras: «Ven aquí y siéntate en el polvo, oh hija virgen de Babilonia, siéntate en el suelo; no existe trono, oh hija de los caldeos, pues ya no te llamarán tierna y delicada. Toma la muela y muele alimento; descubre tus cabellos, desnuda tus piernas, cruza los ríos; tu desnudez será descubierta, sí, tu vergüenza quedará a la vista.» [Jerónimo, *Cartas* 22, 6]

La superioridad moral con respecto al celibato, reivindicada por la clase dirigente cristiana, en realidad descansaba sobre unos cimientos muy poco firmes. Uno de los factores que daba argumentos a los decididos a conservar aspectos de la biografía de María que la identificaban con una diosa madre pagana era que los demás compartían la opinión acerca del valor de la virginidad. En la Roma pagana, las Vírgenes Vestales y las sacerdotisas de la gran diosa Palas Atenea se consideraban iguales moral y socialmente a sus homólogas cristianas y su castidad se consagraba al bienestar del Estado [Ambrosio, *De Virginibus* (I) 4, 14-15]. Incluso Platón había argüido en su momento que la mejor manera de alcanzar la salvación del alma consistía en refrenar las pasiones y dedicarse con regularidad a la oración. El relato cristiano de una virgen embarazada por un dios antes de dar a luz a un gran dirigente tampoco tenía nada de excepcional. Los romanos consideraban que la diosa frigia Cibeles, que se convirtió en su *Magna mater*, era una madre virginal. Por otra parte, en las tradiciones griega y romana también estaba muy extendida la opinión de que Rómulo, fundador mítico de Roma y hermano gemelo de Remo, nació de una madre fecundada por el dios Marte. El culto del mitraísmo había sido importado a Roma desde la India vía Persia como poderosa influencia que se mezclaba bien con la religión monoteísta del zoroastrismo: se decía que el dios Mitra había nacido de una roca, simbolizando el sol naciente detrás de las montañas. También se reverenciaba e invocaba con frecuencia a deidades virginales como Vesta, la diosa del hogar.

Puede que la clase dirigente cristiana clasificara las biografías marianas no oficiales como el *Protoevangelio de Santiago* y la *Asunción de la Virgen* como lecturas inadmisibles en las iglesias, pero su prohibición no impidió que dicha literatura se difundiera, como tampoco evitó que los árbitros del culto mariano recurrieran a ella. Estas obras conocieron una popularidad inmensa que se hace patente en el hecho de que hayan llegado hasta nosotros más de un centenar de ejemplares antiguos del *Protoevangelio* redactados en griego, algunos fechados en el siglo III. En las décadas que siguieron a su publicación se tradujo a varios idiomas. El hecho de que los Padres de la Iglesia se sirvieran de un material que en otras ocasiones denunciaban indica que se enfrentaron a ciertas presiones para incorporar elementos polémicos al retrato de María. Mediante esta liberalización se plantaron las semillas de una extraordinaria transformación que convertiría a María, la madre judía, en una celebridad, otorgándole una nueva personalidad.

La transformación de María no careció de dificultades. Muchos de los Padres de la Iglesia seguían siendo profundamente misóginos y sólo se mostraban capaces de resolver la paradoja de su veneración por María separándola, física y espiritualmente, del resto de mujeres mortales, quienes continuaron siendo objeto de su más absoluto desprecio. San Agustín (354-430), que fue obispo de Hipona, encabezó esta corriente. Puso mucho énfasis en la condición pecaminosa de la humanidad, con inclusión de los santos, aunque excluyó a María de forma harto significativa. En algunos de sus escritos más moderados, Agustín se queda corto al exponer el categórico argumento de que las relaciones sexuales dentro del matrimonio eran pecaminosas.

> Amonesto tanto a los hombres como a las mujeres que siguen la perpetua continencia y la santa virginidad, que de este modo anteponen su propio bien al matrimonio, y que no juzguen el matrimonio como un mal, y que entiendan que en modo alguno fue por engaño, sino por la pura verdad, que el Apóstol dijo: quien cede al matrimonio obra bien; y quien no cede al matrimonio, obra mejor; y, si tú hubieres tomado esposa, no has pecado; y, si una virgen se hubiere casado, no ha pecado, y un poco después: pero según mi juicio será más bendita si se mantiene así. Quienes por consiguiente estén dispuestos a permanecer sin matrimonio, que no huyan del matrimonio como quien huye del pecado; sino que lo superen como una colina del bien menor, para que puedan descansar en el monte de la gran continencia. [*La santa virginidad* 18]

En otras partes, no obstante, Agustín reveló sentimientos más extremos al afirmar que un niño nacido de una relación sexual era un niño nacido en pecado.

> Sólo Él [Jesús] nació sin pecado, pues una virgen lo concibió sin el abrazo de su marido, no por la concupiscencia de la carne, sino por la casta sumisión de su mente. Sólo ella fue capaz de engendrar al que curaría nuestra herida, dando a luz al germen de un vástago puro sin la herida del pecado.
>
> [*Méritos y Remisión de los pecados* 57]

Agustín desempeñó una importante labor en la forja del particular vínculo cristiano entre pecado y procreación, y con su retórica sirvió con creces al dogma misógino. El deseo físico y el contacto sexual no eran, en su discurso, partes biológicas saludables de la psique humana sino aberraciones firmemente amarradas a los débiles hombros de las mujeres. Sin embargo, él no fue, ni mucho menos, el primero de los Padres de la Iglesia que abogó por el celibato. Tertuliano también puso mucho énfasis en la conveniencia de permanecer soltero.

> En lo que está escrito, «Casarse es mejor que arder», ¿cuál es, os ruego, la naturaleza de esta bondad, que sólo cabe elogiar por comparación con el mal, de tal modo que la razón por la que «casarse» es mejor se reduce a que «arder» es peor? Más aún, ¿cuánto mejor es no casarse que arder?
>
> [*A su esposa* 1, 3]

Tertuliano tenía un mensaje muy concreto a propósito de las mujeres cristianas que habían renunciado al matrimonio.

> Han conservado para ellas un regalo eterno del Señor; y mientras están en la tierra, al abstenerse del matrimonio ya se cuentan como miembros de la familia angelical. Acostumbrándote a emular con constancia el ejemplo de estas mujeres, conseguirás enterrar con el afecto espiritual esa concupiscencia carnal, aboliendo los fugaces deseos temporales de belleza y ju-

ventud y ganando a cambio la compensación de bendiciones inmortales. [*A su esposa* 1, 4]

Agustín se hizo eco del mensaje intransigente de Jerónimo y Ambrosio: que Eva había traído la muerte con su curiosidad y debilidad por las manzanas y que María, la antítesis de Eva, traía la vida al rechazar toda sensualidad y concebir a través de la fe y no por una impía intervención humana. La salvación de la humanidad, clamaba Agustín, residía en María, cuyo rechazo del sexo había reducido los castigos de la Caída. En una época marcada por la superstición, su argumento resultaba convincente.

Los Padres de la Iglesia, con inclusión de Agustín, Orígenes y Ambrosio, ensalzaron la vida inmaculada de María como un paradigma que todos debían emular, y sostenían que su virginidad absoluta confería poder. Promovieron reivindicaciones extremas, alimentadas por la ficción romántica de los florecientes textos apócrifos, sosteniendo que la virginidad de María se prolongó de la cuna a la tumba. La virginidad de su madre, Ana, no había sido mancillada. Incluso José había permanecido virgen toda su vida. Se hizo alarde de María y su madre como raras excepciones entre las mujeres hasta que, gradualmente, el nacimiento virginal dejó de ser un tema de debate para convertirse en un hecho incontrovertible de la tradición cristiana.

Los siempre cambiantes colores de ficción que sumaban capas al retrato de María entre las clases populares también comprendían el deseo de promoverla como encarnación de una diosa. Esto no suscitó precisamente la euforia de algunos dirigentes eclesiásticos. Tal deseo, no obstante, emanaba no sólo de grupos minoritarios, como los coliridianos, sino que procedía, como veremos, de pesos pesados de la corriente eclesiástica dominante. De ahí se desprende que había personajes poderosos e influyentes en el seno del movimiento cristiano con ganas de reconocer a María como diosa, fuere porque simpatizasen sinceramente con la idea o porque hubiesen sucumbido al influjo de elementos paganos. Si lo que pretendían era evitar daños mayores (dada la naturaleza a todas luces paganas de la idea), la justificación no iban a hallarla en un debate sobre María, sino sobre Jesús.

El interés que despertó María en el «gabinete estratégico» de la ortodoxia cristiana se debió, en buena medida, al surgimiento de una controversia que venía de largo a propósito de la naturaleza de Cristo, conocida también como cristología. Aclarar la verdadera naturaleza de Cristo no sólo proporcionaría una justificación para la identidad excepcional que los obispos apostólicos deseaban otorgar a María; también satisfaría los requisitos más exigentes del grupo de presión de los escolásticos de la Iglesia, quienes consideraban que toda reivindicación apócrifa necesitaba una justificación teológica.

La cristología no dejaba de dar vueltas a la cuestión de si Jesús era humano, divino o una especie de híbrido. Semejante rompecabezas mantuvo ocupadas las mentes de los intelectuales cristianos durante casi todo el siglo IV. Varias de las sectas primigenias, en particular los judíos cristianos o ebionitas (de la voz hebrea que significa «pobre»), que luego fueron condenados por herejes, veían a Jesús como un hombre absolutamente corriente que sólo llegó a ser extraordinario mediante el desarrollo de su personalidad. Los ebionitas ridiculizaban la historia del nacimiento virginal; en lo que a ellos respectaba, la madre de Jesús era irrelevante.

Remontándonos a la segunda mitad del siglo II, habían surgido tres escuelas dentro de la corriente principal del pensamiento cristiano. Un grupo conocido como los adopcionistas sostenía que Jesús era de carne y hueso y que Dios lo adoptó en un momento determinado de su vida, probablemente en el bautismo aunque quizás en la Crucifixión. Rechazaban de pleno la idea de que Jesús hubiese nacido de una virgen, así como la de que hubiese existido previamente en alguna forma espiritual. Los adopcionistas, uno de cuyos defensores más acérrimos en el siglo III fue Pablo de Samosata, obispo de Antioquía (que acabó denunciado por hereje), reivindicaban hacerse eco de las opiniones de los primeros seguidores de Cristo. Esta reivindicación no carecía de fundamento, ya que los argumentos de los adopcionistas, que daban a entender que Cristo no alcanzó la divinidad hasta el momento de su muerte, cabe hallarlos en el comienzo de la Epístola a los Romanos. Si bien se atribuye a san Pablo, el estilo con el que está escrita la carta indica que él no fue su autor. El lenguaje no es paulino y contiene saludos a varias personas a quienes Pablo nunca había visitado, cosa que da pie a pensar que su fecha de aparición sea anterior a la de los libros del Nuevo Testamento.

> Acerca de su hijo Jesucristo Nuestro Señor, que le nació según la carne del linaje de David, y que fue predestinado Hijo de Dios con soberano poder, según el espíritu de santificación por su resurrección de entre los muertos. [Ro. 1, 3-4]

El segundo movimiento filosófico era conocido como «separacionismo». Seguía una línea parecida pero argüía que, con el bautismo, le fue concedida la divinidad al Jesús humano con vistas a conferirle poderes para su ministerio. Este poder divino le fue retirado a Jesús antes de la Crucifixión puesto que, como divinidad, no podría haber «muerto» de esa manera. La tercera escuela, el «doceticismo» (de la voz griega que significa «parecer»), era la más radical. Debía su inspiración al maestro gnóstico Valentino de Roma, que vivió durante el siglo II y cuya filosofía seguía la de Platón. Los docéticos rechazaban todo argumento que apuntara hacia una verdadera encarnación, sosteniendo que Jesús sólo poseía la apariencia de un ser humano. En realidad era Dios, inocentemente disfrazado, quien había descendido a la tierra con el propósito de redimir a su pueblo elegido.

Los cristianos que con el tiempo tomaron las riendas morales e intelectuales, convirtiéndose en la voz de la «ortodoxia», decidieron que lo más seguro sería nadar entre dos aguas y sostener que, en cierto modo, Jesús era al mismo tiempo humano y divino. Esta paradoja imposible generó una nueva erupción de expertos que, con suma convicción personal, se las arreglaron para hacerse un lío negando y, al mismo tiempo, ¡estando de acuerdo con todo! Estos apologistas estaban en contra de cualquiera que sostuviese que Cristo era hombre pero no Dios, o que era Dios pero no hombre, o que era dos seres distintos, uno divino y el otro humano. Uno de los más vociferantes defensores de este argumento sería san Agustín.

> El Padre, y el Hijo, y el Espíritu Santo dan a entender una unidad divina de una y la misma sustancia en una igualdad indivisible; y por consiguiente no son tres Dioses sino un Dios: aunque el Padre haya engendrado al Hijo, y así Él que es el Padre no es el Hijo; y el Hijo es engendrado por el Padre, y así Él que es el Hijo no es el Padre; y el Espíritu Santo no es el Padre ni el Hijo, sino sólo el Espíritu del Padre y el Hijo, también Él igual al Padre y al Hijo, y perteneciente a la unidad de la Trinidad. [*Sobre la Trinidad* 1, 4-7]

El cristianismo se había cargado con la responsabilidad de preservar el empuje de la religión judía del Antiguo Testamento, que hacía hincapié en el monoteísmo, pero también tenía que tratar con dos divinidades, Dios y Jesucristo. Si la Iglesia pretendía distanciarse del paganismo, que era prácticamente sinónimo de politeísmo, y defender el monoteísmo, ¿cómo iba a sostener también que el Hijo fuese distinto del Padre?

En el seno de la comunidad cristiana, la mayoría de los argumentos ideológicos primitivos fueron puestos por los suelos en el ala oriental del Imperio romano. Oriente y Occidente habían tendido a separarse siguiendo líneas culturales distintas, división que se vio agravada porque las dos regiones hablaban lenguas diferentes: griego en Oriente y latín en Occidente. El cristianismo occidental era esencialmente gentil y fue promovido por Pablo y sus seguidores, mientras que Oriente se inclinaba hacia el conservadurismo y se mantuvo fiel con más fuerza, y durante más tiempo, a algunas de las antiguas tradiciones judaicas. El dilema de la cristología condujo a divisiones ideológicas entre dos campos rivales, Antioquía en la Turquía moderna y Alejandría en África del norte.

La Iglesia de Antioquía había adoptado una postura judaica y monoteísta a la antigua usanza: aunque Jesucristo hubiese hablado de Dios como una tríada de Padre, Hijo y Espíritu Santo, éstos seguían siendo aspectos del Único, y aunque el propio Cristo fuese humano y divino a la vez, Dios, en opinión de la escuela de Antioquía, estaba indudablemente solo.

La escuela de Alejandría promovía una filosofía conocida como pluralismo. Dios era indivisible pero también era un compendio. A principios del siglo III la Iglesia de Alejandría estaba muy influenciada por Orígenes, una de las lumbreras del pensamiento cristiano antiguo cuya obra *De Principiis* [Sobre los principios], puede considerarse el primer gran compendio de principios cristianos bajo un mismo título. Orígenes sostenía que el mundo material no podía haber sido creado por una divinidad sin valerse de un intermediario, el *Logos* o Verbo, que se hizo carne en la forma de un Hijo que murió para redimir al mundo. El Espíritu Santo completaba la tríada.

Uno de los debates más encendidos en torno a la Trinidad en esa ciudad era el que enfrentaba a Alejandro, obispo de Alejandría (313-328), y a Arrio, uno de sus presbíteros. Arrio se las ingenió para levantar un gran revuelo herético al preconizar el mensaje del pluralismo alejandrino de una manera tan extremada que casi daba la impresión de que había tres dioses, uno supremo, Dios, y dos inferiores, Cristo y el Espíritu Santo, unidos por el Verbo. Este argumento dio en conocerse como «herejía arriana». En un panfleto, *Destitución de Arrio*, san Anastasio (296-373) citó un pasaje de una carta que Arrio había escrito a Eusebio, obispo de Nicomedia.

> El Padre permanece indescriptible para el Hijo, y el Verbo no puede ver ni conocer a Su Padre perfectamente y con exacti-

tud [...] pero lo que Él conoce y ve, lo conoce y lo ve del mismo modo y en la misma medida en que nosotros conocemos mediante nuestras facultades. [*Ep. Ad episc. Aeg. Et lib* 12]

Arrio fue excomulgado por un sínodo en 321. Para entonces una guerra sectaria abierta a propósito de la identidad de Cristo amenazaba la estabilidad de la Iglesia y se decidió convocar una asamblea especial de obispos en Nicea para resolver la cuestión. El concilio tuvo lugar bajo los auspicios del emperador Constantino en mayo de 325 d.C. y, fruto de la reunión, surgió la conocida imaginería de la Trinidad: Padre, Hijo y Espíritu Santo. También como resultado del concilio se llegó a un acuerdo ambivalente sobre la naturaleza de Cristo, a un tiempo encarnado y divino. Los delegados incorporaron al «Credo niceano» la palabra clave *homoousios*, que significa «consustancial» o «de una sustancia» con el Padre.

> Creemos en un solo Dios, Padre todopoderoso, creador de todo lo visible e invisible; y en un solo Señor, Jesucristo, Hijo único de Dios, de la misma naturaleza que el Padre, Dios de Dios, Luz de Luz, Dios verdadero de Dios verdadero, engendrado y no creado, de la misma naturaleza del Padre; por quien todo fue hecho, así en el cielo como en la tierra.
>
> [Apéndice a *De decret. Nic. Syn.*, san Anastasio]

La disputa cristológica influyó inevitablemente en la percepción que se tenía de María. Si Cristo había nacido humano y sólo alcanzó la divinidad en una fecha posterior, cosa que de hecho sostenía el argumento antioqués, María pasaba a ser poco más que una simple matrona judía. Ahora bien, según los alejandrinos, puesto que el nacimiento de un dios no podía producirse siguiendo el proceso humano normal, su madre tampoco podía ser un ser humano normal. La escuela de Antioquía no se dejó impresionar por la insinuación de que María fuese la madre sobrenatural de una divinidad y lanzó la idea sin más demora. Fue esta nueva fuente de rencor la que condujo a la introducción del aspecto más controvertido del dogma mariano, el de la *Theotokos*, la «Madre de Dios». Involucrar a María en semejante debate resultaba a todas luces ilógico, puesto que María no era cristiana y durante su vida la cristología era algo para el futuro. Ahora bien, puede que lo que surgió del debate fuese, irónicamente, más próximo a la verdad de lo que se proponía la clase dirigente de la Iglesia.

Aunque el argumento de la *Theotokos* probablemente se inició en el siglo II, el primer uso documentado de esta palabra se debe a Alejandro, obispo de Alejandría. Éste sostenía que, dado que Cristo era Dios encarnado, debía concederse a María el título de «Madre de Dios» en lugar de *Christotokos* o «Madre de Cristo». Esta moda se extendió con tal fuerza que, hacia eso de 360 d.C., formaba parte de una corriente religiosa generalizada aunque estrictamente no oficial. Para cuando se celebró el Concilio de Nicea, los obispos de Alejandría, con inclusión de Anastasio [*Cuatro discursos contra los arrianos* 3, 29], estaban desafiando a los adopcionistas y a los separacionistas al asociar a María con la idea de *Theotokos*. En décadas posteriores sus argumentos recibirían el apoyo de defensores tan importantes como Ambrosio, Jerónimo y, sobre todo, Agustín, quien hizo mucho por promocionar la imagen de María en Occidente.

Una vez impuesta la reivindicación de la *Theotokos*, María se transformaría oficialmente en un personaje cristiano que, no obstante, a ojos de muchos seguía siendo indistinguible de una diosa madre pagana, algo diametralmente opuesto a buena parte de lo que consentían el yahveísmo y el cristianismo. El conflicto de opinión acerca de María no sólo suscitó amargas discusiones, sino que de hecho condujo a la manipulación de los textos bíblicos. No ha sobrevivido ninguno de los manuscritos evangélicos originales y existe una brecha considerable entre éstos y los primeros manuscritos transmitidos, copiados en latín y griego por escribas anónimos entre los siglos IV y VI d.C. Fue partiendo de varios ejemplares griegos como Erasmo preparó la primera edición del Nuevo Testamento en 1515 d.C. Un procedimiento parecido, aunque prestando más atención a la procedencia, fue el que se adoptó para redactar traducciones inglesas tan conocidas como la versión autorizada del rey Jacobo de 1611 y la *Revised Standard Version* moderna completada en 1952. Los manuscritos de los que provienen todos los ejemplares del Nuevo Testamento resultan, sin embargo, prácticamente imposibles de autentificar. La abrumadora abundancia de copias trajo aparejados un sinfín de cambios involuntarios en el texto. Además, se desconoce el grado de instrucción y la tendencia ideológica de los escribas. Con todo, hay pruebas consistentes de que algunas de las primeras copias manuscritas fueron alteradas deliberadamente por motivos ideológicos. Hubo intentos de quitar el nacimiento virginal de los capítulos iniciales de los Evangelios de Mateo y Lucas. La traducción de Mateo del rey Jacobo dice: «José, el marido de María, de quien nació Jesús, a quien llamamos Cristo» [Matt. 1, 16]. Mil años antes, el escriba anónimo de un manuscrito fechado en el siglo V, descubierto en el monasterio de Santa Catalina en el monte Sinaí y redactado en siriaco, presentaba la misma frase dicha así: «José, a quien estaba prometida la Virgen María, engendró a Jesús, que es llamado el Cristo.» Asimismo, mientras la Versión del rey Jacobo dice: «[José] no la conoció [a María] hasta que hubo dado a luz su primogénito: y él le puso el nombre de Jesús» [Mat. 1, 25], el texto siriaco sostiene que «María le dio [a José] un hijo».

Cabe hallar pruebas de adulteraciones más graves. Varios Padres de la Iglesia, entre ellos Papias en el primer tercio del siglo II y Jerónimo en siglo IV, refirieron que los ebionitas, para quienes el nacimiento virginal era una tontería, habían escrito un evangelio basado en una versión de Mateo de la que se habían suprimido todos los capítulos iniciales relativos a la Natividad. Las pruebas hace mucho tiempo que fueron destruidas de modo que sólo podemos basarnos en las palabras de estos comentaristas antiguos. Estas adulteraciones del texto del Nuevo Testamento constituyen una prueba más de lo controvertido que resultó el dar forma a la leyenda mariana.

El debate de la *Theotokos* llegó a un punto crítico en el siglo V cuanto la lucha eclesiástica intestina derivó más todavía hacia María. El catalizador fue un sacerdote de Antioquía llamado Nestorio, un paladín de la línea dura de la ortodoxia con impresionantes dotes de oratoria a quien poco antes habían nombrado obispo de Constantinopla. Éste se mostraba especialmente mordaz con la idea de que Dios fuera envuelto en pañales y luego clavado a una cruz, cosa que descartaba como vil estupidez pagana. Nestorio era un personaje muy pagado de sí mismo, cosa que no le hizo universalmente popular pero que probablemente le valió el cargo de obispo de Constantinopla en 428. Fue el responsable de retomar el debate de la cristología allí donde Arrio se había visto obligado a abandonarlo. Sin tiempo para el paganismo o la herejía, le molestaban quienes se atrevían a llamar *Theotokos* a la Virgen María. Le había ofendido sobremanera un predicador llamado Proclo quien, por aquellas fechas, había pronunciado un sermón especialmente franco alabando a María como la *Theotokos*.

La Iglesia de Antioquía ardía en deseos de promocionar la naturaleza humana de Cristo, e inmediatamente después de su investidura Nestorio inició una violenta arremetida contra lo que consideraba una flagrante herejía. Convencido de que *Christotokos* era el único título apropiado para María, y de que *Theotokos* causaba una confusión aún mayor acerca de la divinidad o humanidad de Cristo, Nestorio escribió a su superior, el papa Celestino. Criticó duramente a la Iglesia de Alejandría y a su obispo Cirilo, por aquel entonces incontestable responsable de la política del brazo occidental de la cristiandad, quien aludía abiertamente a María como la «Madre de Dios».

Como era de esperar, algunos temibles pesos pesados se pusieron de parte de Cirilo, con inclusión de los obispos Juvenal de Jerusalén y Memnon de Éfeso. Éstos convencieron al papa Celestino de que Nestorio debía retractarse o hacer frente a la excomunión. Los obispos antioqueses del bloque oriental tomaron este ataque a su autoproclamado portavoz como un ultraje y opusieron enérgica resistencia a las amenazas contra Nestorio. Con los ánimos crispados, la cuestión de la *Theotokos* ganó en intensidad y, unos cien años después de que Arrio hiciese oír su retórica desde el púlpito, se convocó otro concilio general, esta vez en una pequeña y polvorienta ciudad portuaria llamada Éfeso, a orillas del Egeo.

Lo que ocurrió en Éfeso en el verano de 431 d.C. cambiaría la perspectiva que la Iglesia católica romana tenía de María. Al autorizar el concilio, en un intento por enfriar la temperatura en constante ascenso del debate y creyendo que Cirilo era el principal culpable de sembrar la discordia, el emperador Teodosio II pasó por encima del papa Celestino. Es probable que Teodosio eligiera Éfeso por pensar que se trataba de un lugar favorable para que Nestorio promocionara su argumento y saliera victorioso. Aquella parte del Mediterráneo oriental se hallaba bajo el poderoso influjo del ala oriental de la Iglesia, con sede en Constantinopla, y los obispos orientales se oponían con firmeza a elevar a María a una categoría equivalente a la de diosa. Éfeso también era una ciudad apropiada porque, en el siglo V, la tradición la había vinculado a María quien, según se decía, la había elegido para vivir con Juan. Sus ciudadanos habían levantado una basílica en su honor y fue precisamente en esa iglesia, un buen día de junio, casi cuatrocientos años después del acontecimiento de Belén que la sacaría del anonimato, donde dos bandos rivales de obispos se sentaron para debatir el futuro de María. Sin embargo, había una razón más por la que Éfeso constituía un marco significativo en el que reunir a doscientos clérigos para discutir la elevación de María a la categoría de *Theotokos*. Durante siglos había sido el centro de culto de otra *diva* legendaria, la diosa madre griega Artemis. Aun siendo la señora de la caza, en Asia era más conocida por su vínculo con la fertilidad y la fecundidad. Las estatuas que de ella se esculpieron en Éfeso poseen un estilo que bien pudo ser copiado de las imágenes maternales arcanas de la prehistoria, de senos maduros.

El Concilio de Éfeso resultó funesto para Nestorio. El papa Celestino no se opuso abiertamente a la decisión del emperador pero, entre bastidores, apoyaba la opinión de Cirilo de que debía concederse a María el título de *Theotokos*. Calculando con perspicacia lo que más le convenía, Memnon, obispo de la ciudad, también respaldó a Cirilo e hizo gala de tal hostilidad hacia Nestorio que a este último tuvieron que asignarle una guardia militar armada mientras permaneció en la ciudad.

Cirilo de Alejandría, un bravucón de lo más desagradable cuyo fanatismo y excesos eran de sobra conocidos, era un ferviente seguidor de Orígenes, el escritor alejandrino, y mostraba un saludable interés por la filosofía griega. Algunos historiadores lo han descrito como un individuo profundamente intolerante con los paganos pero quizá sería más exacto decir que era intolerante con quienquiera que discrepase de sus opiniones. Resulta interesante su evidente animadversión por el judaísmo ortodoxo, tan deseoso como Nestorio de convertir a María en diosa. Parece ser que en 415 Cirilo autorizó el linchamiento de Hipatia, la mujer alejandrina cuyos únicos crímenes aparentes eran ser filósofa neoplatónica, maestra pagana y mujer.

La manera en que se condujo el Concilio de Éfeso fue más bien fea. Sabiendo que muchos de los obispos que darían apoyo a Nestorio se habían retrasado *en route*, el contingente alejandrino convocó la crucial votación antes de la fecha establecida e hizo aprobar una moción a favor de «excluir a Nestorio de la dignidad episcopal así como del colegio sacerdotal». De hecho, decidieron quitarle su diócesis y hacerle *persona non grata* entre sus colegas del clero. Consolidaron la decisión con un anatema que favorecía al grupo de presión favorable al concepto de *Theotokos*, pero su ventaja no iba a durar mucho. Cuando estas irregularidades llegaron a oídos de Teodosio, proclamó un edicto imperial condenando la reunión. Una semana después, tras la llegada de los seguidores de Nestorio encabezados por Juan de Antioquía, una segunda reunión del concilio excomulgó a Cirilo y Memnon por su conducta carente de principios. Fue de crucial importancia, no obstante, que la asamblea no diera su apoyo a Nestorio y, al final, el papa Celestino refrendó el argumento de Cirilo. En un paso de inmensa importancia para la percepción futura de María, se inscribió el título de *Theotokos* en la doctrina oficial tanto de Oriente como de Occidente.

12

Reina del Cielo

Después del Concilio de Éfeso de 431 los ánimos estaban tan encendidos que Cirilo y Memnon fueron metidos en prisión por orden de Teodosio II para que se calmaran mientras que Nestorio regresó a su monasterio de Antioquía para pasar la jubilación recluido. Dos años más tarde, en 433 d.C., Juan de Antioquía llegó a la conclusión de que el argumento de Nestorio era válido. Decidió guardar silencio, no obstante, y sólo admitió una definición de compromiso de la *Theotokos* que había sugerido Teodoreto, un destacado teólogo sirio que fue titular del obispado de Chipre y que murió en 466. La explicación que proponía Teodoreto era en buena medida un «apaño», pues declaraba que Cristo era de una sustancia pero de dos naturalezas, mas aun así satisfizo a los teólogos de Antioquía y dio en conocerse como el *Formulario de unión*. Cirilo estampó su firma en el documento.

> Dios perfecto y hombre perfecto compuesto de alma racional y cuerpo, de una sola sustancia con el Padre como Altísimo, de una sola sustancia con nosotros como Hombre, de modo que se da la unión de dos naturalezas; por este motivo confesamos que Cristo es uno y María la madre de Dios.

Una incómoda tregua se prolongó durante otros dieciséis años, pero la controversia se resistía a desaparecer y, en 451,

Teodosio convocó una segunda reunión, esta vez en una ciudad a orillas del Bósforo. Celebrada bajo el papado de León y llamada Concilio de Chalcedon, otorgó otro título a María, el de *Aieparthenos* o «Virgen-Eterna», como ratificación del argumento de que durante su vida María nunca participó en actividades sexuales. Hubo que esperar hasta 649 d.C., durante el Primer Concilio Luterano celebrado bajo la presidencia del papa Martín I, para que *Aieparthenos* fuese incorporado al dogma del catolicismo, pero el asunto obligó a Teodoreto, sin lugar a dudas, a condenar a Nestorio.

> Anatema para Nestorio y quienquiera que no llame *Theotokos* a la Virgen María y quienquiera que divida al Hijo unigénito en dos hijos. Yo mismo he suscrito la definición de fe y la carta del reverendísimo arzobispo León; ésta es mi opinión. ¡Y que al final todos seáis salvados! [*Graec. Affect. Curat.*]

Naturalmente, no todos los miembros del bando cristiano estuvieron de acuerdo con este proceso de apoteosis. El obispo Epifanio había escrito en una de sus diatribas contra las herejías sobre aquellos que «en su locura, deseosos de exaltar a la Virgen Bendita, la han puesto en el sitio de Dios». [*Panarion* 78, 23]

El ascenso de María a la fama se aceleró en el siglo V. La discusión sobre la categoría de Cristo tuvo que ser en extremo provechosa para quienes, como Cirilo, estaban resueltos a conferir a María una categoría equiparable a la de una divinidad. Les dio pie a justificar el cambio del título de *Christotokos* por el de *Theotokos* al tiempo que evitaban quedar expuestos a críticas por estar promoviendo argumentos paganos.

Presentar a María como la *Theotokos* fue un auténtico alarde de relaciones públicas, ya que así se devolvía un mensaje inflexible a varias sectas, con inclusión de los docéticos, los maniqueos, los marcionitas y otros, las cuales sostenían que Cristo nunca había sido humano y que la figura de su «madre», por consiguiente, resultaba irrelevante. Por desgracia, los demagogos partidarios de la *Theotokos* parece que a menudo recurrieron al más burdo soborno ideológico, como el que preconizaba san Gregorio de Nazianzo a mediados del siglo IV: «Cualquiera que no acepte a santa María como la *Theotokos* no está con el Altísimo.»

Lo que surgió fue una confusa mezcla de ideología con lo que, desde el punto de vista cristiano, sería un linaje de lo más dudoso. La afirmación de que María había concebido inmaculadamente de un dios era un tema de origen pagano que, no obstante, fue adoptado por portavoces cristianos como Jerónimo, Orígenes, Ambrosio y Agustín como base de un argumento absolutamente infundado según el cual María siempre rehuyó las relaciones sexuales. Jamás consignada en los relatos canónicos, la *Aieparthenos* fue prácticamente pasada por alto por san Pablo y otros cristianos del siglo primero y contradicha en varios textos apócrifos. El título de *Theotokos* que María acababa de recibir tenía claras resonancias paganas y se dice que Nestorio hizo pública en Éfeso la súplica siguiente: «¡No convirtáis a María en una diosa!» Sin embargo, la moción de la *Theotokos* se sometió a votación. Puede que sus partidarios alegasen en justa defensa que otorgar a María el título de «Madre de Dios» no la convertía en diosa. Sea como fuere, al cabo de un espacio de tiempo relativamente corto, se utilizó como justificación para colmarla con la clase de adoración que de otro modo se habría reservado para una deidad.

La concesión del título de *Theotokos* constituyó un mero punto de partida para la transformación de María. Tras elevarla desde su condición de ama de casa a la de Madre de Dios, los traficantes de influencias, dirigidos por hombres como Cirilo de Alejandría con el respaldo de la corte imperial romana, se pusieron a promover una imagen pública todavía más asombrosa si cabe. La madre terrenal de Jesús iba a ser presentada como la estrella de una obra apócrifa de misterio con un nuevo personaje que al mismo tiempo trascendía y distorsionaba la realidad de su vida. Desde un punto de vista del siglo XX, sería muy afín a la imagen creada para una «diosa» de la gran pantalla; en el clima religioso del siglo V, sin duda transmitió en buena medida el ideal de una *diva* «aséptica».

Este proceso se debió, en gran parte, al modo en que se estaba extendiendo la popularidad del cristianismo en general. El movimiento había empezado a atraer a miembros influyentes de la comunidad, sobre todo en las principales villas y ciudades, quienes supieron ver los cambios que se avecinaban en el ámbito espiritual. Desde más o menos 391 d.C., el emperador Teodosio había empezado a proclamar una serie de severos edictos contra el paganismo, cuya finalidad última era hacer del cristianismo la religión exclusiva del imperio. Los traficantes de influencias y los miembros más acomodados de la sociedad empezaron a subirse al carro de la conversión, tendencia que fue cobrando progresivo impulso. Gracias al dinero la Iglesia estaba en condiciones de controlar los medios de comunicación. Los misioneros cristianos podían permitirse emplear a calígrafos para difundir su ideología. Hace dos mil años, cualquiera que desease promover ideas políticas o religiosas precisaba los servicios de estos especialistas en la redacción de manuscritos, pero los calígrafos, por lo general esclavos vendidos en los mercados, escaseaban y, como consecuencia, su talento era una mercancía cara. Una vez que la clase dirigente cristiana descubrió que «poderoso caballero era don Dinero», se hizo aprisa con el talento disponible y, a la inversa, disminuyeron las oportunidades de que otros divulgaran la versión pagana de los acontecimientos. Este desequilibrio en el frente de las relaciones públicas no sólo contribuyó a eliminar la difusión de ideas puramente paganas sino que también redujo el alcance de las ideas cristianas no ortodoxas, las cuales se juzgaba que revelaban enseñanzas heréticas.

El control sobre los medios de comunicación posibilitó que los elementos polémicos de las vidas de Jesús, María y los apóstoles fuesen alterados o totalmente suprimidos y reemplazados con perfiles que los Padres de la Iglesia consideraban más afines al pensamiento vigente. En el caso de María, su biografía, a partir de principios del siglo V, fue alejándose progresivamente de cuanto quepa hallar en los textos cristianos antiguos.

Las intrigas de los concilios ecuménicos de Éfeso y Chalcedon dejan bastante claro que, aparte del romanticismo y las aspiraciones que cambiaron la percepción de María por la «gente corriente», el relato mariano más formal estaba bajo el control de ciertas directrices acordadas, aunque éstas no gozaran de un apoyo universal. Venían a ser, poco más o menos, las mismas que la Iglesia católica reconoce en la actualidad. El origen galileo de María con su apostasía, las mujeres de la genealogía de Mateo, las acusaciones de adulterio, el nacimiento de Jesús en un santuario pagano, las imputaciones de incesto, el retiro a una ciudad dominada por el culto a una diosa: todos estos aspectos cayeron en el olvido. Llegados al siglo V María se presentaba como la encarnación de la castidad y casi todos los elementos originales de su vida que insinuaban inclinaciones paganas habían sido suprimidos o se hacía caso omiso de ellos. Incluso el Banquete de la Presentación, que señalaba su educación en el Templo, fue reemplazado por el Banquete de la Purificación, que celebraba su visita al Templo como madre tras el nacimiento de Jesús. De ahí se desprende que el bando ortodoxo, personificado en el viejo grupo de presión de Antioquía, ejercía presión sobre los cristianos que quizá fuesen más próximos al punto de vista alejandrino con el propósito de eliminar uno de los aspectos más incómodos de la vida de María, aspecto que la vinculaba a la diosa madre. La existencia y las creencias de los devotos marianos propaganos han sido suprimidas en gran parte de los archivos aunque todavía sigue siendo perceptible en los escritos de cazadores de herejes como Ireneo, Orígenes y Epifanio.

En el arte de ese periodo también cabe hallar rastros a todas luces paganos. El arte constituía una de las herramientas de propaganda más importantes en una época en que una vasta proporción de la población era analfabeta, incapaz de entender el latín y el griego en los que estaba escrito la mayor parte del debate teológico. Desde cosa de finales del siglo II, la pintura y la escultura nos han legado un reflejo de los mismos elementos confusos que hallamos en los textos. Los eruditos cristianos han intentado defenderlos como préstamo legítimo para expresar las aspiraciones de la nueva religión, mas los frescos y mosaicos antiguos que representan a María revelan una imaginería cuya explicación no resulta nada convincente. La impresión artística formal ha sido, como era de esperar, la de una doncella casta y virginal. María aparece, a menudo en el contexto de la Natividad o la Adoración de los Reyes Magos, luciendo el tocado judío típico y una toga amplia y bastante austera que le cae hasta los pies formando sobrios pliegues. Nos quedamos sin la menor insinuación de un pecho, salvo si está dando de mamar, o de un tobillo torcido con gracia. Un fresco del siglo XVIII, *Las tres madres milagrosas de la Nueva Alianza* de Santa María Antigua, en Roma, constituye un buen ejemplo de esto perteneciente a un periodo un tanto posterior.

Tan austeros y castos retratos, sin embargo, no son los únicos existentes. La desvaída decoración de algunas de las iglesias antiguas de Roma y otros lugares de la región mediterránea presentan detalles que reflejan la batalla ideológica sobre la imagen de María entre pintores y escultores. Estas obras constituyen vestigios de una moda artística que antaño gozó de popularidad y que desapareció prácticamente por completo durante las purgas de que fueron objeto todas las imágenes religiosas a lo largo de los siglos VIII y IX. En lo que atañe a la verdadera María, sólo nos quedan algunas piezas dispersas que la política de la Iglesia no consiguió erradicar.

La catacumba romana de una devota cristiana llamada Priscila, que data de finales del siglo II o principios del III, contiene una de las imágenes más antiguas que se conservan de María y el Niño Jesús y, si bien puede parecer no ser más que una burda caricatura, incluye un rasgo muy peculiar. La mayoría de artistas cristianos antiguos, cuando no representaban a María con el pelo cubierto, lo hacían bien con el pelo corto y pegado a la cabeza, bien recogido en un moño rematado con una corona. El moldeado de los cabellos en el mural de la catacumba, sin embargo, guarda mucho parecido con la letra griega *omega* con sus extremos inferiores curvados hacia fuera, haciendo caso omiso de la moda del momento. Podemos descubrir el mismo peinado en un díptico de marfil del siglo VI, procedente de Constantinopla y conservado en el Ehemals Staatliche Museen de Berlín, en el que María y Cristo figuran entronizados juntos.

En buena parte del mundo pagano antiguo el dibujo de la *omega*, asociado con la fertilidad y el útero, estaba cargado de un significado críptico basado, irónicamente, en un malentendido sobre la anatomía femenina. Los conocimientos ginecológicos de la época eran en extremo elementales, basados principalmente en la observación de cuerpos de animales muertos cuyo funcionamiento interno se suponía semejante al de las personas. No obstante, si se corta por la mitad el útero de un animal doméstico de pezuña como una vaca, a diferencia del útero humano, aquél parecerá una *omega*. Un colgante de oro hallado en el yacimiento de la antigua capital cananita de Ugarit y fechado hacia 1500 a.C., conservado en el Louvre de París, muestra la diosa siria Astarté luciendo un peinado casi idéntico. Muchas de las *divas* paganas se representaban con estos tocados uterinos para simbolizar su fertilidad, y a veces el útero se invertía para convertirse en un par de «cuernos» que abrazaban un disco solar. La diosa egipcia Isis aparece con frecuencia llevando esta clase de casco. También hay quien cree que el dibujo de la *omega* está inspirado en el jeroglífico egipcio *SA*, asociado con la fertilidad y el nacimiento.

La inclusión del simbolismo de la *omega* no fue la única deferencia que el arte cristiano antiguo relacionado con María tuvo para con la más pura ideología pagana. Más o menos a partir del siglo IV se puso de moda representar a un trío de *maryams* visitando el sepulcro de Jesús; posiblemente fuese una copia del tema de las tres diosas madre, como las «Matres» que popularizaron los romanos. Uno de los mejores ejemplos se encuentra en una tabla romana de marfil tallado, fechada a finales del siglo IV o principios del V (actualmente en el Bayerisches Nationalmuseum de Múnich). De estilo helenístico, representa a la tres Marías con vestidos casi idénticos alineadas ante la tumba mientras Cristo trepa por una escalera de nubes hacia el cielo. La nueva mitología mariana, aunque se le haya dado la apariencia de tener un respetable origen judeocristiano, era de una naturaleza sólidamente pagana en su esencia.

Así como en la mitología mesopotámica la diosa de la fertilidad, Ishtar, se oponía a su álter ego Ereshkigal, reina del averno, María fue promovida como la antítesis de Eva y como la virgen inmaculada que se alzaba para invertir el legado de muerte de su homóloga. Ishtar, la apoteosis de la vida, había triunfado sobre la muerte por intervención del panteón celestial. La virginidad, según el razonamiento cristiano, era la clave para alcanzar un éxito semejante. San Agustín confirmó que María fue «una Virgen que concibe, una Virgen que da a luz, una Virgen preñada, una Virgen que pare, una Virgen Perpetua» [*Sermones* 186, 1]. La estrafalaria reivindicación de que tanto María como Ana, su madre, habían sido vírgenes eternas ahora era aceptada por los principales responsables de la política cristiana.

La afirmación de que María fue una célibe de por vida que experimentó la inmaculada concepción y el nacimiento virginal la apartaba, de un plumazo, del ciclo de sexo, pecado y muerte, elevándola a una posición única. Su triunfo como paradigma de la virtud tuvo el efecto de distanciarla de la mayoría de madres. Además se exhortaba a todas las mujeres a seguir su ejemplo. Los Padres de la Iglesia no podían instar a otra cosa a su rebaño femenino sin socavar el dogma cristiano fundamental y exclusivo que relaciona el sexo con el pecado y la muerte. Las mujeres, cuyo papel en la sociedad era la maternidad, eran las responsables de estos tres problemas según algunos incondicionales como san Agustín. Pasando por alto el hecho de que tal razonamiento no se encontraba en las escrituras del Antiguo Testamento, Agustín clamó contra toda clase de sexualidad, pregonando a los cuatro vientos que el sexo era el fatídico error original perpetuado por las mujeres mortales, y que la abstención era la única defensa segura.

> Por derecho divino la continencia es preferible a la vida conyugal, y la piadosa virginidad al matrimonio.
>
> [*Sobre la santa virginidad* 1, 1]

Cualquier insinuación de que María hubiese participado del trato carnal fue eliminada con firmeza y una vez establecido el acuerdo sobre el requisito esencial de su celibato, lo que siguió no dejó de resultar sorprendente.

El siguiente paso importante fue convertir a María en cónyuge de un «matrimonio» celestial con su hijo. Sin embargo, la imaginería de un matrimonio sagrado era estrictamente pagana. Procedía de Mesopotamia, donde la diosa y su esposo semidiós interpretaban el papel de madre e hijo, novia divina y amante. Los profetas del Antiguo Testamento habían tomado prestado el tema de una pareja soberana y lo hicieron aceptable primero eliminando el componente sexual y luego invirtiendo la preponderancia entre la diosa y su consorte. Esto se ajustaba al principio de que el Dios de Israel era varón aunque, curiosamente, implicaba que no era soltero. En varias partes del Libro de Isaías surge la preocupación por la alegoría espiritual de una precaria y a menudo airada relación conyugal entre Yahvé, el dios vengativo, y Jerusalén, su novia infiel, cuyo pueblo comete licencioso adulterio con ídolos extranjeros.

> Pues al modo que vive en paz y alegría un mancebo con la doncella que se escogió para esposa, así tus hijos morarán en ti;

> y como el gozo del esposo y de la esposa, así serás tú el gozo de tu Dios. [Is. 62, 5]

Más revelador de una sociedad cuya mitología suscribía una presencia masculina célibe en los cielos resulta el siguiente pasaje del Libro de los Proverbios. Indica que Dios poseía un cónyuge desde los inicios cósmicos. Por lo general se considera a dicho cónyuge de género femenino (desde un punto de vista puramente cristiano se ha interpretado como Sophia o sabiduría) y parte de la descripción, «y eran mis diarios placeres el holgarme continuamente en su presencia [...] siendo todas mis delicias el estar con los hijos de los hombres», otorga a la relación un carácter netamente sexual.

> Desde la eternidad tengo yo el principado de todas las cosas, desde antes de los siglos, primero que fuese hecha la tierra. Todavía no existían los abismos o mares, y yo estaba ya concebida; aún no habían brotado las fuentes de las aguas, no estaba sentada la grandiosa mole de los montes, ni aún había collados, cuando yo ya había nacido; aún no había criado la tierra, ni los ríos, ni los ejes del mundo. Cuando extendía él los cielos estaba yo presente; cuando con ley fija encerraba los mares dentro de su ámbito, cuando establecía allá en lo alto las regiones etéreas y ponía en equilibrio los manantiales de las aguas, cuando circunscribía al mar en sus términos, e imponía ley a las aguas para que no traspasasen sus límites; cuando asentaba los cimientos de la tierra; con él estaba yo disponiendo todas las cosas; y eran mis diarios placeres el holgarme continuamente en su presencia, el holgarme en la creación del universo; siendo todas mis delicias el estar con los hijos de los hombres.
>
> [Pr. 8, 23 y ss.]

Al seguir el rastro a la idea de un matrimonio celestial más avanzada la era cristiana descubrimos que el énfasis vuelve a cambiar, con evangelistas como Juan sustituyendo la «Nueva Jerusalén» por la novia que, lejos de ser veleidosa y reincidente, se ha transformado en la virgen inocente y pura.

> Gocémonos y saltemos de júbilo, y démosle la gloria; pues son llegadas las bodas del Cordero, y su esposa se ha puesto de gala [...] Y yo, Juan, vi la ciudad santa, la nueva Jerusalén, descender del cielo por la mano de Dios, compuesta, como una novia engalanada para su esposo. [Ap. 19, 7; 21, 2]

> Vino después un ángel de los siete que tenían los cálices llenos de las siete plagas postreras, y habló conmigo, diciendo: Ven, y te mostraré la esposa, novia del Cordero. Con esto me llevó en espíritu a un monte grande y encumbrado, y mostróme la ciudad santa de Jerusalén, que descendía del cielo y venía de Dios. [Ap. 21, 9-10]

En su carta a los Efesios, Pablo, que nunca fue un gran defensor de la emancipación de la mujer, compara a la esposa con la Iglesia.

> Por cuanto el hombre es cabeza de la mujer, así como Cristo es cabeza de la Iglesia, que es su cuerpo, del cual él mismo es salvador. De donde así como la Iglesia está sujeta a Cristo, así las mujeres lo han de estar a sus maridos en todo. [Ef. 5, 23-24]

Partiendo de esta idea cristianizada de la relación entre cónyuges celestiales resultó relativamente fácil dar el paso de identificar a María con la Iglesia y, por consiguiente, situarla en un matrimonio espiritual con Dios. María devino la novia de Jesús, su hijo divino, y José, su marido, se consideró irrelevante.

Muchos de los comentaristas antiguos reivindicaron este noviazgo, aplicándolo no sólo a María sino a cualquier mujer que adoptase una vida de devoción a Cristo. En la que quizá sea la más famosa de las cartas de Jerónimo, escrita a una monja llamada Eustaquia en 384., éste hizo hincapié en la imaginería nupcial.

> ¿Qué necesidad tienes de cerrar las puertas de tu corazón al Novio? Déjalas abiertas para Cristo pero cerradas para el mal

según el refrán: Si el espíritu de quien tiene poder se alza contra ti, no abandones tu puesto.

Si alguna de tus siervas comparte tu vocación, no te alces contra ella ni te enorgullezcas por ser su señora. Todas vosotras habéis elegido a un Novio, todas cantáis los mismos salmos; juntas recibís el Cuerpo de Cristo.

[Jerónimo, *Cartas*, 26, 29]

La Iglesia aprobó este retrato de María comprometida con un sublime amor espiritual, pero al parecer hizo poco por evitar la aparición de una interpretación más física. En un breve espacio de tiempo, como veremos, el mundo del arte empezó a incorporar simbolismos a las imágenes de Jesús y María, dejando entrever la intimidad sexual de la que gozan marido y mujer. María, la madre, se presentaba como la novia incestuosa del hijo. ¿Por qué los Padres de la Iglesia introdujeron voluntariamente elementos polémicos que luego defendieron pese al riesgo de suscitar controversia? No debemos olvidar un pasaje como el de la *Genna Marias* que cita Epifanio. Éste daba a entender que Jesús cometió un acto ritual de incesto con su madre, en presencia de María de Magdala, «tras llevársela a solas a la montaña [monte de los Olivos], donde rezó, hizo aparecer a una mujer y comenzó a fornicar con ella, invitándola a compartir su emisión». La única conclusión posible es que había presiones por parte de quienes estaban resueltos a conservar principios paganos en el personaje de María.

Uno de los recursos del que ambos bandos hicieron uso en su defensa de la alianza nupcial entre María y Jesús fue sin duda el *Canticum canticorum* o Cantar de Salomón. La vinculación de determinados pasajes ostensiblemente sexuales con María se alcanzó porque, a pesar de la naturaleza del asunto, el hecho de que el Cantar estuviese incluido en el canon judío le otorgaba sólidas credenciales: era una obra poética consagrada por la tradición. Los grandes hombres del pasado no lo habían encontrado más ofensivo que una alegoría sobre el amor espiritual y, compuesto como un dueto poniendo énfasis en el cónyuge femenino, constituye uno de los pocos textos del Antiguo Testamento donde no prevalece un sentido del predominio masculino. El hecho de que en el siglo I d.C. algunos eruditos judíos hubiesen empezado a cuestionarse si era apropiado mantenerlo como parte del canon judío se dejó convenientemente de lado.

Desde un punto de vista cristiano ortodoxo, la letra del Cantar vino a representar una sublime asociación entre Yahvé e Israel que había sido transferida a Cristo y la Virgen y que era emulada por los seguidores cristianos en su disciplina de devoción y castidad. Hacia el año 200, Hipólito, uno de los más oscuros escritores cristianos antiguos de Roma, había insistido en que el Cantar describía el amor entre Cristo y la Iglesia. Este parecer obtuvo el respaldo de Orígenes, quien había reconocido su naturaleza sexual pero sentía que, en un sentido más elevado, hablaba de una relación pura. San Jerónimo recurrió con frecuencia al Cantar cuando escribió a Eustaquia, contentándose con pasar por alto el significado ostensiblemente sexual de los pasajes que citaba.

> Cuando el sueño te venza, Él [el novio] vendrá y meterá Su mano por el agujero de la puerta, y tu corazón se emocionará por Él; y te despertarás, te levantarás y dirás: Estoy enferma de amor. Entonces Él contestará: Un jardín vallado es mi hermana, mi esposa; un manantial cerrado, una fuente sellada.
>
> [Jerónimo, *Cartas*, 25]

El pasaje «un jardín vallado es mi hermana, mi esposa; un manantial cerrado, una fuente sellada», presentado como prueba del antiquísimo carácter sagrado de la virginidad, ha seguido empleándose en las iglesias hasta nuestros días. Quienes aceptan dicho pasaje lamentablemente pasan por alto el hecho de que la mujer en realidad está aguardando la llegada de su amante. Él viajaba desde el norte, fluyendo desde las colinas como las aguas que dan vida a la agostada llanura mesopotámica, y pocos momentos después ella exclamaba apasionadamente: «Que mi amado penetre en su jardín y coma sus agradables frutos.» Aunque la mujer del Cantar pudiese reivindicar su virginidad al principio, ¡sin duda estaba llamada a perderla!

El uso del Cantar no contó con la aprobación de todos los cristianos. Hacia el final del siglo IV, Teodoro de Mopsuestia se alzó contra la corriente de opinión ortodoxa alegando que *sí* constituía material erótico, y el monje romano Joviano, contemporáneo suyo, adoptó una postura semejante cuando atacó la superioridad del celibato. No obstante, estos portavoces eran minoría y solían acabar condenados por herejes. La mayoría restante insistía en la pureza ejemplar del Cantar. Para establecer una analogía, sería como si en la época medieval, alguien que buscara impunidad para airear un tema con muchas probabilidades de levantar ampollas en la opinión pública se hubiese servido de material obsceno sacado de los *Cuentos de Canterbury* de Chaucer alegando que «éstas no son mis palabras. Me he limitado a copiarlas inocentemente de una obra maestra clásica. ¿Acaso mis detractores pretenden criticar a Chaucer?».

Con vistas a establecer adecuadamente la posición de María como novia celestial, hubo que escribir otra obra de ficción. La tradición ya había consolidado que Jesús se había transportado encarnado al cielo y que, si su madre tenía que ser su consorte, lo lógico sería que se reuniese con él de forma similar. Se hablaba de Asunción Carnal, la idea fantástica de que María no había muerto sino que había abandonado la tierra, cuerpo incluido, mediante alguna clase de milagro que emulaba el de la Resurrección de Cristo. Resultó fácil especular sobre lo que había ocurrido exactamente con sus restos mortales porque no había cadáver, ni tumba, y sí una ausencia absoluta de reliquias verificables. En lo que respectaba a los Evangelios canónicos, el acontecimiento había pasado desapercibido y varios de los relatos apócrifos de su muerte eran prolijos, deshilvanados y salpicados de burda hechicería. En la traducción latina de un manuscrito griego que toma su nombre de un obispo de Sardis del siglo II, el *Pseudo Melitón*, los apóstoles son llevados ante el lecho de muerte de María por arte de magia.

> Y he aquí que, de pronto, por orden de Dios, todos los apóstoles fueron alzados a una nube y llevados de los lugares donde se encontraban predicando para ser depositados ante la puerta de la casa donde moraba María.
>
> [*Pseudo Melitón* 5, NTA]

Los elementos de cuento de hadas plasmados en la Dormición y la Asunción carnal comenzaron a tomar forma durante el siglo III en el ala oriental de la cristiandad. Uno de los primeros relatos fragmentarios, las *Exequias de la Santa Virgen*, escrito en siriaco por un autor anónimo en algún momento entre el principio del siglo III y mediados del IV, y hallado a mediados del siglo XIX, refiere una conversación que supuestamente tuvo lugar ante la tumba de María. Un grupo de discípulos, con inclusión de Pablo, discutía la política que debía seguirse para predicar el mensaje cristiano cuando se les apareció Jesús, quien llamó al arcángel Miguel y le ordenó que llevara el cadáver de María al cielo. [Fragmento de relato sirio, versión E.ii, (Wright, 1865, p. 42).]

El texto griego conocido como *Asunción de la Virgen*, atribuido al evangelista Juan, aporta otros detalles y resulta significativo en varios sentidos. Expone que el periodo entre el funeral de María y el descubrimiento de su tumba vacía fue de tres días, el mismo espacio de tiempo que el asignado a la Resurrección de Cristo. El factor tiempo también presenta claras reminiscencias de las antiguas tradiciones paganas de Inana e Ishtar, quienes se consumieron durante tres días en el averno antes de la resurrección de su cuerpo.

> Los apóstoles acarrearon el lecho y depositaron su cuerpo santo en una tumba nueva de Getsemaní. Y he aquí que un dul-

ce perfume surgió del santo sepulcro de nuestra señora la madre de Dios: y hasta que pasaron tres días se oyeron las voces de unos ángeles invisibles que glorificaban a Cristo nuestro Dios que había nacido de ella. Y cuando el tercer día tocó a su fin dejaron de oírse las voces, y fue entonces cuando todos percibimos que su precioso cuerpo inmaculado se trasladaba al paraíso. [*Asunción* 48, ANT]

Este texto griego es uno de tantos de los que refieren la profanación de que fue objeto el cadáver de María por parte de los judíos, aunque esta versión da a entender que se trató de un acto premeditado e incluso que María tenía conciencia del mismo antes de morir.

La santa madre de Dios contestó y me dijo: Los judíos han jurado que cuando llegue mi hora quemarán mi cuerpo.
[*Asunción* 10, ANT]

El mismo texto presenta como una falacia la enérgica negativa de la Iglesia católica romana conforme María no es el objeto de veneración. Desde un punto de vista cristiano, la veneración es una forma de adoración reservada específicamente para una deidad, y aquí hallamos una confirmación inequívoca de la veneración que los apóstoles rinden a María.

Y nos aproximamos a la madre de Dios nuestro Señor y la veneramos.

Contemplamos [...] cómo todos los coros de los santos veneraban el precioso cuerpo de la madre del Señor.
[*Asunción* 15 y 49, ANT]

El *Pseudo Melitón* amplía el incidente de la Asunción con detalles pintorescos.

Y dijo el Señor: Levántate amada mía de mi sangre; tú que no sufriste corrupción mediante la unión de la carne no sufrirás

> la disolución del cuerpo en el sepulcro. Y de inmediato María se levantó de la tumba y bendijo al Señor y se postró a sus pies, diciendo: Soy incapaz de darte las gracias que mereces, oh Señor, por los innumerables favores que has concedido a tu sierva [...] y el Señor la besó y se marchó, entregándola a los ángeles para que la llevaran al Paraíso. [*Pseudo Melitón* 17, 1 y ss., ANT]

Llegado el siglo XVII las diversas corrientes míticas relacionadas con la muerte de María fueron aceptadas como el fundamento de una tradición histórica más consistente que se formalizó en el *Transitus*, el paso de la tierra al cielo y de la vida a la muerte. Hacia el año 600, el emperador romano bizantino Mauricio introdujo la Festividad de la Dormición, celebrada el 15 de agosto, en el calendario religioso, y tenemos constancia de su celebración en Occidente, concretamente en la Galia, menos de cincuenta años después. En el siglo VIII, bajo el papa Nicolás I, la celebración de la muerte y la mudanza del cuerpo de María al cielo cobró el mismo grado de importancia en la ronda de festividades de la Iglesia que la Encarnación y Resurrección de Cristo. El nombre parece haber cambiado formalmente al de Festividad de la Asunción en algún momento del siglo IX, cuando aparece por primera vez en los calendarios litúrgicos.

Una vez que los mitos de la asunción carnal de María y su matrimonio con Cristo se habían reconocido oficialmente, el terreno estaba allanado para la incorporación del tercer elemento pagano al dogma romano católico de María, el de *Regina coeli*, la Reina del Cielo. Si los galardones de Madre de Dios y Novia de Cristo resultaban polémicos, más difícil tuvo que ser para los Padres de la Iglesia más ortodoxos tolerar, por infame, el título de «Reina del Cielo». Jeremías, escritor del Antiguo Testamento, lo había utilizado abiertamente al referirse a Ishtar, la gran diosa de la fertilidad de Babilonia.

> Los hijos recogen la leña, encienden el fuego los padres, y las mujeres amasan la pasta con manteca, para hacer tortas, y

presentarlas a la que adoran por reina del cielo, y ofrecer libaciones a los dioses ajenos, y provocar mi ira. [Jer. 7, 18]

Cumplamos los votos que hicimos de ofrecer sacrificios y libaciones a la reina del cielo. [Jer. 44, 25]

Los fieles al culto mariano que, no obstante, abrigaban tendencias paganas sin duda habrían encontrado atractivo que tal honor recayera en su *diva*. Lo que resulta menos fácil de comprender, sin embargo, es por qué las fuerzas ortodoxas se avinieron a adoptarlo.

El arte cristiano antiguo proporciona la muestra más convincente de la ascensión de María a la realeza celestial e indica que se trató de un proceso gradual. Al principio la tendencia era representarla modestamente como una madre terrenal con su hijo mientras que las imágenes de Cristo, a menudo trabajadas a conciencia, a veces le conferían el aspecto de un emperador romano. Así, por ejemplo, en 306 d.C., Constantino el Grande encargó y erigió en la basílica de San Juan en Laterano un par de imágenes a tamaño natural de Cristo *imperator*, ambas modeladas en plata maciza. Ahora bien, a medida que María fue ganando popularidad, comenzó a producirse un sutil cambio de énfasis: Cristo tendió a bajar de categoría y sus iconos se vieron progresivamente eclipsados por los de su ascendente madre. Esto no significa que los artistas dejaran de representar a Cristo Rey sino que en los retratos marianos comenzaron a emitir mensajes que hablaban de un estatus regio.

Hacia mediados del siglo V, durante la construcción de la gran iglesia romana de Santa María la Mayor bajo los auspicios del papa Sixto III, un grupo de acaudalados mecenas financió la creación de mosaicos que representaban diversas escenas bíblicas y que fueron colocados en los muros laterales y en el arco triunfal. Algunos de los que describen la Natividad en Belén muestran a María en el papel de una madre claramente subordinada a Cristo. Sin embargo, también hay un grupo de retratos que encargara un benefactor anónimo y que en la actualidad se considera que marca el hito entre la María plebeya y la María reina. Trágicamente para nosotros, ahora estas obras aparecen tan desgastadas que no queda ni rastro de ellas pero sabemos por comentarios históricos que María iba vestida como una emperatriz romana o *augusta* y que estaba sentada ante una fila de mártires que le ofrecían sus coronas.

María terminaría por ser retratada como una auténtica reina celestial pero primero se la representó como una soberana *terrenal* ante quien doblaban la cerviz pontífices y emperadores por igual. Las razones probablemente tuvieron más que ver con la política que con los ideales paganos. Durante el reinado del emperador Diocleciano, que comenzó en 284, se estaba tramando la escisión del mundo romano en dos partes geográficamente definidas. Occidente, de hecho Europa, sería gobernado desde Roma y todo lo que quedaba al este del Egeo se controlaría desde Nicomedia, sita en el extremo oriental del mar de Mármara, en Anatolia. Con vistas a facilitar la división, en 293 Constantino y Galerio fueron nombrados cocésares de Occidente y Oriente. La partición formal tuvo lugar en Milán en 313 durante un encuentro entre los emperadores Constantino el Grande y su homólogo oriental, Licinio.

La separación bajo el mando de dos jefes de Gobierno iba a marcar el principio del fin del Imperio romano, pues sentó las bases de una época de rivalidad crónica y a veces enconada entre ambas alas y, al año siguiente, comenzaron unas hostilidades en las que Licinio fue derrotado. Constantino decidió trasladar su sede lejos de Roma. En el emplazamiento de la pequeña villa de Bizancio, un poco al norte de Nicomedia, construyó la nueva capital de Oriente, a la que llamó Constantinopla. Esta incómoda tregua se prolongó hasta 455, cuando los vándalos saquearon Roma, los reyes lombardos se establecieron en el norte de Italia y la sede del poder civil se trasladó permanentemente a Constantinopla desde donde los emperadores bizantinos supervisaron el declive del poderío romano.

Mucho antes de esto, no obstante, ambas alas habían tendido a separarse culturalmente, con el efecto de que mientras en Roma se hablaba latín, en Nicomedia se hablaba en griego. La Iglesia cristiana quedó dividida ciñéndose a lindes similares y con el tiempo fue creciendo una fuerte rivalidad entre Oriente y Occidente por la supremacía ética y moral. La doctrina que promovía Oriente se convirtió en la ortodoxia griega mientras que la de Occidente pasó a ser el catolicismo romano. María estaba destinada a ser venerada casi exclusivamente como la *Theotokos* en Oriente mientras que en el Occidente católico romano se hacía igual hincapié en su condición de *Theotokos* y en su permanente virginidad. En Occidente, se admitió a María como reina porque la Iglesia de Roma decidió que al presentarla con regios ropajes sería identificada como símbolo de su autoridad civil. Debemos recordar que la Iglesia romana no se preocupaba sólo del bienestar espiritual de su rebaño, sino que también ejercía un inmenso poder político. Conceder a María una realeza temporal probablemente fue una idea sagaz en un periodo en el que Roma se sentía cada vez más vulnerable, tanto a un ataque de los lombardos como a la pérdida de su posición a favor de la Iglesia oriental. La moda de la realeza de María no gozó de una popularidad universal. Quizá no tenga nada de sorprendente que los patriarcas bizantinos pusieran objeciones aduciendo que al investir a la *Theotokos* con el boato del poder terrenal se corría el riesgo de desdibujar su carácter sobrenatural. Por el momento, no obstante, dicha política parecía imparable y los artistas siguieron venerando a María como reina terrenal. Éste fue el inicio de un viaje artístico que, en cuestión de cien años, una vez reconocida oficialmente la Asunción, representaría a María en su nueva condición *celestial*.

Una de las primeras pinturas que revela el atuendo real completo puede verse en la iglesia romana de Santa María Antigua. Realizada a principios del siglo VI, muestra al niño Jesús en el regazo de María, engalanada con los opulentos ropajes de la corte bizantina. Tiene la mirada fija, imperiosa e inexpresiva, y luce una toga real, una diadema y unos cuantos quilates en joyas. El conjunto presenta un acusado y escandaloso contraste con la modestia en el vestir y el adorno que la Iglesia exigía a las mujeres corrientes.

La representación artística de María como Reina del Cielo iba a llegar al cabo de doscientos años. A finales del siglo VIII el papa Juan VII encargó una inmensa y ampulosa pintura para la basílica de Santa María en Trastevere, de Roma. En una de las imágenes más famosas y políticamente extremadas de María, ésta aparece pintada como una figura exuberante, coronada *Regina coeli* y rodeada de ángeles que la adoran. Deslumbrantemente enjoyada y luciendo una suntuosa diadema, está sentada en un trono púrpura con los pies apoyados en un escabel real. Juan, que alude a sí mismo como siervo de la Madre de Dios, aparece postrado ante ella con abyecta humildad.

Incluso las obras que muestran a María en entornos más modestos pueden llegar a ser reveladoras. En la diminuta iglesia de Panagia Angeloktistos, en el sur de Chipre, hay un mosaico del siglo VII de la Virgen y el Niño en el que la mano derecha de ambos aparece tendida hacia delante y unos restos de pigmento apenas visibles revelan que éstas una vez estuvieron realzadas con oro. Tradicionalmente, ese gesto era de autoridad por parte de una emperatriz pero también lo es de salvación por parte de un dios o diosa.

El ascenso al estatus real fue un factor que contribuyó a desencadenar lo que dio en conocerse como controversia iconoclasta. A partir del siglo VI un nuevo estilo de imágenes esculpidas y grabadas de Jesús, María y el corro de los apóstoles sustituyó a las pinturas y mosaicos bidimensionales. A juzgar por la cantidad de estas estatuas cristianas antiguas que aparecen en las excavaciones, devinieron bastante corrientes y se encargaban en abundancia tanto para iglesias como para residencias particulares. Poco tiempo pasó antes de que corriera la voz de que estas figuras de yeso y piedra protagonizaban actos milagrosos. Esto no fue más que otro cambio que olía descaradamente a idolatría pagana, para la que no era nada novedoso afirmar la existencia de imágenes que sudaban, sonreían, lloraban, se movían o levitaban sobre su pedestal.

La enérgica respuesta contra las tendencias paganas del arte cristiano se tradujo en una política de destrucción de ídolos que instigó el emperador bizantino Leoncio III, conocido también como Leoncio el Isaurio. Ésta comenzó oficialmente en 725 y sirvió para hacer más profunda la ruptura entre Oriente y Occidente. La iconoclastia no era nada nuevo pero, hasta la fecha, se había centrado en lo pagano, dirigida con notable celo y energía por Constantino, quien consideraba la destrucción de estatuas de dioses y diosas el deber incuestionable de todo cristiano entregado a la causa. Escribiendo durante el reinado de Constantino, Eusebio refirió que los «amigos del emperador» habían emprendido una serie de ataques derogatorios contra las imágenes paganas.

> Ordenaban a los propios sacerdotes, en medio de las risotadas y el desdén generalizado, que sacaran a sus dioses de sus oscuros escondrijos a la luz del día: entonces los despojaban de sus adornos y exponían a la vista de todos la fea realidad que había permanecido oculta bajo la superficie pintada. Por último, cualquier parte del material que pareciera valiosa la raspaban y la arrojaban al fuego para demostrar su poca valía, tras lo cual aseguraban y ponían aparte cualquier cosa que juzgaran necesaria para su propósito, dejando a los fieles supersticiosos algo perfectamente inútil como recuerdo de su vergüenza.
>
> [*Vida de Constantino* 3, 54]

La iconoclastia antipagana había llegado a una especie de clímax cuando, hacia finales del siglo IV, una turba de cristianos atacó el templo de Serapis, un centro de culto muy importante de Alejandría, e hizo añicos la imagen del dios, Serapis, y destruyó el edificio.

La Iglesia fue culpable de aplicar una ley para unos y otra para otros en lo concerniente a la idolatría. Un tanto hipócritamente, los intelectuales cristianos ridiculizaban la idea de la infinitud de una deidad pagana confinada dentro de ídolos de piedra y madera, y todavía se mostraban más cáusticos acerca de la adoración que se prodigaba a estos iconos. Sin embargo, a partir del siglo III, habían ordenado la demolición de imágenes paganas al mismo tiempo que alentaban la creación de iconos cristianos. Los devotos comenzaban a adoptar una actitud de adoración ante las esculturas y tallas de Jesús, María y los apóstoles. Las capillas de los santos se estaban abarrotando de obras de arte. Tal como lo expuso Robin Lane Fox en *Pagans and Christians*, «igual que en un sacrificio pagano, la liturgia cristiana hacía partícipe de sus ofrendas a una presencia celestial». Los fieles cristianos también celebraban ante dichas imágenes un tipo de rituales que el mundo pagano habría encontrado de lo más común. Entre éstos se contaba el confiar en el consejo del oráculo de tales imágenes. La decisión que tomó el Concilio de Antioquía en 379 de declarar fuera de la ley a los cristianos que ejercían la adivinación nos da un indicio del grado de preocupación que sentían los más ortodoxos Padres de la Iglesia por estas prácticas.

El edicto de Leoncio el Isaurio contra la adoración de iconos constituyó la primera ocasión en que la Iglesia se reprochara a sí misma esa clase de culto, de lo cual se desprende que hubo una reacción violenta contra quienes tenían ganas de dar a Jesús y María el boato propio de las deidades paganas. La controversia iconoclasta tomó un cariz violento cuando, en 727, por orden del papa León, hubo que retirar por la fuerza una imagen de Cristo que coronaba la entrada del Palacio Sagrado de Constantinopla. Este acto se vio poco menos que como un sacrilegio contra el imperio y desencadenó una violenta protesta, sobre todo entre las mujeres disconformes, quienes respondieron organizando disturbios callejeros.

Constantino V (741-775), hijo y heredero de Leoncio III, se mostró aún más resuelto a acabar con la adoración de iconos. Fue el responsable de instigar un sínodo de obispos en 745, el Séptimo Concilio General de Constantinopla, que legisló oficialmente contra todas las imágenes cristianas, declarando que quienes les rendían culto eran unos herejes cuyo crimen cabía castigar con la pena de muerte. Este decreto estableció una interesante diferencia entre la representación directa de Cristo y su presencia simbólica en la eucaristía.

> La única representación lícita de Cristo es la Santa Eucaristía. Las imágenes de santo también deben aborrecerse; es blasfemo representar con madera muerta o piedra a quienes viven en Dios. [Actas del Séptimo Concilio General]

Una considerable proporción de cristianos se rebeló y la consecuencia inmediata fue una violenta purga, en la que los cristianos se atacaban entre sí, a menudo hasta la muerte. La persecución prosiguió bajo el gobierno de Leoncio IV (775-780).

Después de setenta años de iconoclastia, la emperatriz Irene, esposa de Leoncio IV, quien parece ser que fue un poquito menos puritana, propició un respiro. La controversia se reavivó de nuevo bajo Leoncio V en 815, tras lo cual los iconófilos volvieron a ver arrancados sus ojos, lenguas, miembros y vidas. El proceso de destrucción de iconos duró cosa de cien años hasta que por fin la emperatriz Teodora acabó con él, restaurando la libertad de arte y culto mediante un decreto conocido como el Triunfo de la Ortodoxia, en 843. Irónicamente, aunque la intención de la iconoclastia había sido poner freno a la veneración de imágenes y reliquias cristianas, el efecto de su supresión iba a suponer un estímulo para el culto mariano en Occidente, donde las gentes llegaron a valorar los iconos hasta extremos rayanos en el fanatismo. También trajo consigo que los devotos marianos de Oriente huyeran a Europa en masa y el papado romano aprovechó con sumo gusto la ocasión para reforzarse políticamente. Éste previó las ventajas de un desafío sin tapujos a la autoridad de Constantinopla, sabiendo que contaba con el respaldo de una opinión pública que, en su inmensa mayoría, no compartía la opinión oriental. El papa Gregorio III se burló deliberadamente de la corte imperial engalanando los iconos de Roma con la pompa más lujuriante que la mente y la materia podían ofrecer. Encargó un icono de María para su capilla personal, la Grotte Vaticane, que lucía diadema y collar de oro, además de pendientes cuajados de piedras preciosas.

No obstante, se respiraba cierto desasosiego incluso en Roma donde, para algunos, el embellecimiento cada vez más opulento de María constituía un disparate. Podría decirse que éstos fueron los primeros murmullos del cataclismo religioso que supondría el protestantismo en el siglo XVI, pero aún no había llegado el momento de los reformadores y los papas sucesivos castigaron a los disidentes haciéndolos azotar y expulsándolos a un ignominioso exilio.

Al contemplar el amplio panorama de la tradición mariana a partir del siglo V, aparte de la controversia acerca de los iconos su aspecto más extraordinario es que las tergiversaciones de que fue objeto María terminaron siendo aceptadas como parte de la «verdad absoluta» del cristianismo. Se convenció a las gentes tanto de Oriente como de Occidente para que olvidaran que se trataba de folclore y lo reconocieran como un hecho. La difusión de leyendas y la transferencia a María de muchos mitos populares se siguió condimentando con cuestiones como la rivalidad sobre casas donde se suponía que había vivido y la visión de apariciones marianas. Algunas de estas últimas las referían fuentes de lo más respetable. Una de las primeras visitaciones fue la que vivió san Gregorio Taumaturgo, un obispo de Neocesarea que murió hacia finales del siglo III. Llegado el siglo V, otro aspecto del creciente frenesí mariano fue el descubrimiento de reliquias atribuidas a María.

Según el historiador de principios del siglo VI Teodoro Anagnostes, cuya obra pervive sólo en algunos pasajes que datan del siglo XIV, la emperatriz Eudocia, esposa del emperador Teodosio II, fue en peregrinación a Jerusalén en 438. Desde allí envió una de las primeras reliquias marianas de las que se tiene constancia a su cuñada, la emperatriz Pulqueria.

Se trata de un retrato de la Inmaculada y el niño Jesús que se supone pintó san Lucas y se conoce como la *Theotokos Hodegetria* (Madre de Dios, Guía de los Viajeros). El retrato se convirtió en objeto de una gran veneración en Constantinopla, donde Pulqueria lo hizo poner en una iglesia, la Panagia de Blachernae, construida con tal fin en el recinto del palacio imperial. Actualmente esta pintura descansa en el Panteón de Roma. El historiador Edward Gibbon describió este acontecimiento en *Historia de la decadencia y ruina del Imperio romano*.

> En Tierra Santa sus limosnas y donativos piadosos excedían con creces la munificencia de la gran Helena; y aunque el tesoro público pudiera verse empobrecido por esta excesiva liberalidad, ella [Eudocia] gozó la satisfacción consciente de regresar a Constantinopla con las cadenas de san Pedro, el brazo derecho de san Esteban y el retrato indudable de la Virgen, pintado por san Lucas. [Gibbon, 1910, 32]

Una leyenda referida a Pulqueria cuenta que en 451 el patriarca de Jerusalén le envió el sudario de María. Había resistido milagrosamente a la descomposición y la emperatriz lo depositó en la iglesia de Blachernae. A partir de la década de 620 se conmemoró el evento en la Festividad de la Deposición.

Otro aspecto de las supuestas credenciales de María que siguió creciendo fue el de intercesora. Los cristianos heredaron el dios hebreo, Yahvé (durante el Renacimiento, los Padres de la Iglesia del siglo XIV inventaron la palabra Jehová combinando las consonantes de Yahvé con las consonantes de Adonai o «Señor»), pero esta deidad era invisible y no se podía tocar.

Progresivamente, Jesucristo iba siendo visto menos como el generoso amigo de todos y más como el coloso vengador. Para cuando se celebró el Concilio de Chalcedon en 451, temibles hombres de Iglesia como el ascético patriarca de Constantinopla, Juan Crisóstomo, servían sin tregua desde el púlpito una dieta de privaciones, congoja y recriminación. El altar cristiano se estaba convirtiendo, según lo expresó Crisóstomo «en un lugar de terror y estremecimiento», con sus ministros sirviendo como agentes de la fatalidad. ¿Quién iba a mediar entre la humanidad y la intransigente Trinidad del Padre, el Hijo y el Espíritu Santo? En esta atmósfera tan opresiva, María, desde su privilegiada posición de favorita y con todo lo que su castidad representaba, se convirtió en la matrona que evitaría la caída libre de la humanidad en el abismo de la condenación eterna. Ella fue la guardiana del pueblo que plantaba cara al clero, resuelta a recalcar a la gente corriente los peligros del sexo y la agonía del infierno, una jungiana madre universal en cuyo reconfortante pecho todos los hombres podían apoyar la cabeza. Un trozo de papiro descubierto en 1983, que se cree que data de fecha tan remota como el siglo III pero que sin duda no es posterior al VIII, demuestra la antigüedad de la costumbre de suplicar a María la intercesora. Es el fundamento de una antigua plegaria católica romana, el *Sub tuum presidium*.

> Recurrimos a tus auspicios, oh santa Madre de Dios; no desdeñes nuestros ruegos en la necesidad, mas líbranos siempre de todo mal, oh gloriosa virgen bendita.

Buena parte de la extraordinaria transformación de María desde simple madre judía a supermujer cristiana queda resumida, a mi juicio, en un sorprendente retrato de María y Jesús que se encuentra en lo alto del tejado de la iglesia de Santa María en Trastevere, en Roma. Realizado en mosaico, fue finalizado en 1140 por encargo del papa del siglo XII Inocencio II, quien se hizo incluir en la imagen sosteniendo una maqueta de la iglesia. La escena presenta un estilo claramente bizantino. Las figuras posan con rigidez, con los rostros inexpresivos, los ojos oscuros miran abajo desprovistos de emoción hacia el espacio del ábside de la iglesia. María y Jesús aparecen juntos como monarca y reina, sentados en un trono doble. Él lleva una sencilla toga fruncida, ella carga con una corona enjoyada y un traje de intrincados bordados.

Dejando de lado por el momento la relativa opulencia del atuendo de María comparado con el de Cristo, otros detalles de la composición exigen una explicación. María muestra al mundo una tira de pergamino conocido como filacteria donde figura inscrito un pasaje de la escritura: «Pondrá su izquierda bajo mi cabeza, y con la derecha me abrazará.» El texto procede de una de las descripciones más ostensiblemente sexuales del coito entre la misteriosa mujer y el amante del *Canticum canticorum*.

> ¡Oh, quién me diera, hermano mío, que tú fueses como un niño que está mamando a los pechos de mi madre, para poder besarte, aunque te halle fuera, o en la calle, con lo que nadie me desdeñaría! Yo te tomaría, y te llevaría a la casa de mi madre: allí me enseñarías y harías ver tus gracias, y yo te daría a beber del vino compuesto, y del licor nuevo de mis granadas. Mas he aquí a mi esposo, que pondrá su izquierda bajo mi cabeza, y con la derecha me abrazará. Os conjuro, ¡oh hijas de Jerusalén!, que no despertéis ni quitéis el sueño a mi amado hasta que él mismo quiera. [Cant. 8, 1-4]

La granada es uno de los símbolos más antiguos de la fertilidad y con frecuencia se ha visto como un eufemismo de los órganos sexuales femeninos. Diosas madre como Hera, la esposa de Zeus, a veces sostenían granadas a modo de atributos simbólicos. La posición descrita para las manos refleja exactamente algunos de los modelos en barro de ritos de Matrimonio Sagrado descubiertos en Mesopotamia.

Esa misma posición la copia, al menos en parte, el mosaico de Santa María en Trastevere, donde el brazo derecho de Cristo abraza a su madre. Él también sostiene una filacteria que reza: «Ven, elegida mía, te pondré en mi trono.» Las palabras proceden de un cántico o antífona cuya primera publicación se remonta al siglo VIII, el *Liber Pontificalis* del papa Gregorio el Grande, y se cantaba en la fiesta de la Asunción. El texto, que eleva a María a la realeza con su hijo, apenas resulta menos polémico que el que muestra la madre de Jesús. A pesar del énfasis eclesiástico en su castidad y permanente virginidad, en la imagen de Trastevere la inmaculada esposa de José se ha transformado en reina y novia, con toda su carga sexual. Es como si el artista estuviese diciendo: «No os dejéis engañar por las apariencias. ¡Mirad con atención y descubriréis a la verdadera María!»

En los albores del siglo VI casi nada entorpecía ya el camino hacia la elevación de María a una veneración que, llegados al XIII, rivalizaría con el más ferviente culto a una diosa que hubiese conocido el mundo antiguo. Los elementos que compusieron la biografía oficial de María —las capas más externas de pintura que ocultan el retrato auténtico— siguen siendo un engaño de primer orden por parte de los antiguos responsables de formular la política cristiana. Resulta particularmente interesante constatar que varios de los aspectos clave del invento fueron admitidos por la Iglesia católica romana como respuesta a las presiones de grupos minoritarios. El mito de la virginidad perpetua y la Inmaculada Concepción sólo recibió el apoyo de los docéticos.

El dogma de la *Theotokos* apenas gozaba de popularidad entre quienes asistieron al Concilio de Éfeso en 431 y sólo llegó a los códigos cristianos debido a turbios manejos auspiciados por el titular del papado. Sin embargo, los portavoces marianos no tardaron en plantear con toda confianza nuevas reivindicaciones aún más extremas. A principios del siglo VIII san Germán se declaró «esclavo de María» y anunció, refiriéndose a ella: «Dios te obedece en todas las cosas, como a su verdadera madre.»

De pronto se abría la puerta a posibilidades que habían sido impensables cuando constituían la esencia de las creencias paganas. El cristianismo, modelado en torno a la idea de un único dios masculino, había hallado el modo de adorar a una diosa con todo su maravilloso colorido extranjero. Partiendo de este curioso fundamento de ideología pagana y cristiana, avanzaremos para descubrir cuál fue la suerte de la madre de Cristo durante la agitación religiosa que recorrió Europa en la Edad Media.

13

La María medieval

Durante la Edad Media —que comenzó con el hundimiento del Imperio romano de occidente en el siglo V y terminó con el Renacimiento europeo en el siglo XV— la Iglesia católica romana continuó desarrollando el culto mariano siguiendo vías que demostraban muy poca fidelidad al relato bíblico de María. La mayoría de éstas llevaron hacia delante sus elementos paganos y, sin embargo, lo más probable es que el paso del tiempo hiciera sus verdaderos orígenes cada vez menos evidentes.

El dogma de la Inmaculada Concepción siguió estando al frente de la ortodoxia mariana. No se trataba ya del embarazo divino de María sino del de su madre, Ana, puesto que para los dirigentes ortodoxos revestía mucha importancia que María hubiese estado libre de pecado desde antes de su nacimiento. En ocasiones, hubo voces que pusieron en entredicho el supuesto estado de gracia permanente de María, pero nada logró evitar que éste permaneciera en primer plano. Teólogos del calibre del escocés John Duns Scotus (1266-1308 d.C.), conocido también como «doctor Marianus», quien desarrolló con eficacia el concepto medieval de la Inmaculada Concepción, afirmó con energía que María había sido liberada del pecado original con vistas a convertirla en la *Theotokos*. Otros eclesiásticos, incluido santo Tomás de Aquino, uno de los grandes filósofos del siglo XIII perteneciente a la orden de los dominicos, negaron ese argumento. En sus escritos, Aquino dijo que «María tuvo que ser concebida en pecado original, pues su concepción fue fruto de una unión sexual [...] y la unión sexual, que después del pecado de nuestro primer antepasado no puede tener lugar sin pecaminoso placer, transmitió el pecado original a la criatura».

Progresivamente, no obstante, la Inmaculada Concepción fue convirtiéndose en una poderosa arma del arsenal de quienes tenían la intención de imponer reglas de celibato al clero y las órdenes monásticas. Los obispos medievales pusieron el mismo énfasis en el «factor virginidad» que sus predecesores de siglos cristianos anteriores. Defendían con firmeza que el matrimonio de María y José nunca llegó a consumarse y que los «Hermanos del Señor», los *Christadelphoi*, bien fueron hijos adoptivos, bien los hijos de un matrimonio anterior de José. Poca era la atención que se prestaba al pobre José, cuyo papel de anciano en la vida de María la Iglesia no celebró ni con la más modesta festividad durante la Edad Media. Toda la atención recaía no ya sobre el celibato de por vida de María sino, llegados a esa época, en el permanente o *in partu* estado intacto de su himen incluso después de dar a luz un hijo.

Hacia la segunda mitad del siglo XIV, este argumento seguía suscitando una encarnizada controversia, avivada por destacados devotos como la influyente Catalina de Siena (1347-1380), quien alegó que María se le había presentado en una visión, declarando que no era inmaculada. Aunque a Catalina de Siena la hicieron santa, cualquier difamación contra la Inmaculada Concepción suscitaba una amarga indignación. El papa Sixto IV (en el cargo de 1471 a 1484) revocó su canonización pocos años después y, mediante una bula, condenó a cualquiera que estuviese en contra de la Inmaculada Concepción. Ésta se incluyó en el calendario litúrgico en 1476 cuando el Papa aprobó oficialmente una festividad para celebrar la ocasión. En 1496 la Sorbona, una de las secciones más antiguas de la Universidad de París que fundara Robert de

Sorbonne en 1257, aprobó un estatuto que hacía obligatoria la defensa del concepto de la Inmaculada Concepción.

Se esperaba que los clérigos católicos romanos siguieran a pies juntillas la imagen de un celibato de por vida vinculada a María. El tercer canon del Concilio de Nicea (325) no da lugar a equívocos.

> El gran concilio prohíbe terminantemente que los obispos, sacerdotes, diáconos y otros miembros de la clerecía tengan a una mujer viviendo con ellos, salvo si ésta es su madre, su hermana, su tía u otra mujer que se halle absolutamente por encima de toda sospecha. [Huillier, 1996, p. 34]

Sin embargo, este decreto apostólico, supuesta base del dogma católico, se convirtió en una especie de broma. Ocasionó una considerable hipocresía que se extendió hasta la mismísima cumbre de la pirámide eclesiástica, ya que los sucesivos titulares medievales del papado no puede decirse que predicaran con el ejemplo. Clemente VI (en el trono de 1342 a 1352) fue sólo el primero de muchos papas a quienes sus contemporáneos criticarían por su licenciosa vida sexual. El antipapa Juan XXIII (en el trono de 1410 a 1415) fue verdaderamente promiscuo. Según los rumores, sedujo a más de doscientas mujeres durante el tiempo que pasó como legado en Romaña y Bolonia. Entre otros personajes bien conocidos por su licencioso estilo de vida, Alejandro VI (en el trono de 1492 a 1503) fue un desvergonzado libertino que tuvo toda una ristra de amantes desde su nombramiento como cardenal en 1457. Una de las más conocidas de estas mujeres fue una aristócrata llamada Vanozza Cantanei, la cual le dio tres hijos y una hija. Julio II (en el trono de 1503 a 1513) engendró tres hijas mientras servía como cardenal. Pablo III (en el cargo de 1534 a 1549) disfrutó de amantes pertenecientes a la elite social romana, una de las cuales fue madre de tres hijos y una hija. Su hermana Julia también fue amante de Alejandro VI.

Para un populacho cínico, tales escándalos probablemente significaban poco más o menos lo mismo que los devaneos de los seglares. Más preocupante resultase quizá la conducta de ciertos grupos sectarios cristianos, con inclusión de las instituciones monásticas. A lo largo de la llamada edad de las tinieblas de los siglos VII y VIII, cuando el aprendizaje se encontraba en su momento más bajo, sobre todo en Europa, los monasterios mantenían encendida la llama de la erudición. Sus monjes, quienes respaldaban enérgicamente la supremacía papal de Roma, se erguían como modelos de piadosa disciplina y, con aprobación papal, se hicieron inmensamente ricos. La construcción y las donaciones a tales baluartes de la fe se consideraba entre los ricos la manera más segura de conseguir el pasaporte al paraíso. Una filosofía de lo más simple daba por sentado que cuanto mayor fuese la prima en efectivo ingresada en la cuenta de Dios, mayores serían los dividendos que se obtendrían al final. El dinero no sólo otorgó influencia a los monasterios sino también recompensas de un orden más material. Los monasterios se contaban entre los más importantes centros culturales: eran las «fábricas» de la liturgia, el arte y la música. Gracias a unas arcas aparentemente sin fondo que piadosos benefactores rellenaban sin cesar, los monjes estaban en condiciones de promover la pintura, la oración, la música y la arquitectura, con la intención de alentar el fervor cristiano en general y el culto mariano en particular.

Hacia el final de los cinco primeros siglos de la cristiandad, las órdenes de monjes y monjas habían adquirido una enorme influencia y «marianizado» eficazmente el cristianismo. Las grandes instituciones monásticas devinieron los paladines medievales de María que competían en justas por su señora celestial, su inmaculada Virgen, con fervor y empuñando el arma del celibato que la ortodoxia reivindicaba para ella. ¿O no fue así? Unas muy convenientes convenciones nos han legado una imagen que no acaba de ajustarse a la realidad. A pesar de sus loables inicios, el gran prestigio de los monasterios no siempre se mantuvo tal como pueda parecer tras una lectura superficial de la historia cristiana. Los monasterios también fueron objeto de acusaciones escandalosas, en buena parte relacionadas con excesos de índole sexual. Los monjes, y luego las órdenes cuasi religiosas de caballeros militares, los templarios, se ganaron una reputación de comportamiento atrevido e, irónicamente, estas órdenes religiosas eran las responsables de mantener vivo buena parte del carácter pagano del culto mariano. La poderosa organización de los Templarios, autorizada por el papa Honorio II en 1128 con la función primordial de luchar contra el infiel, fue acusada de herejía en 1307 y eliminada por la fuerza entre 1312 y 1314. Los cargos contra los templarios comprendían la celebración de reuniones secretas en las que se llevaba a cabo un sinfín de indecencias que formaban parte de una ceremonia que incluía la profanación de la cruz y la veneración de un busto barbudo llamado Bafometo.

Pese a todo, los monasterios ejercieron una verdadera influencia en los siglos medievales y, para comprender su impacto, es preciso que los estudiemos con más detenimiento. Monjes de una clase u otra habían existido desde mucho tiempo antes de la era cristiana. Los esenios de Qumran constituyen un exponente típico de la clase de austera orden sectaria donde, lejos del bullicio mundano, se inspiró y arraigó la simiente de la vida monástica. Los monasterios no habían comenzado su andadura con la abundancia de dinero y poder que más tarde se emplearía para potenciar la imagen de María. Durante los siglos III y IV, hubo cristianos perseguidos que huyeron a los desiertos de Egipto para servir a su Dios a salvo, en soledad y con abnegación. Estos hombres obedecían la máxima de que la riqueza material traía aparejada la decadencia espiritual. También suscribían con fervor la filosofía de los Padres de la Iglesia: cabía hacer responsable al sexo de casi todos los males a los que se había rebajado la humanidad desde la Caída. El fruto de su celo monástico y su determinación no se hizo patente hasta concluido el siglo IX, mas buena parte del prestigio y la adoración de los que gozaría María, la célibe por antonomasia, en realidad se fraguaron en el seno de estas comunidades de ascetas.

El primer monje cristiano fue, con toda probabilidad, un eremita egipcio, san Antonio (270-356) y, llegados al reinado de Constantino el Grande (306-337), había en Egipto un gran número de hombres que llevaban una vida recluida, agrupados sin excesivo rigor en colonias conocidas como *laurai*. Como auténticos ermitaños, habían abandonado a sus esposas y familias porque creían que la vida retirada y célibe era esencial para su estilo de vida contemplativo. Uno de los discípulos de Antonio, san Pacomio, comenzó entonces a organizar a los monjes individuales en grupos conocidos como *manorai*. Ahora bien, fue en Oriente, bajo los auspicios de san Basilio, en el siglo IV, donde comenzó de verdad el proceso de fundación de monasterios regidos por jerarcas de la oficialidad. Bajo un estricto código de conducta fundamentado en el ascetismo, que dio en conocerse como la regla de san Basilio, se abrió una grieta irrevocable entre el monacato oriental y el occidental, el llamado Gran Cisma. Éste no debe confundirse con el Gran Cisma del papado que comenzó en 1305 bajo presión de los franceses y que tuvo como resultado el traslado de la corte papal a Aviñón durante setenta años. De hecho, Oriente optó por el extremo conservadurismo de Basilio y permaneció más o menos estancado en el austero y aislado estilo de vida que postulara san Antonio, mientras que las comunidades de Occidente, con una mayor liberalización en su historia, estaban listas para adoptar una actitud más progresista.

El monacato probablemente llegara a Occidente hacia el año 340, cuando san Anastasio, el biógrafo griego de Antonio, visitó Roma procedente de Atenas. Éste promovió el mismo programa de austeridad que san Antonio había adoptado en Egipto y, desde Italia, su mensaje se difundió rápidamente por la Galia y las antiguas regiones celtas. Ahora bien, el estilo de ascetismo de Anastasio no estaba llamado a perdurar en Occidente, donde el sabor del monacato cambió para siempre en el siglo VI. El hombre responsable de esta liberalización fue san Benito de Nursia (480-544), quien redactó una legislación que adaptó con eficacia el modelo oriental para satisfacer las necesidades occidentales. Con Benito la vida monástica devino mucho más relajada: otorgó a sus monjes la libertad de beber vino, comer bien y dormir una cantidad razonable de horas, indulgencias estas que estaban muy mal vistas bajo las severas reglas de Oriente. La liberalización fue uno de los principales rasgos de lo que dio en conocerse como regla de san Benito. Llegados al siglo XI, las órdenes monásticas de Occidente habían ido considerablemente más allá de la rutina de oración y mortificación del cuerpo. En el siglo XII nació la Orden de San Juan para cuidar de los enfermos en una Jerusalén recién liberada del infiel por los Cruzados. Su fundación dio origen a la célebre secta militar de los Caballeros de la Orden de San Juan.

Existe una importante diferencia entre monjes y sacerdotes. Algunos monjes se ordenaban para administrar los sacramentos a los miembros de su comunidad, pero el hombre que elegía una existencia monástica era, y sigue siendo, un lego que decide abandonar en mayor o menor grado el contacto con el mundo. Los sacerdotes, por otra parte, que son ordenados y trabajan para los obispos, seguían formando parte del mundo material. En Occidente, el clero también es responsable de administrar a las mujeres que han ingresado en retiros religiosos.

Durante los siglos medievales, las mujeres asumían la vida contemplativa por razones rotundamente distintas a las de los hombres. Toda muchacha que hubiese crecido más allá de la primera adolescencia y siguiera soltera se convertía en una especie de incómoda responsabilidad social para su familia. A no ser que se apresurara a casarse, devenía una depredadora en potencia de las almas de los hombres temerosos de Dios. Las viudas también eran sospechosas de iniquidad y se esperaba que volvieran a contraer matrimonio tan pronto como hubiesen dado sepultura a su marido. La posición de cualquier mujer soltera después de la pubertad no tenía nada de envidiable y la solución, para las familias acomodadas, consistía en hacer entrega de su dote a un convento de monjas. Por otra parte, suele decirse que buena parte de las mujeres que ingresaban en instituciones religiosas lo hacían movidas por una profunda repugnancia por la idea de tener contacto sexual con los hombres. Esa repugnancia les había sido inculcada por un aluvión de literatura romántica popular que ensalzaba el celibato y, al mismo tiempo, divulgaba relatos terroríficos acerca de la naturaleza pecaminosa del sexo conyugal y el alumbramiento.

Las monjas desempeñarían un papel esencial en el desarrollo del culto mariano monástico. Tenemos constancia de mujeres que ingresaron en órdenes religiosas desde por lo menos el siglo IV, cuando las hermandades monásticas femeninas comenzaron a cobrar importancia por derecho propio. A este respecto, se dio una extraña situación aparentemente en desacuerdo con la supremacía masculina en el resto de la clase dirigente eclesiástica. Con frecuencia las órdenes de monjas estaban vinculadas a retiros religiosos para hombres a modo de monasterios dobles y era una mujer, la gran abadesa, quien solía dominarlo todo. Desde el principio, no obstante, muchos clérigos varones vieron en las monjas una seria amenaza para su castidad y éstas gozaron de mucha menos aprobación que sus homólogos masculinos. La presencia de mujeres comenzó a arrojar dudas sobre el celibato que reivindicaba el monacato y, a medida que fue transcurriendo la época medieval, los conventos de monjas, por diversas razones, sufrieron un declive. Cuando una nueva organización religiosa sumamente influyente, una filial de los benedictinos conocida como la Congregación de Cluny, fundó docenas de monasterios en los siglos X y XI, sólo uno fue para mujeres: ¡las esposas de los hombres que se habían convertido en monjes de Cluny! En el siglo XII, no obstante, los conventos de monjas comenzaron a invertir esa tendencia. Hacia el año 1100 una multitud de mujeres ingresó en retiros religiosos, inspirada en buena medida por el evangelismo de dos predicadores franceses, san Norberto y Roberto de Arbrissel, ambos con un nutrido grupo de seguidores. Durante un tiempo Norberto se las arregló incluso para revivir la institución de los monasterios dobles, aunque la todopoderosa abadesa de antaño ya no ejercía su dominio sobre el rebaño de ambos sexos.

Aunque rara vez explícitas, las pruebas de actividad sexual dentro de los monasterios se traslucen en los comentarios adversos de ciertos críticos y en los edictos eclesiásticos. El rechazo oficial del deseo carnal por parte del clero, las comunidades monásticas y, más adelante, las órdenes religiosas de caballeros, justificó la imposición de estrictas reglas de abstinencia sexual. Un monje o monja que fuese sorprendido en un acto sexual corría el riesgo de verse excomulgado por un periodo de hasta quince años. El celibato había llegado a considerarse un atributo de la vocación contemplativa y en fecha tan temprana como 387, el papa Siricio había reforzado los cánones del Concilio de Nicea convirtiendo el celibato, aunque no la virginidad, en un requisito indispensable para cualquiera que se planteara el ingreso en una orden sagrada.

Sin embargo, esta resolución fue acogida con poco entusiasmo. Sus opositores, con inclusión del siempre categórico Joviniano, no dudaron en hacer campaña. Lo poco que se sabe acerca de él procede principalmente de una obra hostil de Jerónimo llamada *Adversus Jovinianum*. Antiguo defensor del celibato estricto y el ascetismo, Joviniano defendió luego tendencias antiascéticas. Llegó a Roma señalando que los Evangelios en ningún momento mencionaban la abstinencia sexual de María ni su virginidad perpetua y aduciendo que el celibato, el ayuno y todo un surtido de otras «buenas obras» constituían una pérdida de tiempo. Propuso que los monjes y monjas renunciasen al celibato y se casaran. Al papa Siricio no le hizo ninguna gracia. En 390 convocó un sínodo que refrendó el decreto de celibato al tiempo que excomulgaba a Joviniano y a todo aquel que cupiera identificar como seguidor suyo. Luego Siricio envió una delegación de sacerdotes a su esbirro contemporáneo Ambrosio, obispo de Milán, con instrucciones de eliminar a cuantos de esos herejes lograra localizar antes de que tuvieran ocasión de disfrutar de la dicha conyugal.

El edicto de Siricio no zanjó ni mucho menos el asunto. En el siglo VIII, mientras Oriente vivía el movimiento iconoclasta, Constantino V concluyó no sólo que el marianismo y el celibato eran inseparables sino que distaban mucho de ser aconsejables. Exigió que los monjes y monjas se casaran, por fuerza en caso necesario, y esta draconiana situación persistió hasta que el Festival de la Ortodoxia de mediados del siglo IX anuló esa resolución bajo la autoridad de la emperatriz Teodora.

Constantino fue el primero de varios hombres influyentes de la época medieval en adoptar opiniones que cuestionaban el valor del celibato entre el clero. En Occidente, en la segunda mitad del siglo XII, el papa Alejandro III (en el trono de 1159 a 1181) trató de restaurar el matrimonio dentro de la Iglesia y las comunidades monásticas. El razonamiento de Alejandro se entiende con más claridad. Le movía la inquietud por poner fin a la creciente y escandalosa falta de decoro de los sacerdotes y los Caballeros de la Orden de San Juan. En ese entonces el papado romano hacía frente a problemas cada vez más graves, uno de ellos las acusaciones de mala conducta de los clérigos por parte de movimientos reformistas como el de los albigenses lombardos del siglo XII. Junto con los cátaros, una secta que se extendió por Europa occidental procedente de Bulgaria en el siglo XI y que prosperó en Francia hasta que la aniquiló la Inquisición, se oponían al matrimonio y a la procreación. A este coro se sumaron los valdenses, fundados en 1176 por Pierre de Vaux, o Valdesius, un rico mercader de Lyon, quien tomaba a simples analfabetos como predicadores itinerantes y se oponía enérgicamente al principio del clero ordenado. Estas tres sectas, aunque tachadas inequívocamente de heréticas, estaban haciendo más ruido del conveniente acerca de la corrupción y el declive de los viejos valores apostólicos. A juzgar por estas acusaciones, las demostraciones externas de la pureza y la conducta ascética de los dirigentes eclesiásticos corrían parejas entre bastidores con actividades tan cuestionables como cualquiera de los antiguos rituales paganos. Se decía que los monjes gozaban de concubinas a las que apenas ocultaban de sus detractores y el celibato en las órdenes militares era un chiste recurrente. Tal era el poder de los monasterios y otras órdenes clericales en el siglo XII, no obstante, que el paso de Alejandro III se vio aplastado y tras los muros de los claustros se siguió retozando alegremente y con más o menos el mismo entusiasmo durante el resto de la Edad Media.

¿Era la lasitud sexual de los monjes y monjas una indulgencia puramente gratuita de individuos que se veían incapaces de resistir los impulsos biológicos normales o acaso contenía, al menos en algunos casos, un elemento más esotérico? ¿Acaso se prolongó durante la época medieval el conflicto tradicional entre quienes deseaban que María fuese recordada y adorada como figura espiritual pura y casta y quienes estaban resueltos a preservarla como una diosa madre con toda su carga sexual? Desconocemos si existió un paralelismo entre los monjes que practicaban el sexo y su actitud para con María; dicho de otro modo, si su actividad sexual pudo haber sido también un «ritual de fe». Dado que no ha llegado hasta nosotros ningún estudio que lo investigara, como el *Panarion* de Epifanio, debemos conformarnos con captar indirectas.

La facción más misógina de la Iglesia aborrecía claramente la visión de poderosas hermandades femeninas surgiendo por toda Europa, pero las actitudes críticas con las monjas no se debían sólo a sentimientos antifeministas. El mundo en general veía con auténtica preocupación la admisión de mujeres en los monasterios, ya que así se alentaban la corrupción y la licencia sexual. La naturaleza de tal oprobio presentó un tono conocido cuando un abad, Conrado de Marchtal, predicó:

> Nosotros y toda nuestra comunidad de cánones, reconociendo que la maldad de las mujeres es mayor que cualquier otro mal de este mundo, y que no existe ira comparable a la de

> las mujeres, y que el veneno del áspid y del dragón es más curable y menos peligroso para los hombres que el trato con mujeres, hemos decretado unánimemente, por la seguridad de nuestras almas, así como de nuestros cuerpos y nuestros bienes, que bajo ningún concepto recibiremos más hermanas que aumenten nuestra perdición, sino que las evitaremos como a los animales venenosos. [*Annales Praemonstratensis*, ii, 147 (en Erens)]

Para llegar al meollo del asunto es preciso que rememoremos las escrituras de los grandes cazadores de herejes como Epifanio. En su *Panarion* catalogó un gran número de sectas cristianas entre las que se contaban las de los coliridianos, los marcosianos, los origenistas, los samaritanos, los valesianos, los osaenos y otros que según él eran culpables de herejía y de prácticas a menudo sorprendentemente paganas que incluían sexo ritual. Uno de los problemas con los que topaban los dirigentes eclesiásticos al enfrentarse a ellas era que sus actividades solían ser subrepticias y disfrazadas de ortodoxia. Epifanio pormenorizó las actividades de la secta quintilianista:

> En muchos lugares celebran con falsedad un gran festival la mismísima noche de la Epifanía engañando a los idólatras que creen en ellos para que tengan esperanza en la impostura y no busquen la verdad [...] pasan toda la noche cantando himnos al ídolo. Los portadores de antorchas descienden a un santuario subterráneo al rayar el alba y sacan una imagen de madera sentada desnuda en una litera [con] una señal de la cruz grabada en oro en la frente, otras dos señales, una en cada mano, y aún dos más, una en cada rodilla. Y llevan la imagen a hombros dando siete vueltas en lo más hondo del santuario acompañados de música, celebran un banquete y la devuelven a su sitio bajo tierra. Y cuando les preguntas qué significa este misterio responden que hoy, a esta hora, Kore, que es la virgen, dio a luz a Aeo.
> [*Panarion* 22, 8]

En la mitología griega, Koré era la hija virginal de la gran diosa madre Deméter, homóloga de la diosa de la fertilidad

Cibeles, y los quintilianistas habían fundido sin duda el culto a la diosa pagana con el culto a María. Epifanio no mencionó a María con relación a actividades sectarias concretas, pero parte de su intención era exponer la clase de devoción no ortodoxa que se practicaba en su nombre a puerta cerrada.

> Ha llegado el momento de que cese el error de los que se han descarriado. María no es Dios y no ha recibido su cuerpo del cielo sino mediante concepción humana. Y nadie debería hacer ofrendas en su nombre, pues así destruye su propia alma. Pero tampoco, a su vez, debe mostrarse insolente e insultar a la Virgen Santa. [*Panarion* 78]

La mayor parte de las instituciones monásticas supuestamente ortodoxas, cuando no todas, también avanzaron hacia el culto a María con súplicas tales como la plegaria del siglo IV titulada *Sub Tuum Praesidium*. Si un grupo sectario como los quintilianistas podía llevar a cabo actividades paganas mientras hacía gala de ajustarse a las buenas costumbres cristianas, lo mismo podía hacer cualquier institución monástica. Es posible que tales grupos no fuesen conscientes de ser paganos pero, no obstante, intramuros seguían celebrando ceremonias en nombre de María cuyo origen y espíritu eran netamente paganos. Para algunos, el ritual quedaba incompleto sin el elemento sexual. Existen pruebas de que el ritual pagano con toda probabilidad seguía vivo y coleando en la sociedad romana en fecha tan tardía como 1468, cuando el papa Pablo II (en el trono de 1464 a 1471) tomó la medida sin precedentes de cerrar la prestigiosa Academia Romana porque sus miembros estaban acusados de dedicarse a rituales e ideas paganos.

El dogma de la Inmaculada Concepción y la dicha eterna ganada mediante el triunfo del espíritu sobre la carne encabezaba el arsenal católico romano que supuestamente mantenía a su rebaño en orden y alejado del paganismo. Para contrarrestar el escepticismo acerca de la *aieparthenos* biológicamente imposible de María, o virginidad permanente, era necesario inculcar entre los fieles las circunstancias en las que había sido honrada con el papel extraordinario de virgen madre y Sierva del Señor. De ahí que la Anunciación, la visita a María del arcángel Gabriel para informarla de que Dios iba a embarazarla por obra de su voluntad divina, pasara a ocupar un puesto destacado en el culto mariano.

La Inmaculada Concepción no era, sin embargo, el único dispositivo del arsenal de los marianistas. También llegaron a reconocer el valor publicitario de las experiencias de los visionarios. Un método popular mediante el cual la ficción mariana ha quedado refrendada como parte de la infalible verdad católica ha sido la promoción de las experiencias milagrosas de los visionarios. Estas personas, con frecuencia muchachas jóvenes e impresionables procedentes de familias pobres y analfabetas, que han visto apariciones espectrales de María, a menudo en momentos de apuro, han sido explotadas por la Iglesia en su defensa de algunas de las invenciones más rocambolescas sobre la madre de Cristo. María, dicen, se ha ido apareciendo a un selecto grupo de fieles desde más o menos el siglo III y, de forma más o menos tajante, se ha pregonado que la suya era la «voz reveladora de la ortodoxia». Durante épocas en las que la superstición prevalecía en amplios sectores de la población, sus supuestas declaraciones demostraron ser un arma efectiva contra argumentos teológicos a menudo contradictorios. Éstos, independientemente de que la Iglesia los hubiese apoyado o no en el pasado, los juzgaban ahora heréticos los traficantes de influencias eclesiásticos. La Iglesia seguía el principio de que si María había dado su «asentimiento» a un fragmento u otro de doctrina, éste tenía que ser correcto. Se trataba de una estrategia burda pero eficaz, puesto que la credibilidad resultaba imposible de demostrar o rebatir. A la Iglesia le bastaba con seleccionar las experiencias visionarias que se ajustaran a su propósito y afirmar que eran válidas, mientras ridiculizaba las demás tachándolas de ser invenciones de mentes simples.

La primera reivindicación de una visión mariana había procedido de la Iglesia de Oriente en tiempos tan remotos como los de las persecuciones de cristianos que llevaran a cabo los emperadores Decio y Valeriano. San Gregorio Taumaturgo, obispo de Neocesárea, también conocido como Gregorio el Mago, que murió hacia 270, presenció una aparición celestial de María en compañía del apóstol Juan. El siguiente visionario parece haber sido san Martín de Tours, un misógino exaltado que murió en 397 e instauró el monacato en la Galia con la panfletaria proclama de que «el matrimonio es perdonable, la virginidad gloriosa». Se trata, no obstante, de tradiciones orales que no pueden verificarse mediante pruebas documentales.

Las apariciones marianas se hicieron más frecuentes a partir del inicio del periodo medieval y las que eran aceptadas como «genuinas» solían ser de una naturaleza tal que reforzase convenientemente uno o más de los cuatro principios inapelables de la fabulosa biografía de María: la Inmaculada Concepción, la Maternidad Divina, la Virginidad Perpetua y la Asunción Carnal.

Durante el siglo XIII, Helsin, obispo de Ramsey en Inglaterra, declaró haber visto aparecer a María durante un tormentoso viaje por mar, la cual le prometió librarlo de una tumba de agua si consagraba su vida a la defensa de la Inmaculada Concepción. De este acontecimiento milagroso se sirvió luego san Buenaventura, decimotercer superior de la Orden Franciscana, en posteriores esfuerzos para aprovechar la credibilidad de la doctrina.

En ocasiones las visiones milagrosas afectaban al modo en que se representaban los principios fundamentales del culto mariano. Una monja alemana llamada Isabel de Schonan, que murió en 1164, afirmó que no sólo había mantenido varias conversaciones íntimas con la Virgen sino también que había presenciado la elevación de su cuerpo hacia el cielo. Refirió su experiencia de este acontecimiento a otras monjas y a su hermano, el abad de Schonan, quien tuvo la prudencia de consignarlo por escrito para la posteridad. Las primeras copias del manuscrito original conocieron una amplia circulación en Francia y Alemania, y ejercieron una poderosa influencia sobre la imagen visual de la Asunción. Las apariciones marianas también eran apropiadas para establecer nuevas tradiciones. Una de las más conocidas de éstas se debió al prior general de la Orden Carmelita, Simón Stock, que murió en 1265. La Virgen entregó a Stock el escapulario marrón, la capa corta para los hombros que se convertiría en la parte más importante del hábito carmelita, informándole de lo siguiente: «Esto será tu privilegio y el de todos los carmelitas: quien muera envuelto en él no sufrirá el fuego eterno.»

Algunos de los detalles que aportaban las apariciones marianas rayaban en lo estrambótico pero, una vez más, tenían un valor práctico para reforzar el dogma católico. Los archivos conservados en el santuario católico de Little Nazareth en Walsingham, Norfolk, indican que en algún momento del año 1061, una señora de la heredad de Walsingham, Richeldis de Faverches, declaró haber recibido los detalles arquitectónicos exactos de la casa donde tuvo lugar la Anunciación. Esta visión le había sido revelada para que pudiera construirse una réplica. La reproducción, hecha hacia 1130 y que incluye una estatua milagrosa, se convirtió en un lugar de peregrinación. Contó con los auspicios de la monarquía a partir de Enrique III en 1226 para terminar demolida en 1538, cuando Enrique VIII ordenó la disolución de los monasterios.

Durante el periodo medieval la Iglesia católica romana continuó dando pasos para erradicar detalles molestos de la biografía mariana. En el siglo VIII, el Día de la Presentación, celebrado el 21 de noviembre del antiguo calendario bizantino para conmemorar el inicio de la polémica educación de María junto a los sacerdotes del Templo, se omitió de un diario oficial de eventos occidental conocido como la *Menología de Constantinopla*. Reapareció en documentos litúrgicos publicados durante el siglo XI y con el tiempo llegó a Occidente, durante el papado de Gregorio XI, a finales del siglo XIV. Sin embargo, siguió siendo motivo de discordia y hacia el final de la Edad Media no figuraba en muchos calendarios. Fue cayendo en el olvido en beneficio del Día de la Presentación, o de la Candelaria, celebrado cada año el 2 de febrero cuando, según Lucas, María fue al Templo no ya de niña sino para presentar al Niño Jesús como parte de su rito de limpieza después de dar a luz. Sin embargo, desde una perspectiva cristiana nada puede ser más ilógico que un rito de purificación puesto que María se supone que alumbró a Jesús libre de pecado. La Candelaria también aparece embadurnada con colores claramente paganos y, como descubriremos, presenta elementos que toma prestados de las antiguas invocaciones a la fertilidad que señalaban el fin del invierno, cuando la provisión de víveres solía ser más escasa.

El grado de adoración mariana creció sin cesar y, mientras lo hacía, el tratamiento de María devino cada vez más indistinguible del de una diosa. Hacia finales del siglo XIII se dio un paso imortante cuando, no satisfecho con el título de *Theotokos*, santo Tomás de Aquino afirmó que María era digna de una forma específica de culto. La Iglesia católica permite otorgar distintos grados de honor a sus celebridades ajustándose a niveles que probablemente estableciera san Agustín por vez primera. Dado que Dios es la única figura de la teología cristiana con derecho a ser adorado, sólo este acto se califica de *latria* o «adoración». Las alabanzas y las honras a los santos se conocen como *dulia* o «reverencia». Agustín insistió con astucia en que la distinción entre Dios y María era absoluta y la Iglesia se avino a invocar a María como santa mas no a rendirle culto al estilo de una deidad. Los devotos de María podían llamarla Reina del Cielo con total impunidad pero bajo ningún concepto debían adorarla en el sentido de *latria*. No obstante, esto entra en conflicto con el texto de la *Asunción de la Virgen*, atribuido a san Juan Evangelista, donde se afirma que los apóstoles rendían culto a María.

Había una auténtica preocupación acerca de hasta qué punto debía dejarse que llegara la adoración mariana. La apasionada declaración de Nestorio en el Concilio de Éfeso no había sido la única amonestación contra la tendencia a tratarla como a una diosa. El propio Epifanio había advertido: «Ríndase culto al Padre, al Hijo y al Espíritu Santo, mas que nadie adore a María» [*Panarion* 78, 23; 79, 1 y 7]. Tomás de Aquino trató de conciliar el problema proponiendo un nuevo grado entre *latria* y *dulia*: María debía ser objeto de *hyperdulia*, un grado de adoración mayor del otorgado a cualquier otra criatura, con excepción de Dios, porque sólo ella tenía el privilegio de ser la Madre de Dios. Salvo a título nominal, la regla de Agustín sería pasada por alto. Un monje franciscano llamado san Bernardino de Siena, que murió en 1444, declaró con gran entusiasmo que «sólo la Bendita Virgen María ha hecho más por Dios, o al menos tanto, como Dios ha hecho por toda la humanidad».

En el contexto de estos excesos nada tiene de sorprendente que surgieran objeciones. En los últimos años del siglo XIV una organización alemana conocida como los Hermanos de la Cruz rechazó muchos de los principios católicos romanos al uso: el celibato clerical, la adoración de imágenes, la absolución y todos los demás componentes del marianismo. En Inglaterra John Wycliffe (*ca.*1329-1384), cuyos seguidores, los lolardos, fueron los precursores del protestantismo inglés, adoptaron una línea similar. En su tratado de 1394, *Conclusiones*, los lolardos hacían referencia a María como «la Bruja de Walsingham». Un siglo y medio más tarde, en su obra fundamental *Institutos*, el reformista protestante francés Juan Calvino (1509-1564) describió el culto mariano como una «execrable blasfemia».

Para la mayoría de los cristianos medievales, todavía leales a las restricciones de la Iglesia romana, María había ascendido por encima del papel de santa madre de Cristo y se estaba convirtiendo rápidamente en toda suerte de cosas para toda clase de personas. Al principio había sido el faro de los hombres que creían apasionadamente en el rechazo de la carne, para quienes se alzaba como modelo ideal. Ahora bien, no tardaron en descubrir que también podía aportar un poco de dulzura y compasión femenina a su austera vida masculina.

Podría argüirse que, en parte, María devino objeto de culto porque irradiaba la misma cualidad maternal que ha atraído a la sufrida humanidad a través de los tiempos. Desde el punto de vista del psicoanálisis se convirtió en la última encarnación del *anima* que en tiempos recientes, junto con el masculino *animus*, Carl Jung ha sostenido que era el arquetipo de la feminidad grabado en el subconsciente colectivo de todos y cada uno de los seres humanos desde sus primeros movimientos en el útero. Esto presentaba, por supuesto, una amarga ironía, dado que así la Iglesia católica romana denigraba como seres inferiores a las mujeres corrientes que componían el resto de la raza humana. Una vez que María se convirtió en la encarnación de nuestra *anima* colectiva, no le fue difícil convertirse a su vez en la alternativa a su divino hijo más accesible para el común de los mortales. Jung identificó esta imagen arquetípica de una mujer como poseedora de una cualidad intemporal: de aspecto joven pero dando a entender mucha experiencia, sabia pero no hasta el punto de resultar intimidante, próxima a la naturaleza y cargada de emoción. La imagen resulta seductora. Según el razonamiento de Jung, ésta se proyecta no sólo sobre las diosas paganas sino también en la propia Virgen.

Para muchas personas, acostumbradas a digerir la lúgubre perspectiva de fuego y azufre que prometían personajes como Juan Crisóstomo, patriarca de Constantinopla, Cristo había pasado de «amable Jesús, amigo de los pecadores, defensor de los humildes y los dóciles» a imponente déspota vengador. María, por otra parte, nos seguía escuchando en la intimidad, dispuesta a disipar nuestros temores y, en caso necesario, a interceder ante el cielo como mediadora trascendental. El hecho de encontrarse en una buena posición espiritual para tal fin se revela en las palabras de la forma convencional de invocación a la Virgen que empleaba la Iglesia medieval en la baja Edad Media: «Dios te salve María, llena eres de gracia, el Señor es contigo, bendita tú eres entre todas las mujeres y bendito es el fruto de tu vientre, Jesús.» Su vínculo especial con Dios también queda implícito en el famoso idilio del primer capítulo de Lucas, donde dice «Mi alma glorifica al Señor», y añade «porque ha puesto los ojos en la bajeza de su esclava: por lo tanto, ya desde ahora me llamarán bienaventurada todas las generaciones». Estas palabras darían lugar al gran cántico de alabanza cristiana conocido como el Magnificat.

La visión de María como un puente entre Dios y el hombre cobró fuerza a lo largo de la Edad Media y su aura maternal probablemente explica por qué, a partir del periodo bizantino, ha sido representada como la *Deesis*, término derivado del griego que significa intercesión. Los artistas, por convención, han representado a la *Deesis* en retratos hechos sobre tres tablas conocidos como *trípticos*, con Cristo ocupando la posición central. María figura a un lado y Juan el Bautista al otro, ambos rezando por la salvación de los pecadores. Por consiguiente, a María se acudía en busca de consuelo, seguridad y sabiduría de manera bien distinta a Jesús, con el resultado predecible de que las líneas divisorias entre intercesión, adoración y culto resultaron casi imposibles de distinguir.

La creencia en María como intercesora condujo a la aparición de dos nuevos aspectos de la diosa madre pagana, aquellos que la comprometían con la guerra y la muerte. La diosa mesopotámica Ishtar no fue sólo la *prima donna* del amor, también fue diosa de la guerra, igual que su homóloga cananita Anat. Este aspecto de la personalidad de Ishtar queda de relieve en un antiguo cántico del siglo III a.C.

Ataviada en orden de batalla,
hermosa [...] la que empuña el arma-utug,
la que lava las herramientas en la sangre de la batalla.
Abre la puerta de la batalla.
La sabia del cielo, Inana.

[Sjoberg y Bergmann, 1969]

Quizá parezca incongruente que una figura piadosa y compasiva también sepa presidir la guerra, sin embargo abundan documentos en los que María lleva la armadura de la rectitud, envuelta en el aura de una *diva* cristiana vengadora. Incluso en la época bizantina, varios emperadores romanos fijaron un precedente al eliminar de los sellos las imágenes de su diosa pagana de la guerra, Minerva, quien a su vez, por cierto, también había sido una diosa de paz, sustituyéndolas por la de María y el Niño.

María también se ha representado como «Reina del Infierno», papel en el que intercede en nombre de los pecadores que, de otro modo, terminarán bajando en el ascensor postmórtem. Esta imagen también tiene un origen pagano. La diosa mesopotámica Ishtar visitó a Ereshkigal, su álter ego en el averno, para defender la causa de la vida y el bien ante la muerte y el mal. Esta mitología halló su sitio en la cultura romana ya que ésta solía representar a Minerva encima de sarcófagos como deidad que ofrecía una vida nueva más allá de la tumba y, partiendo de ahí, se incorporó a la tradición cristiana. Hasta 1900, en el Foro a los pies de la colina Palatina de Roma había una iglesia conocida como Santa María Liberadora. Su nombre anterior de Santa María del Infierno rememoraba una leyenda según la cual la entrada al averno quedaba muy cerca y María montaba guardia allí para interceder por quienes iban a morir. El mundo católico romano se ha recreado a fondo en la elaboración del terror al infierno y sus llamas, el diablo y sus rapaces asistentes provistos de ojos rojos, colas enroscadas y sus pinchos de asar. Ahora bien, ha incorporado a su doctrina una cláusula a modo de posible vía de escape dotando de salida de emergencia el ascensor que desciende hacia este castigo final. Se trata del concepto medieval de purgatorio, el lugar donde los pecados terrenales pueden expiarse durante el intervalo que media antes del *Dies Irae*, el día de la Ira Divina, cuando todas las almas serán juzgadas y devueltas a la carne. De ahí que un alma pueda ser enviada al purgatorio y que todavía se las arregle para atrapar el ascensor de subida al paraíso.

Es en esta yuxtaposición de María, purgatorio e infierno, donde reside buena parte de la fuerza del rosario. En 1470 un fraile dominico llamado Alain de la Roche popularizó este dispositivo de penitencia con el que María llegaría a estar estrechamente unida. La sarta de ciento cincuenta cuentas a modo de guía piadosa para los dedos se empezó a utilizar como ayuda para rezar el Salterio del Antiguo Testamento. Esta prolongada práctica con el tiempo fue reemplazada por el canto del mismo número de avemarías (una ventaja considerable para quienes precisaban salvación pero no sabían leer o andaban escasos de tiempo). Tampoco es mera coincidencia que el avemaría, una de las plegarias más antiguas y recitadas con más frecuencia por los católicos de todo el mundo, termine con la súplica «ruega por nosotros pecadores, ahora y en la hora de nuestra muerte».

Desde una perspectiva de sangre, sudor y lágrimas puramente física, el culto mariano se disparó durante la época medieval. En los siglos XII y XIII, sólo en Francia se construyeron ochenta catedrales consagradas en buena medida a honrar a la Madonna. La explicación oficial de este grado de veneración casi histérico fue que se había hecho necesario evitar que el pueblo viera a Cristo como un ente completamente espiritual. Dios Hijo se había hecho hombre y, debido a eso, ¡tenía que tener madre! Así pues, se representó a María en toda la gama de su idealizada biografía. Una profusión de obras de arte ilustran la Anunciación, la Natividad, la Crucifixión, la Asunción, María embarazada del Hijo, acunando al Hijo, llorando al Hijo, ascendiendo para reunirse con el Hijo, coronada *Maria regina coeli* y compartiendo el trono nupcial del Hijo. Muy pronto la mayoría de iglesias tuvieron también una capilla de Nuestra Señora o, al menos, una estatua mariana.

Buena parte de esta floreciente imaginería, no obstante, siguió siendo bastante fría e impersonal y no fue hasta el advenimiento del Renacimiento florentino, a finales del siglo XIV, cuando una atmósfera más liberal permitió invertir el proceso de distanciamiento. La reacción fue hacer que María pareciera mucho más accesible, dejando de ser la madre de Dios para convertirse simplemente en la madre de un bebé normal y corriente. La humanidad de María a este respecto se promovió mediante una gran campaña para devolver el romántico relato de la Natividad a la vida del pueblo. En fecha tan temprana como 1223, Francisco de Asís había iniciado una tendencia de gran éxito popular en la villa italiana de Greccio cuando decidió celebrar la misa de medianoche de la víspera de Navidad en un establo de verdad. Esto atrajo la imaginación del público y aunque pocos sacerdotes se avinieron a emular el alcance de su realismo, éste condujo a toda suerte de nuevas invenciones románticas. El pesebre se puso de moda y temporada tras temporada se quitaba el polvo a las maquetas del establo de Belén. Los sacerdotes bendecían figuritas de juguete en la misa de Nochebuena y los devotos fueron añadiendo personajes a la escena, incluyendo a los Reyes Magos y a los animales domésticos en el fondo. Con tanto entusiasmo y sentimentalismo, la naturaleza del lugar donde María dio a luz en realidad fue convenientemente olvidada. Poco importaba que la cuna del *messiah* hubiese sido casi con toda certeza un comedero de piedra y que su primer llanto hubiese resonado entre las paredes de una lúgubre cueva donde se celebraban ritos al dios de la fertilidad Tammuz. Para las relaciones públicas resultaba más conveniente que la Natividad hubiese tenido lugar en un acogedor e inocente establo con su techado de paja y todo.

Al menos un aspecto más del culto mariano con raíces paganas se desarrolló en la época medieval: la veneración de reliquias. Durante el siglo XIII se vincularon diversos objetos sagrados a María, tal como se había hecho con Cristo. No obstante, hubo un problema. Dado que la Asunción Carnal de María la había llevado hasta el cielo era imposible que existieran huesos u otros restos materiales, como era el caso con otros santos cuyos cuerpos se desmembraban con avidez después de su muerte para distribuirlos a cambio de dinero. Las reliquias de María tuvieron que tener la forma de lugares donde supuestamente había vivido y objetos que se decía había poseído o usado. Muchas fueron las villas aspirantes a reivindicar el privilegio de ser la ciudad natal de María, destacando entre ellas Éfeso y Jerusalén. La situación terminó de complicarla una leyenda del siglo XV según la cual, cuando las hordas musulmanas invadieron Tierra Santa en 1291, unos ángeles acudieron a la propiedad de María en Nazaret, levantaron el edificio con cimientos incluidos y lo trasladaron a Loreto, en España.

La Iglesia de Constantinopla sostenía haber adquirido el manto de María. Otra de las reliquias más empapadas de fervor, fundada una vez más en un puro mito, fue la faja azul que María llevaba atada a la cintura y que, supuestamente, dejó caer en el momento de la Asunción. La ubicación de la prenda original también suscita una enconada rivalidad. Una prenda que compite por su autenticidad reposa en la catedral italiana de Prato y ha dado pie a varias leyendas pintorescas, todas ellas basadas en las leves connotaciones eróticas de semejante artículo de vestir. La catedral de Chartres, por su parte, alberga un vestido camisero que supuestamente llevaba María en el momento de la concepción de Jesús. Como prendas de ropa asociadas a la fertilidad, ambas son objeto de devoción para los futuros padres.

A lo largo de esta investigación no podemos permitirnos olvidar que el primer cristianismo involucraba no a una sino a dos religiones que actuaban en incómodo tándem. Una era radical, forjada al calor de un ferviente deseo por establecer un movimiento espiritual completamente distinto de cuanto se había conocido hasta entonces; la otra era más conservadora y estaba igualmente resuelta a conservar los ideales paganos consagrados por la tradición. María hacía las veces de eje entre estas dos ideologías encontradas. El cristianismo veía a María como la sublime e infinitamente pura madre de Dios encarnado, pero también se remitía a la otra religión, mucho más antigua, para cuyos defensores María seguía siendo la eterna madre y novia, la Reina del Cielo exhibida bajo otro nombre. Profesando una y disimulando la otra, ocultando la dimensión femenina de Dios, el clero y las órdenes monásticas sacaron adelante este sistema dual. De vez en cuando, a lo largo de los siglos medievales, las anomalías generadas al tratar de hacer malabarismos con la María cristiana y la pagana sube a borbotones hasta la superficie.

El caso contra la María de invención católica romana puede ahora avanzar hacia la época moderna que de hecho comenzó con el movimiento de la Contrarreforma en el siglo XVI, señalando el final de la arremetida protestante contra el catolicismo romano en general y el culto mariano en particular. El vehículo que nos llevará en esta etapa final del viaje será el arte. Irónicamente, hasta el momento apenas lo hemos abordado para descifrar el retrato de María.

14

Iconos

Desde el comienzo del siglo XVI la manipulación de la imagen pública de María continuó poco más o menos tal como se había dado durante la época medieval. Entre la jerarquía eclesiástica ese periodo fue testigo del creciente distanciamiento entre el dogma y la práctica católica romana, sobre todo en lo concerniente a cuestiones de celibato. El papa Julio III (en el trono de 1550 a 1555), por ejemplo, hizo gala de una actitud tan inapropiada como la de algunos de sus predecesores en el papado del siglo XV. Disfrutó de un estilo de vida extravagante, entregándose a un escandaloso encaprichamiento homosexual con un muchacho de quince años, Inocencio, sacado de las calles de Parma y posteriormente nombrado cardenal.

El culto mariano que impregnaba el catolicismo romano en el siglo XVI fue un factor clave para la aparición del protestantismo, el movimiento para la reforma de la Iglesia que surgió en Occidente de la mano de disidentes tan destacados como Lutero y Calvino. El motivo principal de objeción por parte de los reformadores fue la creciente incompatibilidad entre la tradición eclesiástica y los textos bíblicos. Lutero y sus aliados repudiaban la veneración tan especial que había alcanzado la Virgen María arguyendo que carecía de fundamento en los libros del Nuevo Testamento y que rayaba en la idolatría pagana. El culto mariano, por su parte, se alzaría cada vez más como el baluarte contra los protestantes y su observancia de la veracidad bíblica.

Si algún aspecto del culto mariano dentro de la Iglesia romana cambió a partir del final de la época medieval, éste fue el modo en que se hacía llegar al público en general. Hasta la fecha, debido en parte a las limitaciones prácticas para difundir información, el debate mariano se había restringido al ámbito del clero y las órdenes monásticas. Hasta el siglo XV, cuando los libros impresos comenzaron a circular, las fuentes de información presentaban mayormente la forma de archivos diocesanos y manuscritos particulares. La Iglesia cargaba además con la ignorancia y analfabetismo no sólo de las grandes masas legas populares sino también de su propio clero. Esta ignorancia e indiferencia poco las paliaba el hecho de que el culto se realizara en iglesias demasiado pequeñas para albergar a todo el mundo y que muchos servicios se hicieran en un idioma extranjero, el latín. Los sermones se lanzaban muy por encima de la cabeza del feligrés analfabeto medio y, las más de las veces, se redactaban para satisfacer el ego de acaudalados mecenas. Todo esto contribuyó a convertir el dogma eclesiástico prácticamente en una jerigonza sin sentido.

Vista la insuficiencia de la retórica de púlpito, el arte estaba llamado a ser el principal vehículo transmisor de creencia e ideología a las masas. Avances tecnológicos como la impresión con planchas de madera devinieron nuevas e importantes herramientas para difundir con eficacia el mensaje religioso sin tener que depender de la palabra. Aunque en China se utilizaba desde el siglo IV, esta técnica no se adoptó en Europa hasta el siglo XIV. Era barata y permitía imprimir libros ilustrados sencillos. Se convirtió en una poderosa herramienta en manos de los propagandistas eclesiásticos decididos a promover a María en calidad de «supermujer».

El arte presentaba una ventaja inherente sobre la palabra hablada en una época atormentada por el fanatismo y aterrorizada por la Inquisición romana. Sus mensajes eran más ambiguos, menos claros y, por consiguiente, cabía transmitir ideas sin correr el riesgo de la censura que conllevaban un panfleto o carta polémicos. Sin embargo, el arte religioso presentaba sus propios peligros y sería la causa fundamental de un considerable desacuerdo entre la clase dirigente de la Iglesia. En efecto, el hecho de que la representación artística de personajes cristianos llegara a desarrollarse señaló un giro de los principios fundadores.

En el siglo II, Tertuliano, obispo de Cartago, había preconizado las inequívocas opiniones de la Iglesia antigua a propósito de los iconos religiosos.

> ¿Qué solemnidad de idolatría hay sin la circunstancia del vestido y el adorno? En ello hay lascivia y ebriedad; pues es, en la mayor parte, en nombre de la comida, y del estómago, y del apetito, que tales solemnidades cuentan con concurrencia. Carecen de rectitud. Pues ¿qué hay menos correcto que desconocer al Padre de la rectitud? En ello hay también vanidad, pues todo su sistema es vano. En ello hay falsedad, pues todo su fundamento es falso. Por consiguiente sucede que en la idolatría se detectan todos los crímenes, y en todos los crímenes idolatría.
>
> [*Sobre la idolatría* 1]

La preocupación de Tertuliano residía en el hecho de que la idolatría era sinónimo de paganismo y podía utilizarse para potenciar los elementos paganos que impregnaban el cristianismo antiguo. El proceso de adoración mediante imágenes reavivó la preocupación por el culto indebido. A pesar de la amonestación de Tertuliano, pronto fue imposible poner freno a la creación de imágenes cristianas.

Entre las primeras pinturas de María había burdas representaciones de la Anunciación fechadas en los siglos II y III. María y el arcángel Gabriel suelen aparecer en estas composiciones luciendo casi los mismos atributos de las deidades romanas, lo que pone de manifiesto los motivos de preocupación de hombres como Tertuliano. Con frecuencia están realizadas con un estilo claramente pagano y a veces resulta complicado discernir cuándo la imaginería cristiana se nutre de temas más antiguos. Encontramos escenas de la Anunciación, cuyo objetivo era reforzar el mensaje de la Inmaculada Concepción, en diversas catacumbas romanas, incluida la de la discípula Priscila. Éstas señalan el inicio de un proceso de manufactura regular en el que los artistas de la época medieval se vieron alentados a producir sus interpretaciones de la Anunciación y demás aspectos de la biografía ficticia de María casi con la eficacia de una cinta transportadora.

La representación artística de María verdaderamente nació en la época bizantina, el periodo posterior al año 330 en el que Constantinopla (nombre con el que se rebautizó la ciudad de Bizancio) devino la nueva capital imperial romana y que finalizó en 1433 cuando cayó en manos de los turcos. Los Papas, los clérigos influentes y otros mecenas acaudalados (monasterios incluidos) encargaron a los artistas que transformaran la imagen pública de María dejando atrás la de simple madre para elevarla a la categoría de reina. Los pintores y escultores que creaban iconos de María le otorgaron muchos de los atributos que uno esperaría encontrar tanto en una reina como en una diosa: títulos que sugieren apoteosis, celestiales telones de fondo, ángeles en adoración, atributos reales y un boato de inmensa riqueza. Muchos de estos rasgos todavía se conservan en el arte ortodoxo ruso de los siglos XVIII y XIX.

La inquietud creció en cuanto se oyeron los primeros ecos de la controversia iconoclasta. La iconoclasia cristiana, o destrucción de las imágenes religiosas, surgió por razones diversas, no todas teológicas. Los emperadores bizantinos veían la adoración de iconos como una erosión de su propio poder sobre la Iglesia y decidieron que había que poner fin a aquella costumbre. Con su condena de las imágenes también asestaban un calculado golpe a los monasterios, cuya riqueza e influencia resultaban molestas y dentro de cuyos muros se daba la devoción mariana más intensiva.

Corriendo parejas con el rencor político, pervivía una acusada preocupación teológica acerca de la adoración de imágenes. El razonamiento no secular contra los iconos se había hecho oír por primera vez unos cien años antes de la aparición del movimiento iconoclasta. Así lo revela parte de la correspondencia entre el papa Gregorio el Grande (en el trono de 590 a 604) y Sereno, obispo de Marsella. Sereno se oponía diametralmente a todas las imágenes religiosas, haciéndose eco de la opinión de Tertuliano de que eran equiparables a la idolatría en una fe ya de por sí impregnada para su desdicha por un sinfín de prácticas mágicas y supersticiosas. Ésta fue en esencia la postura que adoptaron ciertos miembros influyentes de la Iglesia oriental de Constantinopla. Gregorio, no obstante, se mostró más liberal al considerar que las imágenes sagradas en particular constituían herramientas útiles para enseñar a los analfabetos. En su opinión era una equivocación destruir iconos, aunque igualmente importante era no adorarlos. En el caso de María, tal razonamiento resultaba inútil, puesto que sus florecientes retratos ya se habían convertido en objetos de adoración, invocación y plegaria en el mundo católico romano.

Durante el siglo VIII, la producción de iconos quedó interrumpida en Constantinopla tras los edictos del emperador Leoncio III (en el trono de 717 a 741) y se desnudó a las iglesias de sus imágenes. Ahora bien, la iconolatría continuó en Roma y, en cualquier caso, las imágenes marianas recibieron un apoyo más acérrimo si cabe como vías espirituales para los fieles. No cuesta demasiado ver cómo el aura mágica de estas imágenes pintadas las llevó a cruzar los límites lícitos de la doctrina cristiana para adentrarse en el reino del paganismo. Devinieron objetos en los que *residía* María. Fuente de gran preocupación para quienes estaban resueltos a acabar con la iconolatría era la clase de icono portátil tanto de Jesús como de María que poseía poderes mágicos. Según los rumores, tales imágenes no sólo se movían, sangraban, lloraban y gemían sino que daban remedios a los enfermos.

En la primera parte del siglo VIII, Germán, que llegó a patriarca de Constantinopla en 715, plantó cara a la iconoclasia pero fue retirado del cargo y sustituido por un ferviente iconoclasta, Anastasio. El papa Gregorio III (en el trono de 731 a 741), gran defensor del culto mariano y partidario de los monasterios, también se vio sujeto a severos castigos (en su caso económicos) después de convocar un sínodo, el 1 de noviembre de 731, en el que denunció la iconoclasia y amenazó con la excomunión a cualquiera que fuese sorprendido destruyendo imágenes. Ahora bien, hacia el final del mismo siglo, que fue testigo de disturbios en las calles de Constantinopla dirigidos por mujeres enfurecidas por la destrucción de imágenes marianas, se alzaron voces más poderosas arguyendo que no había nada de malo en la adoración de santos en general y de María en particular. Entre éstas se contaba la emperatriz Irene, viuda de Constantino V, a quien secundaron Platón, abad de Sakudion, y Teodoro Estudita, abad del monasterio de San Juan de Studios. El Séptimo Concilio General de la Iglesia, celebrado en Nicea en 787, repudió la iconoclasia al menos durante un tiempo. Ésta reaparecería con la misma o mayor intensidad pero más adelante se vería detenida cuando, en el siglo IX, la emperatriz Teodora permitió la restauración de imágenes en el Festival de la Ortodoxia de 843. Hizo hincapié en su posición de iconodula haciendo acuñar monedas que mostraban a María confiriendo el poder al papado al sostener coronas sobre las cabezas de sus titulares.

Pese a la persecución de que estaba siendo objeto en Oriente, la Iglesia occidental no tardó en reconocer las ventajas del culto mariano a través del arte, y la clase dirigente eclesiástica se dispuso a sacarle provecho a más no poder. Aprobó la liberalización artística de modo que los pintores se vieron con las manos libres para agregar gran cantidad de elementos innovadores a los retratos de María, la diosa real. Incluso en el área de influencia oriental, el relajo de las actitudes trajo aparejada una nueva era dorada de creación de imágenes para los artistas bizantinos y las superficies de escayola de las basílicas quedaron cubiertas de frescos religiosos.

Si bien convertir a María en monarca quizá resultase útil desde un punto de vista político para la Iglesia de Occidente, tal paso también tuvo el desafortunado efecto de hacer que pareciera distante de la gente corriente. Las imágenes de ese periodo no destacan precisamente por su calidez y personalidad. El arte bizantino conservó en buena medida la formalidad que le era propia y este estado de cosas no cambió hasta los albores del Renacimiento europeo. La altivez que había acompañado a la apoteosis de María convirtiéndola en una figura remota e imparcial, custodiada por «guardaespaldas» angelicales, estaba destinada a desaparecer. Bajo la influencia de las instituciones monásticas occidentales, servidas por hombres y mujeres ansiosos de un poco de ternura en la incesante rutina cotidiana de oración y renuncia, su perfil se iría suavizando, aunque esto no sucedería de inmediato. El culto mariano oriental había hecho profunda mella en el crecimiento de una devoción similar en Europa, donde creyentes tan fervorosos como Ambrosio, obispo de Milán, hicieron cuanto pudieron para preconizar la visión griega de María en la Iglesia latina. Así pues, durante un tiempo, su aura real también se copió en Occidente.

Los fieles marianos agradecieron claramente la actitud más relajada con la que les era presentada María y la costumbre de peregrinar a santuarios de la Virgen (pronto adornados de nuevo con imágenes) floreció una vez más, acompañada de un frenético comercio de reliquias. En el ínterin, se diría que la frontera entre *hyperdulia* y *latria* desapareció casi por completo. En la actualidad, uno no tiene más que entrar en cualquier iglesia católica y observar a un creyente moderno arrodillado ante una estatua de yeso pintado de la Virgen, contemplando embelesado su rostro, para comprender con cuánta facilidad ocurría lo mismo en una época acosada, en un grado infinitamente mayor, por la superstición y la magia.

En los albores del siglo XII, la representación de la Virgen Madre en toda su perfección de reina se había vuelto tan corriente como la del Señor crucificado, tanto en el mundo ortodoxo griego como en el católico romano. Apenas nos quedan dudas acerca de quién ocupaba la posición de mayor superioridad. Un mural de la iglesia de Lagoudera, en Chipre, presenta a María como figura central y dominante descansando sobre un monte con un niño Jesús totalmente eclipsado por su radiante majestad. En las escenas de la Natividad de ese periodo es frecuente que los Reyes Magos aparezcan no tanto como sabios que acuden a adorar al niño Jesús sino más bien como potentados en visita oficial que llevan a María símbolos de soberanía. Así, en la basílica de San Apolinario Nuevo de Ravena, queda claro que es María quien concede audiencia real a los monarcas extranjeros.

En Europa, las cabezas coronadas dedicaron mucha energía e ingenuidad a superarse unas a otras para obtener el favor de María, para que luego el arte inmortalizara sus esfuerzos personales. En la abadía de Monreale, a las afueras de Palermo, en Sicilia, se ha conservado un soberbio mosaico del siglo XII en el que el rey Guillermo II, como un arquitecto ansioso por obtener reconocimiento, tiende una maqueta del edificio a María entronizada. Durante gran parte de la época medieval las cortes reales europeas compitieron entre sí para convertirse en las mejores avanzadas del cielo en la tierra.

Uno de los personajes más influyentes en el mundo del arte religioso europeo durante la Edad Media fue un historiador y político llamado Suger, que llegó a ser abad de San Dionisio, cerca de París. Probablemente fue el responsable de una tendencia europea que fue un paso más allá de los meros *tête-à-têtes* entre Madonna y monarca que los artistas bizantinos habían propuesto. La nueva moda comenzó a mezclar de verdad la divinidad celestial con la realeza terrenal. Hemos visto que, en la antigua iconografía imperial, a veces María se representaba como una *augusta* romana. Mientras que en los frescos y pinturas antiguos no se tomaba como modelo a ningún individuo vivo concreto, los artistas medievales con frecuencia la identificaban con las grandes reinas regentes de Europa. Huelga decir que dichas obras solían ejecutarlas por encargo de la mitad terrenal de la fusión. Resulta fascinante abrir la

Biblia preparada para Blanca de Castilla y descubrir que un artista decidió iluminarla sentada a la derecha de su hijo, Luis IX. Ésta es precisamente la pose de intercesión que hallamos en los retratos de la Virgen y Cristo que decoran casi todas las catedrales medievales francesas. María, a la inversa, se vio adquiriendo rasgos que guardaban un asombroso parecido con personajes de la realeza, con inclusión de Blanca, quienes tenían los pies firmemente anclados en *terra firma*. Dado que estas regentes humanas ostentaban el poder en nombre de sus herederos menores de edad, también devino legítimo que los artistas combinaran sus imágenes con la de María sosteniendo al niño Jesús en brazos.

El interés de Suger por el retratismo real evolucionó hacia un tema concreto conocido como «Triunfo de la Virgen». Probablemente deba su innovación a un artista que recibió el encargo de trabajar en la vieja catedral medieval de Notre-Dame donde solía haber un vitral que mostraba a Jesús poniendo una corona en la cabeza de su madre. Esta romántica imagen cobró tanta popularidad que se repitió en todas las catedrales e iglesias medievales de Europa y, cuando la nueva Notre-Dame comenzó a construirse en 1163, Suger volvió a instalar el ventanal de la catedral original, donde permaneció hasta que fue destruido en el siglo XVIII. Entre los muchos retratos de la «coronación» existentes entre los que elegir, uno de los mejores se encuentra en la National Gallery de Londres. La *Coronación de la Virgen* de Lorenzo Monaco, pintada a principios del siglo XV, antaño constituía la pieza central del altar de un monasterio. Monaco pintó a una humilde pero completamente impersonal e indiferente María recibiendo su corona de manos de Cristo ante unos ángeles que levantan la vista extasiados hacia ella.

Con la llegada del Renacimiento, la renovación intelectual y cultural que se inició en Italia hacia finales del siglo XIV, el arte comenzó a hacerse más accesible y comprensible para el hombre y la mujer de la calle. El movimiento intelectual que constituyó el meollo de la cultura del Renacimiento fue el humanismo. Sus eruditos rechazaban el sesgo teológico de los medievalistas en el arte y se fijaron como meta la representación de los logros humanos. Persiguiendo este objetivo, los pintores renacentistas se deshicieron con entusiasmo de la imagen fría y distante de María. En el pasado se la había retratado muy a menudo contemplando el mundo con la mirada perdida mientras sostenía a su pasivo hijo como si fuese el muñeco de un ventrílocuo. La famosa *Madonna della Rondine* de Carlo Crivelli, pintor veneciano que nació hacia 1430, es típica del cambio hacia un estilo más sentimental. Crivelli ha envuelto a María en una gruesa capa azul ricamente bordada. Su joven rostro muestra una expresión dulce y serena mientras mece a un bebé regordete, desnudo y extremadamente humano. Jesús parece encantado de retozar en su regazo mientras la golondrina del título se posa con alegría en una balaustrada encima de su cabeza. Otro retrato ejemplar, en este caso de la última década del siglo XV, es el de *La Virgen y el Niño entronizados* del pintor flamenco Quinten Matsys, quien recibió una notable influencia de los artistas renacentistas italianos. Aparte de dos ángeles juguetones que flotan por encima de su cabeza y otros dos ángeles que rasguean instrumentos, el rostro de María presenta la lozanía y juventud normales en cualquier muchacha de su edad. Dicho sea de paso, en este periodo no consta casi ninguna representación de María como futura madre. La Virgen Inmaculada con el vientre hinchado no hubiese resultado adecuada en una cultura que, para entonces, rechazaba rotundamente toda representación del proceso natural del embarazo humano fruto del contacto sexual.

La humanidad de María como madre pasó a primera plana de un modo distinto cuando se la retrató angustiada por la muerte de Jesús. Esta imaginería había comenzado a desarrollarse en fecha tan temprana como el siglo VI cuando, en Siria, poetas como Romanos Melodos comenzaron a componer cantos fúnebres sobre la pena de María a los pies de la Cruz. El culto a la *Mater dolorosa* tomó forma en Europa en los siglos XII y XIII. Una bella tabla inglesa de marfil fechada hacia 1150 representa a María recibiendo el cuerpo de Cristo de la Cruz. Sin embargo, la *Mater dolorosa* no alcanzó su expresión más dramática hasta el siglo XVI. Albergada en la gran catedral de Florencia, ese glorioso monumento a la fe católica romana tallado en mármol, es una de las muchas *pietàs*, imágenes de la afligida madre de Cristo, creada por Miguel Ángel Buonarroti (1475-1564). Aunque menos conocida que su soberbia escultura de la basílica de San Pedro de Roma, ésta resulta memorable por estar inacabada y sin pulir. José de Arimatea sostiene el cuerpo maltrecho de Cristo junto a María, que se dobla bajo su peso. He aquí el verdadero espíritu de la *Mater dolorosa* y fue de esta imaginaría de compasión de donde surgiría después el papel de María como mediadora e intercesora.

El tema de la madre afligida también lo abordaron con entusiasmo los compositores. El siglo XVI fue testigo del estreno de la *Stabat Mater Dolorosa* de Palestrina. Más adelante, Bach incluiría en su *Pasión de San Juan* un aria con las palabras: «Oh corazón, deshazte en llantos y derrama tu dolor [...] han dado muerte a tu Jesús.»

Las instituciones monásticas de la época veían en María a una madre compasiva y accesible. Como mecenas de las artes, se apresuraron en encargar obras que revelaran la recién hallada proximidad de María, y fueron los pintores y escultores de Occidente quienes más influyeron en hacerla llegar a la opinión pública. En ciertos aspectos, lo que María ofrecía al hombre y la mujer cristianos de la calle, tras ser humanizada por artistas como Crivelli y Miguel Ángel, era la posibilidad de devenir «divino» en la vida terrenal en lugar de en el más allá.

Cuán asombrosamente distintas de las obras destinadas no sólo a humanizar a la Virgen María, sino también a retratarla como una hermosa muchacha, fueron aquellas que representaron a María de Magdala. Un impío deterioro, espeluznante en su contraste, fue el modelo que tomaron los artistas para representar el álter ego de María. Es como si la malicia de todos los prejuicios masculinos contra las mujeres y su sexualidad humana se concentrara en las imágenes de esta vilipendiada criatura. Una de las representaciones más horribles de María de Magdala, la escultura de Donatello (*c.* 1386-1466) titulada *La Maddalena*, la convierte en una grotesca parodia de la feminidad, en una descarnada arpía cuya experiencia sexual en el desordenado mundo de la lógica cristiana le ha valido la recompensa de la desolación y el desespero. El suyo es el destino del cuerpo natural que ha probado la plenitud terrenal. ¡La Madonna y la Magdalena! Las provocativas, evocadoras e inquietantes palabras de un texto gnóstico procedente de Nag Hammadi nos devuelve, inexorablemente, a la sospecha de que cada una de estas caricaturizadas mujeres sólo es media personalidad sin la otra.

Soy la duradera y soy la disolución.
Soy la de abajo y suben a mí.
Soy el juicio y la absolución.
Estoy libre de pecado y la raíz del pecado emana de mí.
Mi apariencia es lujuriosa y el dominio de sí mismo reside en mí.
[*Thunder, Perfect Mind* vi. 2, 19, en Robinson, 1988]

A través de la inspiración del arte renacentista, la una deviene el reflejo mutuamente exclusivo de la otra en un mundo donde el bien es sinónimo de la renuncia y el mal se funde a la perfección con la sexualidad. He aquí a Ishtar y Ereshkigal, la vida y la muerte, despojadas de su identidad pagana original.

Los artistas renacentistas no abandonaron los demás elementos paganos en sus representaciones de María. El arte bizantino había vinculado a las *tres* Marías, reuniéndolas en una reminiscencia del trío de *Matres* paganas, y esta moda perduró. Un estudio de la Crucifixión bellamente ejecutado en el siglo XV, procedente también del estudio de Quinten Matsys, es buen ejemplo de ello. La Virgen, vestida de blanco y adornada con su famosa faja azul, se arrodilla angustiada a los pies de la Cruz, acompañada por María de Betania vestida de azul y la pelirroja María de Magdala de rojo con una capa verde. Algunas de las demás mujeres que se supone presenciaron la muerte de Cristo figuran al fondo.

Aunque haya estudiosos que arguyan que la imaginería de María a la que más se aproxima es a la de Cibeles, que devino la *Magna mater* romana, es en la diosa egipcia Isis donde hay que buscar la fuente de inspiración. Los griegos y los romanos, perdidamente enamorados de todo lo egipcio, habían identificado a Isis como la Estrella del Mar y creían que cada noche hacía su aparición en los cielos como la estrella polar. *Stella maris* es un título cargado de significado puesto que el mar siempre se ha considerado una fuente de munificencia y fertilidad. Así pues, no resulta del todo sorprendente descubrir que, a partir del siglo IX, María también ostentara el título de *Stella maris*. Éste constituye, por ejemplo, el título del libro de John Garland sobre los milagros relacionados con María. Tan pintoresca imaginería nunca se hallará en su historia bíblica pero, pasando por alto la ausencia de pruebas documentales, María no tardó en ser admirada como la fiable estrella polar que guía a los viajeros de la vida desde su estratégico mirador celestial. El tema de la *Stella maris* también sedujo a los compositores. El *Ave Maris Stella* se convirtió en el tema de un cántico sin igual perteneciente a las Vísperas que Monteverdi compusiera en 1610. Monteverdi se las arregló para incluir la mayoría de sus supuestas cualidades en una sola frase que las abarca todas: «Dios te salve, estrella del mar, madre de Dios dadora de vida y virgen perpetua, feliz puerta del cielo» [Bartlett].

El advenimiento del siglo XVI trajo consigo uno de los episodios más turbulentos del movimiento cristiano: la Reforma. Se trataba de una rebelión contra la corrupción de la Iglesia católica romana y lo que se consideraba su abrogación de la Biblia como fuente única de revelación en beneficio de los caprichos de la sucesión apostólica en el papado. La voz del protestantismo se hizo oír y buena parte de su furia arremetió contra el culto mariano. En 1525 Martín Lutero declaró que el culto a María era nada menos que una «abominable idolatría». Lejos de alabarla, decía, la «difamaba en extremo y la convertía en un ídolo». Philipp Melanchthon, colega reformador de Lutero, declaró en el Artículo XXI de la *Confesión de Augsburgo* (1530): «Cristo es el único sumo sacerdote, defensor e intercesor ante Dios. Sólo él ha prometido atender nuestras plegarias.»

Lo único que el protestantismo hizo en las esferas católicas romanas fue empujar a los marianistas a una adoración todavía más ferviente. Si había que creer el razonamiento católico, Joaquín no participó en el milagro de la fecundación divina de Ana, de modo que Pío V suprimió su festividad.

A propósito del asunto de la presentación de María en el Templo, cuestión que carecía de toda credibilidad para cualquiera que se tomara la molestia de mirar más allá del esquema general del relato, Pío dio un paso adelante con su manipulación de los archivos. Como ya hemos establecido, una niña nunca habría sido admitida en el santuario yahveísta para ser educada por un clero masculino. Consciente de la delicada naturaleza del asunto, Pío dictó una directriz para que el Día de la Presentación también desapareciera del calendario. El texto del *Protoevangelio* sería destruido y la dudosa naturaleza de la visita al Templo disfrazada con oportunos préstamos de los Evangelios canónicos. Conservando al principio con diplomacia la palabra «presentación», el Día de la Presentación de María fue quedando en segundo término en beneficio del mucho más seguro Día de la Presentación de Cristo en el Templo, cuya fecha se fijó para el 2 de febrero. La palabra «presentación» terminó de desaparecer cuando el nombre de la festividad pasó a ser la Purificación de la Bendita Virgen María. Esta celebración señalaría la ocasión, cuarenta días después del nacimiento de Jesús, en que María cumplió con la ley judía acudiendo al Templo, provista de un sacrificio, para que el sacerdote la limpiara del pecado —¡curiosa decisión cuando se suponía que María no estaba mancillada por el pecado!—. Mientras María era colmada de adulación y ubicada en un pedestal aún más exclusivo, el vínculo entre las mujeres corrientes y el pecado se fue haciendo progresivamente más extremo, llegando incluso a alentarse a los cristianos a creer que el diablo era femenino, argumento que persistió durante cientos de años. En el siglo XVI san Ignacio de Loyola hizo los siguientes comentarios sobre las artimañas del diablo:

> «El enemigo actúa como una mujer, mostrándose débil ante el vigor y con fuerza de voluntad. Porque, tal como hace la mujer cuando discute con un hombre desanimado, huyendo cuando el hombre le muestra su coraje: y al contrario, si el hombre, descorazonado, empieza a retirarse, la ira, venganza y ferocidad de la mujer es enorme, pues no conoce límites.
>
> [*Ejercicios espirituales: para percibir y conocer de algún modo los distintos movimientos que se causan en el alma* 12]

En el apasionado clima de la Contrarreforma, que se prolongó cosa de cien años a partir de mediados del siglo XVI y cuya meta era combatir los efectos del protestantismo mediante la reforma de la Iglesia católica romana, un resuelto franciscano, san Lorenzo de Brindisi, muerto en 1619, declaró: «Su [de María] reino y su imperio no son menos que el reino de Dios y el Imperio de Cristo.» No todo el mundo se mostró de acuerdo. Muchos seguían creyendo que María había nacido en pecado original y, por consiguiente, se oponían al dogma de la Inmaculada Concepción. Tal era el grado de inquietud que, en el siglo XVIII, el emperador austriaco Carlos VI (1711-1740) encarcelaba a cuantos se negaran a aceptar la Inmaculada Concepción. Curiosamente, el reformador protestante Martín Lutero (1483-1546), fue un acérrimo defensor de la idea de que María era virgen cuando concibió. Según una anécdota, se ofreció a entregar cien florines a cualquiera que fuese capaz de demostrar que *almah* no significaba virgen sino muchacha. ¡Por supuesto, de haber vivido en la actualidad hubiese tenido que desprenderse de su dinero!

Durante la Contrarreforma las experiencias visionarias, estimuladas probablemente por el floreciente arte romántico sobre María, corrían el peligro de descontrolarse. En el siglo XVII se daba parte de ellas por toda Francia casi a diario y con el tiempo empezaron a oírse voces precavidas. Las visiones de apariciones virginales se multiplicaron después de la Revolución francesa y, antes de su investidura como papa Benito XIV en 1740, Prospero Lambertini fue instado a escribir un panfleto titulado *De revelatione*. En éste, adoptó el reconfortante sentido común de que el visto bueno de la autoridad no garantizaba que una aparición hubiese tenido lugar realmente.

A medida que el fanatismo y la intolerancia asociados al marianismo devenían progresivamente más extremos, tuvieron lugar varios acontecimientos que contrastan netamente con la liberalización en el arte y la histeria de los visionarios. El papa Pablo IV (en el trono de 1555 a 1559) dedicó sus energías a reactivar la Inquisición romana. Enconado enemigo de los protestantes, acusó a los judíos de secundar el protestantismo, confinándolos en guetos en Roma y obligándolos a llevar gorros que los identificasen. También creó, sirviéndose del cuerpo oficial de investigación conocido como Congregación de la Inquisición, una nueva forma de censura. En 1557 autorizó el Índice de Libros Prohibidos, que volvió a revisarse en 1559. Habida cuenta de su severidad sin precedentes contra la libertad de expresión literaria, el Índice aventajaba con creces los edictos y restricciones anteriores como el *Decretum Gelasianum*.

En 1571, el papa Pío V (en el trono de 1566 a 1572) consolidó el Índice estableciendo un nuevo aparato administrativo que daría en conocerse como la Congregación del Índice. Tan draconiano fue en el ejercicio de su poder que cientos de impresores italianos se vieron obligados a huir a Alemania y Suiza para eludir un arresto seguro. La austeridad de Pío V y sus duras medidas contra los disidentes de la ortodoxia apuntalaron las defensas de la Iglesia católica romana durante la Contrarreforma y se empleó la maquinaria de la Inquisición para acabar con cualquier cosa que oliese a herejía. Él fue quien excomulgó a la reina Isabel I de Inglaterra. Resulta particularmente alarmante, por consiguiente, descubrir que Pío V también fue responsable de manipular deliberadamente los archivos. El breviario católico, compendio de reglas y normas de la Iglesia romana, había incluido una festividad anual en honor de san Joaquín, de quien se decía era el padre de María en el *Protoevangelio de Santiago* y otras obras apócrifas. Se creía que Joaquín y Ana, la madre de María, se mudaron de su hogar original en Galilea a Jerusalén donde María nació y se crió, y que ambos habían muerto en Jerusalén. En algún momento del siglo IV se construyó una iglesia en el lugar de su antigua casa y sus tumbas quedaron ubicadas en su cripta; en el siglo IX la iglesia se transformó en un colegio musulmán. La celebración de la vida de san Joaquín, sin embargo, no respaldaba la afirmación de que María era fruto de una concepción sin sexo. Si había que creer el argumento ortodoxo, Joaquín no participó en el milagro de la fecundación milagrosa de Ana, así que Pío suprimió su festividad.

En cuanto al asunto de la Presentación de María en el Templo, el singular relato de cuando fue puesta en manos de los sacerdotes del Templo a la edad de tres años, Pío V dio otro paso más en su manipulación de los archivos. Esta cuestión presenta una seria falta de credibilidad para cualquiera que se tome la molestia de mirar más allá del esquema general del relato, puesto que una niña nunca habría sido admitida en el santuario judío para ser educada por un clero masculino. Pío dictó una directriz para que el Día de la Presentación desapareciera del calendario litúrgico y prohibiendo el texto del *Protoevangelio*. Al conservar la palabra clave «presentación», la visita de María al Templo fue quedando en segundo término en beneficio del Día de la Presentación de *Cristo*.

Ninguno de los intentos falsificadores de Pío acabó de tener éxito. La festividad de San Joaquín fue restaurada por Gregorio XV en 1622 y, poco más de cien años más tarde, en 1738, Clemente XII fijó su celebración anual para el primer domingo después de la Asunción. En 1585, el papa Sixto V también restauró el antiguo Día de la Presentación de María aunque dicha reinstauración se acogió con poco entusiasmo y nunca alcanzó el amplio reconocimiento que la festividad había conocido en siglos pasados.

La conducta de Pío V, no obstante, pone de relieve la pregunta de cuánta credibilidad cabe otorgar al papado como guardián de la historia cristiana. Unos treinta años después de su reinado, Pablo V, que ocupó el trono de 1605 a 1621, organizó una recopilación de información clasificada, los archivos secretos, que comprendían los libros prohibidos. A fecha de hoy, el contenido de ese archivo, tanto histórico como doctrinal, que la Iglesia ha tachado arbitrariamente de herético, sigue siendo desconocido en gran parte ya que el grueso del mismo sólo es accesible para unos pocos privilegiados de la jerarquía católica romana.

15

El siglo XX

En su libro *Virgin Birth? The True Story of Mary and her Son Jesus*, Gerd Ludemann, una de las más destacadas autoridades en herejía, señala que el desarrollo del marianismo proporciona un buen ejemplo del modo en que evolucionaron los principios teológicos.

> Se construyen castillos en el aire, cada uno más hermoso y atractivo que el anterior, y luego se contempla el conjunto como la firme ciudadela de la verdad revelada, expresión que significa, en realidad, que la palabra de Dios es entregada en privado a ciertos beneficiarios selectos cuya integridad en la materia nos piden luego que aceptemos ciegamente como en un acto de fe.
> [Ludemann, 1998]

La Iglesia católica ha continuado su tergiversación del archivo mariano, ha construido sus castillos en el aire y se las ha apañado para incrustarlos en los niveles más altos de la doctrina eclesiástica como «verdad revelada», cosa que el rebaño acepta plenamente en un acto de fe ciega.

Uno de los ejemplos más claros es lo que ha ocurrido con la tradición de la Inmaculada Concepción. Dejada de lado o descartada por los escritores canónicos que la consideraban un mito popular, estaba llamada a alcanzar la categoría de dogma católico oficial. La idea había estado en circulación durante cientos de años, pero el proceso de aceptación oficial no comenzó hasta 1831 bajo el papado de Gregorio XVI. Éste promovió notablemente la Inmaculada Concepción, aunque fue su sucesor Pío XII (en el trono de 1846 a 1878) quien la ratificaría como parte del dogma oficial de la Iglesia en 1854.

Es probable que la acción de Pío tuviera trascendencia política además de doctrinal. Algunos historiadores de la Iglesia piensan que se eligió este dogma por ser una idea «populista» segura, a la que pocos pondrían objeciones, con vistas a establecer un precedente de la «infalibilidad papal». En 1870 Pío IX convocó el Primer Concilio Vaticano y, el 18 de julio, en un edicto conocido como *Pastor aeternus*, declaró que las definiciones del Papa sobre la fe y la moral eran infalibles por derecho propio. Este principio quedó consagrado en los estatutos de la Iglesia católica romana, de tal modo que cualquier pronunciamiento que el titular del papado decidiera transmitir equivalía a un mensaje de Dios, independientemente de lo razonablemente optimista que fuese o dejara de ser. Hubo quien vio la infalibilidad papal como una medida fruto de la ostentación y la estrechez de miras vaticanas pero, contra todo pronóstico, levantó una creciente marea de desafección entre los fieles y, más que nunca, puso a María, no a Cristo, en el centro de la fe católica.

Los dos últimos siglos de catolicismo romano se han caracterizado por un fenómeno de interés periodístico relacionado con María, el de sus apariciones a visionarios. Esta oleada de visiones milagrosas, causante de un gran fervor romántico, se inicio en París en 1830. En aquel año de revuelta, una monja llamada Catherine Labouré vio el corazón de san Vicente, el «Padre de los Pobres», flotando en el aire en la casa madre de las Hermanas de la Caridad. Posteriormente se dijo que la había visitado la Virgen para advertirla de la inminente caída de la monarquía francesa. Dieciséis años después, cuando la región se preparaba para una nueva sublevación, dos muchachas adolescentes de La Salette, en los Alpes franceses, recibieron un mensaje de una luminosa Virgen llorosa que les mostró un manantial sagrado. Para 1852 ya se habían puesto los cimientos de una basílica y La Salette entró en la historia católica romana al tiempo que desencadenaba la construcción de una plétora de santuarios dedicados a la «Virgen de los Alpes».

Fue en febrero de 1858, no obstante, cuando se supone que María efectuó una de sus más celebradas apariciones en una gruta natural cercana a la cueva de Pau, en un lugar del Pirineo francés llamado Lourdes. El incidente tuvo el conveniente efecto de incrementar la credibilidad del dogma papal de la Inmaculada Concepción, que entonces sólo contaba diez años. Lourdes pasó de ser un pueblecito insignificante a convertirse en un bullicioso centro de peregrinación. Ahora tiene aeropuerto y una estación del TGV. Lourdes puede jactarse de ser la ciudad francesa, excepción hecha de París, con el mayor número de hoteles, y una plétora de monumentos religiosos con inclusión de una enorme cruz en la cima de una montaña adonde se llega cómodamente en teleférico.

Todo ello debe atribuirse a una niña enferma de catorce años, hija de un padre convicto y una madre dada a la bebida, Bernadette Soubirous. Tras presenciar dieciocho visitaciones que contenían advertencias diversas y le mostraron un manantial con propiedades curativas, se instó a Bernadette a entretener a la multitud de visitantes rezando su rosario, correteando colina arriba y abajo con asombrosa velocidad, bebiendo las aguas y comiendo hierba a las órdenes de su invisible mentor. Cuando un escéptico obispo de la zona la entrevistó poco después de la primera visitación, le pidió que averiguara el nombre de la aparición, la cual describió, con improbable elocuencia dada su extracción iletrada, como «una joven dama, maravillosamente hermosa, completamente bañada en luz». Durante una segunda visitación, Bernadette preguntó el nombre de su misteriosa amiga, a lo que la dama respondió presentándose como «la Inmaculada Concepción», identidad que confirmó en varias ocasiones posteriores. Esto lo aceptó como creíble no sólo el obispo de Bernadette sino toda la cúpula católica romana en pleno. Lo que a primera vista puede parecer una credulidad pasmosa cobra otro sentido si uno tiene en cuenta que toda esa racha de fenómenos, que no conoció respiro en las primeras décadas del siglo XIX, fue orquestada por la Iglesia católica. En el caso de Bernadette Soubirous, la Iglesia necesitaba la aprobación celestial de su dogma de la Inmaculada Concepción, todavía sujeto a escepticismos. Una chiquilla en la impresionable y a veces histérica edad de la pubertad, analfabeta y procedente de un mísero hogar, surgió convenientemente de la nada, se le dijo lo que debía decir y por consiguiente pudo confirmar la infalibilidad de las palabras del Papa.

En el siglo XX España y Portugal han tendido a tomar el relevo a Francia como principales países receptores de visitas marianas. Curiosamente, Italia nunca ha entrado en esta liza. En tiempos más recientes, las apariciones han guardado menos relación con el dogma católico que con acontecimientos políticos o estratégicos, aunque siempre con el omnipresente deseo de promover el catolicismo. Un pueblo llamado Fátima, al norte de Lisboa, saltó a la fama cuando, en 1915, en el momento más álgido de la Primera Guerra Mundial, tres niños entre los que se contaba Lucía, la analfabeta hija de ocho años de un pastor alcohólico, vieron a la virgen flotando en el aire. Lucía recibió instrucciones de difundir el mensaje de que el rosario debía rezarse a diario para que el mundo, y Portugal que luchaba como aliado de los británicos, volviera a vivir en paz. El 13 de octubre de 1917, tras otras varias visitaciones y considerable propaganda, unas setenta mil personas se congregaron en Fátima y, según se dice, vieron a María manipular el sol para que «diera vueltas en el cielo como una girándula que despedía grandes arcos de ardiente luz». En años posteriores, cuando el comunismo se perfilaba como la principal amenaza para la Iglesia católica y Lucía se había hecho monja dorotea, se supone que recibió un mensaje de María en tres partes a propósito del futuro papel de Rusia en el orden mundial. Lucía reveló dos partes pero la tercera no fue revelada aunque la puso por escrito en 1943 y fue depositada en los archivos secretos del Vaticano. Se dice que Pío XII (en el trono de 1939 a 1958) reconoció la importancia de la experiencia de Fátima en el impulso del culto mariano, y su sucesor, Juan XXIII (en el trono de 1958 a 1963), habría leído este tercer fragmento del mensaje en 1960. Su contenido jamás se ha hecho público.

La fascinación por las reliquias marianas ha continuado en la época moderna y nunca han faltado ganas de descubrir nuevos fenómenos milagrosos relacionados con los santuarios de María. En medio de un alboroto a menudo histérico, se ha referido que sus estatuas lloran, asienten con la cabeza, sangran, caminan, hablan y resplandecen en la oscuridad. Casi todo esto es magia de origen pagano. También hay personas obsesionadas por hallar pruebas tangibles del lugar donde vivió María. Los pormenores de una visión revelada a una monja y mística agustina, Ana Catalina Emmerich, publicados en 1876, fueron acogidos con inmenso interés. Emmerich ya había sido aclamada como estigmática por tener las heridas de la crucifixión en las manos, los pies y el costado, de modo que las autoridades eclesiásticas solían tomar en serio todas sus declaraciones. En un momento de gran tensión para la Iglesia católica de Westfalia, aseguró haber visto la casa de Éfeso donde se supone que María se retiró al final de su vida bajo la protección de Juan. Un equipo de arqueólogos católicos fue enviado al lugar y dejó al descubierto las ruinas de una minúscula construcción del siglo I que posteriormente se restauró. Así, no sólo se imprimió un muy necesario empuje a la Iglesia de Westfalia sino que, para mayor desilusión de Jerusalén, que a la sazón también hacía reivindicaciones en ese sentido, Éfeso se convirtió en el nuevo centro de la devoción mariana.

Incluso las reliquias de los cuerpos de los visionarios de María han adquirido poderes especiales. La Iglesia convenció a muchas de las mujeres que reivindicaron tales experiencias para que pasaran el resto de su vida prudentemente encerradas, lejos de la atención y la curiosidad del público. Una vez muertas, no obstante, con los labios sellados y por tanto incapaces de revelar detalles indiscretos, eran devueltas al foro público. Algunos de sus restos corporales han resistido a la descomposición convirtiéndose en estrafalarias atracciones para *voyeurs*, turistas y discípulos por igual. El mero estar de pie en la proximidad de estos mustios miembros, encerrados tras cristales herméticamente sellados, se dice que basta para beneficiarse de sus poderes sobrenaturales, mientras que la opinión generalizada es que los donativos en efectivo para el mantenimiento de tales mausoleos aumenta su efecto beneficioso.

La relación de María con la guerra ha sido otro rasgo estrictamente pagano incluido en su biografía ficticia. Casi todas las diosas madre, con la notable excepción de Isis en Egipto, también eran diosas de la batalla. Como hemos visto, éste fue un elemento del culto a María desde la época imperial romana, aunque conoció su momento de máximo esplendor en España durante el siglo XVII, cuando el poder y la influencia de los españoles empezaba a decaer. Felipe IV proclamó a María «Nuestra Señora de las Victorias, Patrona de los Ejércitos Reales» y ordenó la celebración de su festividad en todos los dominios españoles. Ya había sido la norma que cuando los exploradores y conquistadores españoles entraron en las Américas y comenzaron a exterminar a los habitantes nativos lo hicieron como soldados de la infantería de María que podían justificar todas sus atrocidades alegando defender al catolicismo de sus enemigos.

En otros pagos, durante la guerra de los Treinta Años entre los ejércitos católicos de Fernando de Austria y los reformadores protestantes, se pensó que un icono de la Madonna había sido tan decisivo para asegurar una victoria crucial cerca de Praga como para que una iglesia de Roma, estrechamente vinculada a visiones de la Virgen, fuese rebautizada como Santa María de la Victoria. En una contienda tan reciente como la guerra de Crimea, se fundieron medallas con la imagen de María que se metían a escondidas entre los vendajes de los heridos.

En la península ibérica, durante el largo mandato de Franco, cuando el catolicismo se alzaba con firmeza contra el comunismo, el protestantismo y la francmasonería, la agresividad del culto mariano en ocasiones rayó en la histeria. Acabada la guerra civil española, los obispos portugueses condujeron a un millón de agradecidos devotos hasta el santuario de Fátima para dar las gracias por la protección recibida contra la «amenaza roja». El periodo que siguió a las hostilidades también fue testigo del surgimiento de varios movimientos religiosos derechistas y cuasi militantes con María como «fundadora y patrona». En España, una leyenda popular decía que María se había exiliado en Aragón y que, a su llegada, erigió un pilar de piedra en agradecimiento por haber concluido el viaje sana y salva. Se la conoció como Virgen de Zaragoza, Nuestra Señora del Pilar, y, durante la guerra, Zaragoza se convirtió en un punto de concentración de los nacionales. El 26 de agosto de 1936, la prensa local publicó la noticia de que un batallón falangista triunfador había desfilado hasta su santuario al grito de «¡Viva la muerte!¡Viva la Virgen del Pilar!» y, después del conflicto, Franco admitió que «si la Virgen del Pilar no nos hubiese dado a todos energía, valentía, espíritu de sacrificio, una viva conciencia del pasado y fe ciega en nuestro futuro, todos nuestros guardias armados habrían velado en balde». Nunca sabremos si el Generalísimo sopesó la lógica de este discurso, pero lo cierto es que María pasó a ser la patrona del ejército español. Los militares estuvieron encantados de condecorarla con honores, con acompañamiento de salvas y clamorosa música marcial.

A partir de mediados del siglo XIX una nueva clase de militancia romántica comenzó a invadir el catolicismo europeo. Ante el crecimiento del modernismo, el comunismo y otras sectas no muy bien dispuestas para con la Iglesia, aparecieron muchos movimientos cuasi religiosos de derechas con María como «fundadora y abanderada». Con frecuencia recibían títulos militaristas. Como consecuencia de la experiencia de Fátima en 1917 surgió el Ejército Azul de María, aunque la organización en realidad no se formó hasta treinta años más tarde, cuando un sacerdote de Nueva Jersey, Harold Colgan, oyó el mensaje de Fátima. Bautizado con el color de la faja que María lleva tradicionalmente en la cintura, el centro nacional del Ejército Azul se fundó en Plainfield, Nueva Jersey, al tiempo que se abrió un santuario para peregrinos de habla inglesa en Fátima. La organización se extendió rápidamente por todo el mundo y ahora cuenta con millones de afiliados.

La mayor organización apostólica de seglares de la Iglesia católica es la Legión de María con más de tres millones de miembros activos diseminados por todo el globo. La fundó en 1921 un funcionario de Dublín, Frank Duff, con la máxima: «Glorificación de Dios mediante la santificación de los feligreses.» Ha contado con la aprobación de los últimos seis papas y se refrendó oficialmente durante el Segundo Concilio Vaticano que comenzó en 1962.

En Polonia, durante las décadas de 1920 y 1930, Maximiliano Kolbe, un fraile franciscano aquejado de tuberculosis, puso en marcha otra organización claramente derechista llamada Militia Immaculatae, los Caballeros de la Inmaculada. Kolbe alegaba que el poder de sus miembros evangelizadores procedía de su «absoluta consagración a la Bendita Virgen María». Para cuando estalló la Segunda Guerra Mundial, su organización se había expandido hasta alcanzar casi el millón de afiliados. Murió en Auschwitz en agosto de 1941 y fue canonizado en 1982. Organizaciones semejantes a éstas han ido surgiendo por todo el mundo. Fundado en 1927 por Josemaría Escrivá de Balaguer, un profesor universitario de religión oriundo de Aragón, el Opus Dei fue, y sigue siendo, a todas luces, una de las más poderosas. A través de Acción Católica, diseñada como baluarte contra la subversión política, la doctrina católica y la devoción a la Inmaculada pasaron a ser obligatorias en todas las universidades de España. Se presionaba a los jóvenes para que se implicaran en la asistencia social y la conversión de obreros al culto de la Inmaculada era su objetivo primordial. Acción Católica, no obstante, actuaba bajo la férula de la hermética organización del Opus Dei, la cual debía su «patrocinio y fundación» directamente a María.

En América, los Caballeros de Colón (anunciados como «la organización fraternal católica más grande y fuerte del mundo») reclutaron a sus afiliados con el señuelo de un seguro de vida muy económico, amasaron una gran fortuna y ejercieron una considerable influencia de la mano de la Inmaculada. Presentaban a María como «anticomunista» y algunos de los aspectos más inquietantes del culto mariano militante emergieron a la superficie durante las décadas de 1950 y 1960 con la caza de brujas del macartismo, en el transcurso de la cual los Caballeros fueron poderosos aliados del Comité de Actividades Antiamericanas. María abría la carga contra cualquiera que se situara a la izquierda del centro, aunque fuese remotamente. En Irlanda existe una entidad casi homónima, los Caballeros de San Columbano, mientras que Australia es la sede de los Caballeros de la Cruz del Sur. Todas estas organizaciones profesaban una militante devoción a María. Alentaban a sus soldados a ponerse la faja azul a modo de manifiesta y políticamente oportuna señal de lealtad.

Durante las décadas de 1980 y 1990, la devoción mariana quizá nos haya aproximado más al Apocalipsis nuclear de lo que por lo general se piensa. El 2 de noviembre de 1984, el periódico estadounidense *National Catholic Reporter,* con sede en Kansas City, que se anuncia como una voz independiente dentro de la Iglesia, guiada por el compromiso con la justicia, la paz y un mundo sostenible, publicó un artículo donde se insinuaba que el ex presidente Reagan suscribía una alarmante opinión: segundos antes de que el primer misil de la tercera guerra mundial estallase, vaporizando instantáneamente a la mayoría de nosotros, los millones de acólitos de María serán elevados por los aires y por consiguiente salvados. Se dice que buena parte de la pose más agresiva de la era Reagan emanaba de una creencia tácita extendida entre los fundamentalistas convertidos según la cual la distensión constituía básicamente una pérdida de tiempo, dado que María tenía su mano posada sobre el botón nuclear. La optimista intervención humana nos ha dejado sin saber si lo habría pulsado o no, ni bajo qué circunstancias.

Otro aspecto pagano del culto mariano que ha sobrevivido desde los albores de la era cristiana es el vínculo con árboles sagrados. Desde los tiempos de Constantino el Grande, el Árbol Sagrado —Árbol de la Vida en terminología cristiana— quedó entretejido en la trama de la Crucifixión. La Gran Cruz Laterana, una magnífica obra de arte de autor desconocido, ha sido el modelo de numerosos estudios posteriores pero, en algunas de esas obras posteriores, el contorno de la cruz se ha desdibujado. Existe una talla realizada en Rennes durante la década de 1830 en la que el árbol tiene un pájaro, a saber, la paloma del Espíritu Santo, posado en una rama, mientras que una serpiente, símbolo del conocimiento y el mal, se enrosca en sus raíces. Unos querubines alados contemplan la escena y el árbol está rodeado de escarapelas. Todos estos símbolos se incluyeron en la antigua imaginería del Árbol Sagrado en Oriente Próximo cuando éste representaba la presencia de la diosa pagana Ishtar.

En la actualidad, poco ha cambiado. La misa del Día de la Inmaculada Concepción incluye palabras cargadas de resonancias conocidas, por no decir no cristianas:

> Fui ensalzada como un cedro en el Líbano, y como un ciprés en el monte Sión. Fui ensalzada como una palmera en Cádiz, y como un rosal en Jericó; como un hermoso olivo en las llanuras y como un plátano junto al agua. En las calles me ensalzaron. Yo di un dulce perfume como de canela y bálsamo aromático. Emané un dulce olor como el de la mejor mirra.

Muchas tradiciones populares relacionan a María con árboles. En Whitsun, las iglesias solían decorarse con ramas de abedul, árbol que Samuel Taylor Coleridge describió como

«La Dama de los Bosques». En Rusia, hasta hace muy poco, esta tradición se amplió vistiendo un abedul joven con ropa de mujer y decorándolo con cintas. Aunque no esté relacionado directamente con la tradición mariana, el mayo posee connotaciones similares.[1] Antaño, éste tomaba la forma de un joven abeto o abedul recién talado para el primero de mayo y transportado al pueblo para engalanarlo con cintas y flores. En la calle Leadenhall de la City londinense, por cierto, la iglesia de St Andrew Undershaft debe su nombre a un enorme poste fálico al que Chaucer se refirió como la «Gran Asta de Cornhill» y que se irguió en el lugar hasta que fue echado a tierra por los puritanos de Cromwell, quienes lo encontraron de mal gusto.

Otros elementos paganos han demostrado ser imposibles de erradicar, con inclusión del polémico título de Reina del Cielo. La antífona final de la Misa de Completas comprende este cántico de alabanza:

Dios te salve, Reina del Cielo.
Dios te salve, Señora de los Ángeles.
Saludamos a la raíz y al portal
de donde ha surgido la luz del mundo.

En la actualidad cabe decir que el culto a María es el mayor obstáculo individual que impide la unidad cristiana, además de originar algunas de las más encendidas pasiones no sólo entre católicos y protestantes sino entre la Iglesia romana y la griega ortodoxa. El catecismo católico romano exige que sus feligreses tengan fe en los cuatro «hechos inalienables»: la Inmaculada Concepción, la Maternidad Divina, la Virginidad Perpetua y la Asunción Carnal. Sin embargo, los cuatro son biológicamente imposibles y no contienen más que retazos de verosimilitud bíblica. Además del concepto de la *Theoto-*

1. Poste pintado y adornado con flores que se coloca en el centro del lugar donde se celebran las fiestas del primero de mayo. *(N. del T.)*

kos, contrarían a la Iglesia ortodoxa griega y no siempre han contado siquiera con el unánime apoyo de la Iglesia de Roma. Tal como lo expresó Benjamín Disraeli en el contexto de una de sus novelas: «Por favor, dime, ¿eres uno de esos cristianos que rinden culto a una judía o de los que la injurian, rompen sus imágenes y maldicen sus retratos?»

No deja de resultar irónico, vistos los pasos que se han dado hacia la unidad cristiana, que durante la segunda mitad del siglo XX se hiciera más en nombre de María para ofender a las Iglesias protestante y ortodoxa que en cualquier otro periodo de la historia del cristianismo. El dogma de la Asunción Carnal lo ratificó en Roma el papa Pío XII en 1950. Apareció en el balcón de San Pedro el 1 de noviembre y anunció a una extasiada congregación de más de un millón de personas que el cuerpo de María había sido transportado al cielo. La bula papal *Munificentissimus Deus* decretó: «Proclamamos, declaramos y definimos como dogma por revelación divina que la inmaculada Madre de Dios, la perpetua Virgen María, al concluir su vida en la tierra, fue llevada en cuerpo y alma hasta la gloria celestial.» A pesar de la euforia inicial, este dogma suscitó un desacuerdo considerable. En concreto, la Iglesia ortodoxa griega cree que el ascenso de un cuerpo entero —huesos, carne y sangre— a las nubes constituye un privilegio reservado estricta y excepcionalmente para Cristo. Cuatro años más tarde, el 11 de octubre de 1954, Pío XII dedicó otro decreto papal —*Ad coeli reginam*— a dejar sentado que María ejerce su soberanía como Reina del Cielo.

Entre 1962 y 1965, bajo el papa Juan XXIII y su sucesor Pablo VI, el Vaticano celebró su Segundo Concilio General Ecuménico (conocido como Vaticano II). Uno de sus principales objetivos fue la redacción de un documento que definiera la naturaleza de la Iglesia en el siglo XX; entre los numerosos temas propuestos para su estudio surgió la solicitud de un debate sobre la Madre de Dios. Éste tuvo respuestas encontradas. Por un lado despertó la inquietud de quienes temían que incluir a María en el orden del día tuviera como resultado otro gran gesto papal al estilo del que protagonizara Pío XII cuando ratificó la Asunción Carnal, cosa que irritaría todavía más a las Iglesias protestante y ortodoxa. Por el otro, el grueso de los obispos delegados temía que se estuviera tramando un complot para degradar a María. Tras una enconada votación, se hizo un hueco en el orden del día por una escasa mayoría para un debate sobre la Virgen cuyo resultado fue que Pablo VI hizo aprobar un nuevo título para María, el cual se sumaba al de «Madre de Dios» al proclamarla también «Madre de la Iglesia». Muchos miembros del Vaticano consideraron que Pablo VI había colmado con creces los tácitos deseos del Concilio.

Cuando el ultraconservador Juan Pablo II ocupó el trono vaticano era bien conocido su interés por promover el culto mariano. El mundo no tuvo que esperar mucho para descubrir que Juan Pablo estaba comprometido con la idea de la intervención de Nuestra Señora en los asuntos terrenales y con la definitiva naturaleza milagrosa de sus apariciones. Tras el atentado contra su vida de 1981 en la plaza de San Pedro, señaló que estaba «en deuda con la Virgen Bendita» por su salvación. Sintió una «extraordinaria protección maternal que resultó ser más fuerte que la mortífera bala» y uno de sus deseos fue elevar a María a la función de corredentora. Naturalmente, los creyentes católicos siempre habían visto a Jesucristo como el Redentor, pero convertir a su madre en compañera de esta facultad, la *Redemptoris mater*, agregaba una nueva e interesante dimensión a la polémica que ya envolvía a María.

Tal como he mencionado en la Introducción, el 24 de marzo de 1984, Juan Pablo II aprovechó el medio televisivo para llegar a una audiencia mundial de muchos millones de espectadores cuando se arrodilló ante la imagen de Nuestra Señora de Fátima en la plaza de San Pedro ensalzando todavía más la posición de María al dedicar el planeta entero a su Inmaculado Corazón. Confirmó que su maternal abrazo envuelve el mundo «sin distinción de religiones y divisiones». Fue una consagración que, según proclamó, «dura para siempre y abarca a todos los individuos, pueblos y naciones». Entre las reivindicaciones del Ejército Azul de María se cuenta el argumento de que el comunismo ruso fue derrocado como resultado de este acto de consagración global.

En 1987, Juan Pablo II anunció un Jubileo Mariano con el pretexto de que, si en el 2000 se iba a celebrar el aniversario de la Natividad de Cristo, el nacimiento de su madre trece años antes también debía celebrarse apropiadamente a modo de preparación, centrándose en el tema del Magnificat. Durante una asombrosa gira mundial televisada, que no faltó quien calificó de cuasi milagrosa, dieciocho satélites transmitieron imágenes simultáneamente desde santuarios diseminados por todo el mundo. En la apertura, Juan Pablo II encendió una llama sagrada para María y luego declaró que la habían invitado a participar y colaborar en el «albor de la redención» de un modo excepcional y extraordinario. También dijo abiertamente que había que considerar a María como una mediadora esencial. Esto no tenía nada de nuevo, pero Juan Pablo II fue un paso más allá al declarar que la función de mediadora era una iniciativa exclusiva de ella y que el episodio de las bodas de Canaán constituía el anuncio bíblico de dicha función. Al situarse entre Cristo y la humanidad, actuaba como una especie de filtro pantalla. Juan Pablo II se esforzó en señalar que el principal mediador sigue siendo Jesucristo y que su madre sólo es una «mediadora maternal» secundaria pero, pese a todo, se trata de una doctrina peligrosa y sin fundamento teológico. En los textos bíblicos no hay ningún indicio de que la Madre de Cristo sea una mediadora entre el Redentor y los redimidos. Juan Pablo II también ha declarado que María en realidad está presente en varios de sus santuarios de todo el mundo, con inclusión de Lourdes, Fátima y Guadalupe en México. La ideología avanza, una vez más, hacia principios fundamentalmente paganos.

Hemos viajado a lo largo de dos milenios de historia cristiana y casi hemos llegado al final de nuestra búsqueda de la verdad sobre María. La mujer real que hemos descubierto arrancando capas de pintura para revelar el retrato original es una persona muy diferente de la que representa el parecer cristiano moderno.

También hemos descubierto que el primitivo culto a María se fundamentaba en criterios y principios que no concuerdan con los que se defienden en la actualidad. Si existe una gran ironía en un movimiento religioso que la exhibe como un bastión de la ortodoxia, ésta es que los principios no emanaron del judaísmo ni del cristianismo sino en buena medida del paganismo. En los primeros siglos, estos principios fueron manipulados por razones principalmente políticas y sociológicas pero ahora esto sólo es en parte verdad. Los principios constituyen, en un grado infinitamente mayor, una herramienta para alentar la fe. Esto conlleva nada menos que una manipulación.

¿Importa realmente que la fe en María se base en datos históricos o en un cuento de hadas imposible? A fin de cuentas, lo que decidimos creer en un acto de fe no depende forzosamente de pruebas fehacientes, del rigor científico o de la veracidad histórica. La fe no puede ponerse a prueba ni determinarse con fórmulas como tampoco verse influenciada por razonamientos intelectuales. ¡O creemos o no creemos!

Sin embargo la fe también precisa implicar cierta medida de moralidad más allá de la creencia como principio puramente abstracto. Necesita construirse en la confianza, la fidelidad de promesas hechas honesta y francamente, de lo contrario no tiene sentido tener fe. Si la fe se fundamenta en la mentira, el engaño y una calculada manipulación, deviene imposible justificarla e incluso cabe preguntarse si sigue teniendo derecho a ser llamada fe. Si todavía fuésemos el rebaño en buena medida ignorante y supersticioso en el que arraigó por vez primera el engaño mariano y para el que fue tergiversado para convertirlo en «verdad infalible», tendríamos una excusa por haber caído en la trampa. Ahora bien, en los albores del siglo XXI, la mayoría de nosotros ya no puede alegar ignorancia ni superstición y nuestra fe de miras estrechas queda más expuesta a las críticas serias. Esto resulta particularmente cierto cuando sabemos el fanatismo que conlleva y que nuestro entendimiento de una María ficticia ha sido controlado por hombres con intereses creados, resueltos a salvaguardar su patriarcal posición social en nombre de la religión.

La fe no se practica en todo el mundo en el mismo grado. Millones de católicos, en Suramérica por ejemplo, son en su mayoría analfabetos y su fe en María sigue siendo prácticamente ciega. También hay hombres tremendamente cultos en la Iglesia que conocen el alcance de la manipulación y el engaño y deciden perpetuarlo. Al inventar una naturaleza artificial para María, la Iglesia católica presta su apoyo a una cruel estupidez, el vínculo entre la sexualidad femenina, una faceta normal en la biología de toda mujer, y la muerte y el deterioro corporal. Ha impuesto, y sigue imponiendo, a las mujeres el mito de que los más fundamentales y primigenios deseos e impulsos que Dios nos ha dado son pecaminosos salvo para la procreación de niños.

Está claro que a la conservadora jerarquía masculina del catolicismo romano no le faltan motivos para nutrir el mito mariano y mantener el statu quo en su culto. La fábula de humildad, modestia ante Dios y carencia de sexualidad permite que una Iglesia todavía profundamente misógina degrade al prójimo por motivos de género. La Iglesia católica romana sigue firmemente comprometida con el dogma del pecado original que la primera mujer le endilgó al mundo y que se perpetuó a través de «la maldición de Eva». Reivindicando sin ningún fundamento que María era libre del pecado original, el ejemplo perfecto, la luz brillante y el paradigma de la virtud la organización la ha disociado de las «pecadoras» mujeres corrientes. A renglón seguido ha justificado la ascensión de María al papel de diosa madre cuya gloria eclipsa la de su hijo divino. Lo más cerca que cualquier mujer de linaje menos valorado puede llegar de verse absuelta de la vergüenza eterna de haber nacido mujer en el mundo católico romano del siglo XXI es mediante la renuncia a los deseos humanos y los impulsos biológicos normales y retirándose a una vida enclaustrada de celibato. Naturalmente, cualquier cambio radical en esta postura podría tener un profundo efecto sobre las enseñanzas morales de la Iglesia católica y en los mismísimos cimientos de su dogma. El actual titular ultraconservador del papado, Juan Pablo II, no ha hecho nada para mejorar esta situación y, en todo caso, la ha reafirmado.

Si invertimos el proceso de revelar la tela auténtica, veremos que para hacer malabarismos con dos creencias religiosas paralelas pero dogmáticamente opuestas e incorporarlas al manto único del cristianismo, las primeras autoridades eclesiásticas crearon una imagen, capa tras capa, que era casi fantasía pura. Construyeron la imagen de una supermujer que podía ser cualquier cosa para cualquier persona: quienes seguían la ideología cristiana ortodoxa y aquellos determinados a mantener vivos los elementos paganos del personaje de María. Una vez aplicada la primera capa de falsedad, el pintarrajeado de nuevo color en la tela aceptado, para la Iglesia cada vez fue más fácil adornar la realidad histórica, escasa de por sí, con una mentira tras otra.

Si reunimos todas las pruebas, la tela verdadera muestra una imagen clara. Fuera cual fuese su nombre real, por distinto que fuese de la descripción de su profesión, la madre de Jesús nació en una región de Palestina cuyas inclinaciones eran más paganas que judías. Sus padres probablemente pertenecían a la tribu sacerdotal de Leví, muchos de cuyos miembros eran conocidos por ser corruptos y dedicarse a prácticas y ritos paganos en la época de su nacimiento. Fue educada, contraviniendo todas las normas yahveístas y las convenciones sociales judías, en un Templo en el que casi con toda seguridad prestaban servicio sacerdotisas. Si tal era el caso, es harto probable que las actividades del Templo comprendieran el culto pagano a una diosa madre cuyo modelo más inmediato serían la Cibeles frigia, la *Magna mater*, o la Isis egipcia, y, más indirectamente, las *divas* de Mesopotamia.

La Inmaculada Concepción y la Anunciación son lindas obras de ficción romántica, arraigadas en las viejas tradiciones de Oriente Próximo, con inclusión de las de Palestina, desde la época de los Patriarcas, y basadas probablemente en relatos de fogata todavía más remotos que los viajeros trajeron consigo desde Mesopotamia. Los cuentos tradicionales sobre visitaciones angelicales seguidas de embarazos milagrosos hallaron su sitio en los textos cristianos muchos años después de la época de la Natividad pero, en cualquier caso, el mito del nacimiento virginal del *messiah* se basa en la mala interpretación de una sola palabra de una profecía del Antiguo Testamento. Isaías nunca previó la virginidad de Ana o María e, incluso si lo hubiese hecho, el término «virgen» en el mundo antiguo significaba algo bastante distinto del significado que ha adquirido a través de las enseñanzas cristianas. No definía a una mujer con el himen intacto sino a una de temperamento festivo e independiente. Cierto es que existía la creencia judía en el nacimiento virginal, en el sentido de partenogénesis, pero era inmensamente más antigua que el cristianismo. La tradición probó su valía por todo el Oriente Próximo antiguo cada vez que fue necesario que un semidios, un rey sagrado, un *messiah*, un *cristos* naciera de una prosaica madre humana.

Salvo si de verdad creemos que el ángel Gabriel visitó a María en Belén para anunciarle su inminente inseminación celestial, entonces, fueran cuales fuesen las circunstancias de la concepción de Jesús, sólo pudo ser fruto de un contacto biológico normal. Puesto que resulta de lo más improbable que María abandonara el Templo donde se había formado como sacerdotisa virgen y que cometiera adulterio con un soldado romano de paso o cualquier otro desconocido, dicha concepción tuvo que ser un evento ceremonial más planificado. Si interpretó el papel tradicional de la *maryam*, la homóloga de la sacerdotisa *entum* mesopotámica, se convirtió en una más de una larga lista de mujeres veneradas, en miembro de un grupo de elite que, en el pasado, conoció todo un surtido de nombres. Igual que sus predecesoras, se habría entregado a un jubiloso rito de sexo y embarazo para concebir un rey ungido, un *messiah*. De no haber sido José un miembro anciano y probablemente impotente de la casa de David, quizás hubiese participado directamente en el acto pero, siendo más realistas, el compañero de María en el Matrimonio Sagrado fue un sumo sacerdote del Templo que actuó como apoderado del rey.

La actitud de Jesús para con María nos da algunas de las verdaderas claves sobre la posición que ésta ocupaba. Durante su vida se distanció en mayor o menor grado de ella y, en las raras ocasiones en que coincidieron, le faltó poco para insultarla. Para él, ella era la anónima sacerdotisa que había cumplido con su deber sagrado. Por consiguiente, como él mismo admitió, no consideraba a María su verdadera madre, su diosa celestial, sino sólo como el vehículo temporal para su encarnación. Sin embargo, puede que la historia no acabe aquí, ya que hemos hallado pruebas de la existencia de una obra apócrifa, la *Genna Marias*, que indica que Jesús cometió incesto, al menos en una ocasión, con su madre.

Los judíos ortodoxos, detractores de las sacerdotisas *maryam* y del culto a la fertilidad, condenaron a María al ostracismo en vida y abusaron de ella una vez muerta. Los autores de los Evangelios y de los Hechos, fuere porque supiesen que no revestía ninguna trascendencia o porque reconocieran su paganismo con los problemas que éste podría ocasionar, optaron prudentemente por dejar a María de lado, tal como hizo Pablo en su abundante correspondencia.

El escritor Geoffrey Ashe hizo esta sucinta observación en *The Virgin* (aparecido en 1976): «Si Cristo existió, también la madre de Cristo, pero un escéptico que preguntara si sabemos algo más tendría un caso que plantear.» La propuesta de Ashe tal vez sea exacta en sentido estricto, dado que las pruebas bíblicas son en efecto escasas, aunque también es irrazonablemente estrecha de miras. Si bien cabe que no sepamos gran cosa con certidumbre científica, lo cierto es que hemos estado en posición de discernir mucha información procedente de fuentes literarias directas y pruebas circunstanciales. También podemos sacar la razonable conclusión de que, de no haber sido por la relación cristiana del sexo con el deterioro de nuestros miembros terrenales y las cándidas fantasías sobre el ser ultrapuro transportado en cuerpo y alma hasta los cielos después de morir, quizá nos hubiesen transmitido una imagen más cierta de María. Quizá la veríamos como una mujer normal tenida en gran estima que una vez participó en un rito de primavera para engendrar a un rey sagrado destinado a redimir a su pueblo en momentos de grandes apuros nacionales. Siendo así, tenemos que comprender a una criatura curiosamente híbrida cuya personalidad humana sólo parece completarse al mezclar la Inmaculada cristiana con la prostituta pagana, fusionando los dos personajes extremos de la Virgen María y María Magdalena. Ninguna de estas conclusiones tiene la intención de insinuar que nuestra fe en el icono de «la Virgen María» sea incorrecta. Se limitan a mostrar, sirviéndose de una invención deliberada, que la Iglesia católica romana ha convertido el icono en un grotesco travestido y que lo ha hecho para sustentar la base de su propio poder. En lo que a esto se refiere creo que, históricamente, la Iglesia ortodoxa de Oriente ha adoptado una línea más aceptable desde el punto de vista moral al restringir en buena medida la representación de María a la imagen de la *Theotokos*.

He decidido terminar este libro tal como lo comencé, deambulando por la miríada de obras de arte de las que María ha sido el tema. Lo hago por una buena razón ya que, entre las obras maestras de la época medieval y de la Contrarreforma, existen obras que sintetizan mucho mejor de lo que yo jamás seré capaz de expresar con palabras la desconcertante y cautivadora experiencia que constituyen María, su relación con Dios y con su hijo. Dicha relación hace ostentación de las reglas que deberían ser máximas del cristianismo y, sin embargo, de alguna manera sobrevive sin mácula en el corazón de millones de devotos. Algunas de las imágenes más fervientes y sorprendentes de María surgen en el turbulento periodo en que el cristianismo se estaba recuperando de la arremetida protestante y éstas, más que otras, revelan toda la amplitud de su polifacética personalidad. No cabe duda que María siguió formando parte integrante del Altísimo para muchos de los grandes pintores de la Europa cristiana católica durante el siglo XVII pero, además, a éstos también los movía un fuerte deseo de poner énfasis en su humanidad. El estudio sin igual que hiciera Velázquez sobre la *Inmaculada Concepción* es de los que, en mi opinión, unen estos dos aspectos, la apoteosis y una ingenua humanidad, mezclándolos en un imponente todo completo que despierta nuestras emociones más profundas.

En cierto modo, el arte ha devuelto a María al punto de partida. Recordando la imaginería bizantina, Velázquez también decidió devolver a María más rotundamente la categoría de diosa reina. Otro retrato no menos memorable del mismo autor, la *Coronación de la Virgen*, se exhibe en la Colección Marnel del Museo del Prado, en Madrid. En él Velázquez ha reproducido a una *diva* muy alejada de la angustiada madre terrenal de la *Pietà* de Miguel Ángel o de la dulce y accesible *Madonna della Rondine*. Tras su asunción carnal a las supremas alturas, está preparada para recibir el título de *Maria Regina Coeli* y la impresión de la *Theotokos* deviene primordial. Aguarda sentada los honores mientras Cristo y el Ser Supremo sostienen sobre su cabeza la corona del triunfo. El Espíritu Santo, representado por la paloma con las alas desplegadas, se cierne sobre su cabeza dentro de un estallido de sol que nos hace pensar en el disco alado que protegía a los reyes sagrados y a las diosas madre de antaño.

Sin embargo, es en un retrato del siglo XVII que firma otro maestro español donde encuentro la expresión más completa de la paradójica criatura que es María. En la enorme y fascinante *Dos Trinidades* de Bartolomé Murillo, Dios descansa en lo más alto del cuadro y, debajo de él, en vertical, figuran la paloma del Espíritu Santo y luego el niño Jesús. María sostiene la mano derecha de Jesús y José la izquierda. La figura de Dios aparece difuminada y José sólo está iluminado en parte. Parece estar de más, mirando hacia fuera del cuadro. María contempla a Cristo, quien a su vez levanta la vista hacia Dios, que le devuelve la mirada. Entre los cuatro rostros, la luz cae más o menos por igual sobre Cristo y su madre pero, no obstante, la mirada del espectador se ve atraída hipnóticamente por el rostro de María. Probablemente se trate de uno de los rostros más exquisitamente hermosos e intemporales jamás pintados. La distante diosa reina ha desaparecido pero lo que la ha reemplazado es, en verdad, una enigmática y fascinante mezcla de paganismo, judaísmo y cristianismo. María es la dulce madre eterna, la bella amante, la serena intercesora, la compasiva, inocente, sabia y sexualmente deseable amiga y confidente a la que con tanta fuerza se aferran nuestros corazones humanos.

Con el tiempo, creo que esta imagen de María, la madre de Cristo, se irá borrando. Su retrato ha llegado hasta nosotros en brazos de un mito perdurable, pero hasta el mejor de los mitos tiende a difuminarse con el paso del tiempo. María, la más destacada de las *maryams*, pasará a formar parte del catálogo de credos antiguos de la humanidad, será un recuerdo académico que se estudiará en las bibliotecas del futuro, tal como hoy quitamos el polvo para descubrir a Inana e Ishtar, Isis y Cibeles. Igual que ellas, quizá sea capaz de reivindicar algún trazo de verdad histórica pero es en su mayor parte una fabulación, un flagrante engaño. En parte, se ha perpetrado para satisfacer las egoístas exigencias de unos pocos. Ahora bien, también responde a nuestra innata necesidad humana de contar con una mano maternal, una *Ewigweib* que gobierne los asuntos de los hombres. Por este motivo estoy igualmente convencido de que, tras su defunción, una nueva Madonna, otra Reina del Cielo todavía no anunciada, ocupará su lugar para alzarse como la próxima encarnación de esa matriz intemporal de vida y muerte. Términos carentes de sentido como pagano y cristiano, ortodoxo y herético, o bien devendrán superfluos o bien seguirán siendo un motivo de constante irritación. María resurgirá con otro nombre. La diosa de la tierra y las estrellas nos conducirá a través de la lucha de nuestro nacimiento, se erguirá decidida y no obstante serena a nuestro lado mientras experimentamos las alegrías y los pesares de la vida, nos mecerá en su reconfortante pecho cuando se acerque la hora de morir y, con paso firme, nos guiará por los misteriosos caminos que nos aguarden en el más allá.

PRINCIPALES TEXTOS JUDÍOS Y CRISTIANOS

a) General

The Holy Bible, King James Version, Oxford
Buttrick G. A. (ed.): *The Interpreters Bible*, Nueva York, 1956
Schneemelcher E. W. (ed.): *The New Testament Apocrypha* (NTA), Louisville, K.Y.
Elliott J. K.: *The Apocryphal New Testament* (ANT), Oxford, 1993
Sparks H. F. D. (ed.): *The Apocryphal Old Testament* (AOT), Oxford, 1984
Charlesworth J. H. (ed.): *The Old Testament Pseudepigrapha* (OTA), Nueva York, 1983
Robinson J. L.: *The Nag Hammadi Library* (NHL), Leiden, 1988
Jacob Neusner: *The Mishnah*, Newhaven (Connecticut), 1988
Geza Vermes: *The Complete Dead Sea Scrolls in English*, Londres, 1997

b) Obras selectas

Robinson J. M.: «Apocalypse of Adam» en *The Nag Hammadi Library*
Charlesworth J. H. (ed.): «Apocalypse of Daniel», en *The Old Testament Pseudepigrapha*
James M. R.: «Apocalypse of the Holy Mother», en *The Ante-Nicene Fathers*, vol. 9, Peabody, Massachusetts, 1995

Elliott J. K.: «Apocalypse of Paul», en *The Apocryphal New Testament*

— «Assumption of the Virgin», en *The Apocryphal New Testament*

Charlesworth J. H.: «Book of Enoch», en *The Old Testament Pseudepigrapha*

— «Book of Jubilees», en *The Old Testament Pseudepigrapha*

Elliott J. K.: «Discourse of Theodosius», en *The Apocryphal New Testament*

Schneemelcher E. W. (ed.): «First Book of Pistis Sophia», en *The New Testament Apocrypha*; *Gnostic Society Library* (electrónica), 1999

Elliott J. K.: «Gospel of the Birth of Mary», en *The Apocryphal New Testament*

Robinson J. M.: «Gospel of Mary», en *The Nag Hammadi Library*

Robinson J. A.: «Gospel of Peter», en *The Ante-Nicene Fathers*, vol. 9, Peabody, Massachusetts, 1995

Robinson J. M.: «Gospel of Philip», en *The Nag Hammadi Library*

Schneemelcher E. W. (ed.): «Gospel of Pseudo-Melito», en *The New Testament Apocrypha*

Robinson J. M.: «Gospel of Thomas», en *The Nag Hammadi Library*

James M. R.: «History of Joseph the Carpenter», en *The Apocryphal New Testament*

Jeremy Fuente extraviada.

Cowper B. H.: «Gospel of Pseudo-Matthew», en *Liber de Infantia The Apocryphal Gospels and other Documents relating to the History of Christ*, Edimburgo y Londres, 186X

Schneemelcher E. W. (ed.): «Maccabees», en *The New Testament Apocrypha*

Harris J. Rendel: *Odes and Psalms of Solomon,* Cambridge, 1909

Elliott J. K.: «Protevangelium of James», en *The Apocryphal New Testament*

Charlesworth J. H. (ed.): «Psalms of Solomon», en *The Old Testament Pseudepigrapha*

«Susanna», en *The Holy Bible*, Revised Standard Version, (electrónica), University of Pennsylvania Center for Computer Analysis of Texts

— «Testament of Adam», en *The Old Testament Pseudepigrapha*

Sparks H. F. D. (ed.): «Testament of Isaac», Source mislaid; *The Apocryphal Old Testament*
Schneemelcher E. W. (ed.): «Vision of Isaiah», en *The New Testament Apocrypha*
— *The Wisdom of Ben Sira*, Anchor Bible Series, Nueva York, 1987

OBRAS CRISTIANAS TEMPRANAS

AFRICANO: No existe material; citado en Eusebio, *The History of the Church [Historia de la Iglesia]*

AMBROSIO: *De Virginibus; In Lucam; Letters:* C. C. Richardson, *Early Christian Fathers*, Londres, 1953

ARNOBIO: *Adversus nationes*: Richardson, *Early Christian Fathers*

ATANASIO: *Deposition of Arius; Epistula de decretis Nicaenae synod*, New Advent Library (electrónica) *The Fathers of the Church*, 1999

SAN AGUSTÍN DE HIPONA: *On the Trinity; Sermons*: Richardson: *Early Christian Fathers*

CLEMENTE DE ALEJANDRÍA: *Miscellanies*: Richardson, *Early Christian Fathers*

CIRILO DE JERUSALÉN: *Catechetical Lectures; Twentieth Discourse*: New Advent Library (electrónica) *The Fathers of the Church*, 1999

THE DIDACHE: *Ancient Christian Writers*, 6, (ed. J. Quasten y J. C. Plumpe), Nueva York, 1948

EPIFANIO: *Panarion*, 2 vls., Leiden, 1994

EUSEBIO: *The History of the Church from Christ to Constantine*, Harmondsworth, 1965

— *Life of Constantine*, New Advent Library (electrónica) *The Fathers of the Church*

FÍRMICO MATERNO: *De errore profanarum religionum*, J. A. Wower, 1999

«GELASIO»: *Decretum Gelasianum*: B. M. Metzger, *The Canon of the New Testament: Its Origin, Development and Significance*, Oxford, 1987

HEGÉSIPO: No existe material; citado en Eusebio, *History of the Church*
IGNACIO DE LOYOLA: *Spiritual Exercises* (p. 247), Christian Classics , Ethereal Library (electrónica), 1999 [*Ejercicios espirituales*, Edapor, Madrid, 1994]
IRENEO: *Libros Quinque Adversus Haereses*, Ante-Nicene Christian Library, 1867 [*Contra las herejías*, Prod. Compactos, Barcelona, 1993]
GERÓNIMO: «Ad Paulinums», en J. P. MIGNE (ed.): *Patrologiae Cursus Completus*, 1862
— *Contra Helvidius: The Fathers of the Church*, Washington (DC), 1965
— *Letters*, New Advent Library (electrónica) *The Fathers of the Church*, 1999
JOSEFO, FLAVIO: *History of the Jewish War (Bella Judaica)*, Loeb Classical Library, Cambridge (Massachusetts), 1997 [*Guerra de los judíos*, [Iberia, Barcelona, 1983]
— *Jewish Antiquities*, Loeb Classical Library, Cambridge (Massachusetts), 1965 [*Autobiografía. Sobre la antigüedad de los judíos*, Gredos, Madrid, 1994]
— *The Life*, Loeb Classical Library, Cambridge (Massachusetts), 1997 [*Autobiografía. Sobre la antigüedad de los judíos, op. Cit.*].
ORÍGENES: *Commentary on John*: New Advent Library (electrónica) *The Fathers of the Church*, 1999
— *Contra Celsum: The Ante-Nicene Fathers*, (ed. A. Roberts y J. Donaldson), Grand Rapids (Michigan) [*Contra Celso*, Católica, Madrid, 1967]
FILO: *De specialibus legibus; Rewards and Punishments: The Works of Philo*, Peabody (Massachusetts), 1993
ESTRABÓN: *Geography*, Loeb Classical Library, Cambridge (Massachusetts), *Geografía,* Gredos, Madrid, 2001]
TÁCITO: *Annals*, Loeb Classical Library, Cambridge (Massachusetts), 1937 [*Anales*, Alianza, Madrid, 1993]
— *The Histories*, Loeb Classical Library, Cambridge (Massachusetts), 1925 [*Historias,* Akal, Madrid, 1989]
TERTULIANO [Tertullian] *Apology: The Ante-Nicene Fathers* (ed. A. Roberts y J. Donaldson), Grand Rapids (Michigan) [*Apologético,* Apostolado Mariano, Madrid, 1991]
— *De praescriptione Haereticorum*, Oxford, 1722

— *On Idolatry*, New Advent Library (electrónica) *The Fathers of the Church*, 1999
— *On the Apparel of Women: Fathers of the Church*, Washington (DC), 1950
— *To His Wife*, New Advent Library (electrónica) *The Fathers of the Church*, 1999
TEODORETO: *Graec. affect. curat.: Acta Conciliorum oecumenicorum*, ed. E. Schwartz, Strasbourg, 1914
VIRGILIO: *Eclogue*, Loeb Classical Library, 1997 [*Églogas*, Clásicos Emérita, Madrid, 1951]
ZÓSIMO: *Historia nova*, San Antonio (FL), 1967 [*Nueva Historia*, Gredos, Madrid, 1992]

BIBLIOGRAFÍA

AHARONI, Y.: *Archaeology of the Land of Israel*, Londres, 1982

AISTLEITNER, J.: *Worterbuch der ugaritischen Sprache*, Berlin, 1963 1967^3

ALBRIGHT, W. F: *Yahweh and the Gods of Canaan*, Nueva York, 1952

— *Archaeology and the Religion of Israel*, Baltimore, 1953^3.

— *The High Place in Ancient Palestine*, suppl. to *Vetus Testamentum* IV, 1957

ALEXANDER, P. S.: «The Rabbinic Lists of Forbidden Targumim», *J. of Jewish Studies* n.° 27, 1976

APPLETON, Robert (ed.): *The Catholic Encyclopaedia*, Nueva York, 1911

ARI-YONAH, M.: *The Jews under Roman and Byzantine Rule*, Jerusalén 1984

ARMSTRONG, T. A., D. L. BUSBY, y C. F. CARR: *A Reader's Hebrew-English Lexicon of the Old Testament*, Grand Rapids (Michigan), 1989

ASHE, Geoffrey: The Virgin, Londres y Nueva York, 1976

BALSDON, J.: *Roman Women, Their History and Habits*, Londres, 1962

BARBER, M.: *The Trial of the Templars*, Cambridge, 1978 [*El juicio de los templarios*, Complutense, Madrid, 1999]

BARTH, Karl: *Die christliche Dogmatik im Entwurf. Erster Band. Die Lehre vom Worte Gottes*, 1927

BAUER, Walter: *Orthodoxy and Heresy in Earliest Christianity*, (ed. A. Kraft y G. Krodel), Londres, 1972

BAUER, H., y P. LEANDER: *Historische Grammatik der hebraischen Sprache*, Halle, 1992 (reimpr. 1969)
BECKWITH, J.: *Early Christian and Byzantine An*, Harmondsworth, 1970 [*Arte cristiano y bizantino*, Cátedra, Madrid, 1997]
BEEK, M. A.: *Atlas of Mesopotamia*, Londres, 1962
BENKO, stephen: *The Virgin Goddess: Studies in the Pagan and Christian Roots of Mariology*, Leiden, 1993
BEN-SASSON, H. H.: *A History of the Jewish People*, 1969
BERNHARDT, K. A.: «Asherah in Ugarit und im Alten Testament», *MIO 13*, 1967
BERRY, G. R.: *The Interlinear KJV Parallel New Testament in Greek and Latin*, Grand Rapids (Michigan)
BEUGNOT, A. A.: *Histoire de la destruction du paganisme en Occident*, 2 vls., París, 1835
BICKERMAN, E. J.: *Chronology of the Ancient World* (ed. rev.), Londres, 1980
BLACK, J. A.: «The New Year Ceremonies in Ancient Babylon», *Religion, II*, 1981
BLOCK, H.: «The Pagan Revival in the West at the End of the 4th Century», *The Conflict between Paganism and Christianity in the 4th Century*, A. Momigliano, Oxford, 1963
BRECKENRIDGE, J. D.: «The Reception of Art in the early Church. Atti del IX congresso int. di archeologia cristiana», *Studi di antichita cristiana*, 32 (Roma) (1978)
BRIFFAULT, R.: *The Mothers*, 3 vls., Londres, 1927
BRIGHT, J.: *A History of Israel*, Londres, 1984
BROOKS, E. W.: «John of Ephesus, lives of the Eastern Saints», *Patrologia orientalis*, 17 (París) (1924)
BROWN, F., S. R. DRIVER, y C. BRIGGS: *A Hebrew and English Lexicon of the Old Testament*, Oxford, 1906
BUDGE, E. A. Wallis: *One hundred and ten Miracles of Our Lady*, Londres, 1923
— *History of the Blessed Virgin Mary and the History of the Likeness of Christ*, Londres, 1899 (reimpr. Nueva York, 1976)
— *Babylonian Life and History*, Nueva York, 1993
BULTMANN, R.: *The History of the Synoptic Tradition*, Oxford y Nueva York, 1963 [*Historia de la tradición sinóptica*, Sígueme, Salamanca, 2000]

BUTTRICK, G. A. (ed. general): *The Interpreter's Dictionary of 'the Bible*, Nueva York, 1962
CAMPBELL, J.: *The Masks of God - Occidental Mythology*, Harmondsworth, 1976
CARROLL, M. P.: *The Cult of the Virgin Mary*, Princeton (Nueva Jersey), 1986
CHADWICK, H.: *The Early Church* (Pelican History of the Church, vol. 1), Harmondsworth, 1967
CHRISTIE-MURRAY, D.: *A History of Heresy*, Oxford, 1989
CHUVIN, P. A.: *A Chronicle of the Last Pagans*, Cambridge (Massachusetts), 1990
CLARK, R. T.: *Myth and Symbol in Ancient Egypt*, Nueva York, 1960
COLLON, D.: *Western Asiatic Seals*, Londres, 1982
CONSTANTELOS, D. J.: «Paganism and the State in the Age of Justinian», *Catholic Historical Review*, 50 (1964)
COURCELLE, P.: «Anti-Christian arguments and Christian Platonism from Arnobius to St Ambrose», *The Conflict between Paganism and Christianity in the 4th Century*, A. Momigliano, Oxford, 1963
COWPER, B. H.: *The Apocryphal Gospels and Other Documents relating to the History of Christ*, Edimburgo y Londres, 186X
CUMONT, F.: *Les religions orientates dans le paganisme remain*, París, 1929[4] [*Las religiones orientales y el paganismo romano: conferencias pronunciadas en el Collège de France en 1905*, Akal, Madrid, 1987]
DAHOOD, M.: *Ancient Semitic Divinities in Syria and Palestine*, S. Moscati, Roma, 1958
DANIÉLOU, J., y H. I. MARROU: *The Christian Centuries, I: The First Six Hundred Years*, Londres, 1964
DEIMEL, A.: *Codex Hammurabi*, 1953[3]
DODDS, E. R.: *Pagan and Christian in an Age of Anxiety*, Cambridge, 1965 [*Paganos y cristianos en una época de angustia: Algunos aspectos de la experiencia religiosa desde Marco Aurelio a Constantino*, Cristiandad, Madrid, 1975]
DRIJVERS, H. J. W.: «The persistence of pagan cults and practices in Christian Syria», en N. Garsoian y otros: *East of Byzantium: Syria and Armenia in the Formative Period*, Washington (DC), 1982

DRIVER, G. R.: *Canaanite Myths and Legends*, Edinburgh, 1956 (rev. J. C. L. Gibson, 1978)
DRIVER, G. R., y J. C. MILES: *The Babylonian Laws*, Oxford, 1952
EHRMAN, Bart D.: *The Orthodox Corruption of Scripture*, Oxford, 1993
EISENMAN, R.: *James the Brother of Jesus: Recovering the True History of Early Christianity*, Londres, 1997
EISSFELDT, O.: «El and Yahweh», *J. of Semitic Studies*, I, 1956
FABER, Felix: *Evagatorium in Terrae Sanctae Arabiae et Egypti Peregrinationem*, Stuttgart, 1843
FARNELL, Lewis: *The Cults of the Greek States*, Oxford, 1907
FERGUSON, J.: *The Religions of the Roman Empire*, Londres, 1970
FISHER, E.: «Cultic Prostitution in the Ancient Near East», *Biblical Theology Bulletin*, vol. 6, nos. 2-3, 1976
FOWLER, H. T.: *A History of the Literature of Ancient Israel*, Londres, 1912
FRANKFORT, H.: *Cylinder Seals*, Londres, 1939
— *Ancient Egyptian Religion*, Nueva York, 1948
FRAZER, sir J. G.: *The Golden Bough*, Londres, 1922
FREEDMAN, D. N. (ed. gen.): *Anchor Bible Dictionary*, Nueva York, 1992
FREUD, S.: *The Interpretation of Dreams*, Londres, 1953 [*La interpretación de los sueños*, Alianza, 1966]
FREYNE, S.: *Galilee from Alexander the Great to Hadrian*, Wilmington (Delaware), 1980
GARNETT, K. S.: «Late Corinthian Lamps from the Fountain of the Lamps», *Hesperia*, 44 (1975)
GARNSEY, P.: «Religious toleration in Classical antiquity», en W. J. Sheils (ed.): *Persecution and Toleration*, Padstow, 1984
GEBARA, I., y M. C. BINGEMER: *Mary: Mother of God, Mother of the Poor*, Nueva York, 1987
GIBBON, E.: *Decline and Fall of the Roman Empire,* 6 vls., Nueva York, 1910 [*Historia de la decadencia y ruina del Imperio Romano,* Turner, Madrid, 1984]
GORDON, Cyrus H.: *Ugaritic Literature*, Roma, 1949
— *Ugaritic Textbook*, Roma, 1965
— «Ugarit and its significance», *ARTS* (journal of the Sydney University Arts Association), vol. 9, 1974
GRABAR, André: *L'Iconoclasme Byzantine*, París, 1957 [*La iconoclastia bizantina: dosier arqueológico*, Akal, Madrid, 1998]

— *Christian Iconography. A Study of its Origins*, Londres, 1969
GRANDMAISON, A. Millin De: *Voyage dans les départments du Midi de la France*, París, 1807-1811
GRAY, J.: *The Canaanites*, Londres, 1964
GREGORY, T. E.: «The Survival of Paganism in Christian Greece», *AJP*, 107 (1986)
HAILE, Wilfried: *Dogmatik*, 1995
HAMILTON, B.: *Religion in the Medieval West*, Londres, 1986
HAMILTON, M.: «The pagan elements in the names of saints», *BSA*, 13, (1906-1907)
— *Hail Mary? The Struggle for Ultimate Womanhood in Catholicism*, Nueva York y Londres, 1995
HARNACK, Adolph Von: *History of Dogma*, N. 7 vls., Londres, 1894-1899
HART, George: *A Dictionary of Egyptian Gods and Goddesses*, Londres y Nueva York, 1986
HARVEY, A. E.: *Jesus and the Constraints of History*, Londres y Filadelfia, 1982
HELM-PIRGO, M.: *Virgin Mary, Queen of Poland*, Nueva York, 1957
HERMET, G.: *Les Catholiques dans l'Espagne Franquiste*, París, 1980 [*Los católicos en la España franquista*, Centro de Investigaciones Sociológicas, Madrid, 1985.]
HEYOB, S. K.: *The Cult of Isis among Women in the Greco-Roman World*, Leiden, 1975
HOOKE, S. H.: *Babylonian and Assyrian Religion,* Londres, 1953
— *Myth, Ritual and Kingship*, Oxford, 1958
HUILLIER, arzobispo Peter Le: *The Church of the Ancient Councils*, Nueva York, 1906
JACOBSEN, Thorkild: «Sumerian King List», *Journal of Assyriological Studies,* II, Chicago, 1939
— «Towards the Image of Tammuz», *History of Religion*, I, New Haven (Connecticut), 1962
— *The Treasures of Darkness*, New Haven (Connecticut), 1976
JAGERSONA, H.: *The History of Israel*, Londres, 1985
JAMES, E. O.: *The Cult of the Mother Goddess*, Nueva York, 1959
JOACHIM, Jeremias: *Jerusalem in the Time of Jesus,* Londres, 1969
JONES, A. H. M.: «The social background of the struggle between paganism and Christianity», *The Conflict between Paganism*

and Christianity in the Fourth Century, A. Momigliano, Oxford, 1963
— *The Later Roman Empire*, Londres, 1964
JORDAN, M.: *Gods of the Earth*, Nueva York, 1988
— *The Encyclopedia of Gods*, Londres, 1992
— *Myths of the World*, Londres, 1993
JUNG, Carl G.: *Four Archetypes: Mother, Rebirth, Spirit, Trickster*, Princeton (Nueva Jersey), 1970
— «The Structure and Dynamics of the Psyche», (1927), en G. ADLER, M. FORDHAM y H. READ (eds.): *The Collected Works*, Londres y Nueva York, 1960
KELLY, J. N. D.: *Early Christian Creeds*, Londres, 1972[3]
— *Oxford Dictionary of Popes*, Oxford, 1986
KING, Leonard, W.: *The Letters and Inscriptions of Hammurabi*, Londres, 1898-1900
— *Chronicles Concerning Early Babylonian Kings*, Londres, 1907
KITZINGER, Ernst: *The Cult of Images before Iconoclasm*, Dumbarton Oaks Papers 8, Cambridge (Massachusetts), 1954
KLINGER, F.: «Vom Geistesleben im Rom des ausgehenden Altertums» (1941), *Romische Geisteswelt*, Múnich, 1956[3]
KOEHLER, L., y W. BAUMGARTNER: *Hebrew and Aramaic Lexicon of the New Testament*, Leiden, 1955
KRAMER, S. N.: *Sumerian Mythology*, Filadelfia, 1944
— «Inanna's Descent to the Netherworld», *J. of Cuneiform Studies*, 5, 1951
— *From the Tablets of Sumer*, Indian Hills (KY), 1956
— *The Sacred Marriage Rite*, Bloomington (Indianapolis), 1969
— *The Sumerians*, Chicago, 1976
LANE FOX, R.: *Pagans and Christians*, Harmondsworth, 1986
LANGDON, S.: *Sumerian and Babylonian Psalms*, París, 1909
— *Tammuz and Ishtar*, Oxford, 1914
— «A Babylonian Wisdom Text», *Proc. Soc. Bill. Arch.*, vol. xxxviii, pp. 105 y ss., 1916
— *Sumerian Law Code* (SC): *J. Royal Asiatic Society of Great Britain and Ireland*, Londres, 1920
— *Semitic Mythology*, 1931
LAURENTIN, R.: *The Life of Catherine Labouré*, Londres, 1983
LEA, H.: *An Historical Sketch of Sacerdotal Celibacy in the Christian Church*, Filadelfia, 1867

LEACH, E., y D. A. AYCOCK: *Structuralist Interpretations of Biblical Myth*, Cambridge, 1983
LIEBESCHÜTZ, W.: «Pagan mythology in the Christian empire», *Int. J. of the Classical Tradition, 2* (1995)
LIGUORI, Alphonso Maria De: *The Glories of Mary,* Londres, 1868 [*Las Glorias de María*, Librería Religiosa, Barcelona, 1870]
LINDSEY, H.: *The Countdown to Armageddon*, Nueva York, 1981
LOOFS, F.: *Nestorius and his Place in the History of Christian Doctrine*, Cambridge, 1914
LOUW, J. P., y E. A. NIDA: *Greek-English Lexicon of the New Testament,* 2 vls., Nueva York, 1988
LUDEMANN, Gerd: *Heretics*, Londres, 1996
— *Virgin Birth? The True Story of Mary and her Son Jesus*, Londres, 1998
MACMULLEN, Ramsay: *Paganism in the Roman Empire*, New Haven (Connecticut), 1981
— *Christianity and Paganism in the Fourth to Eighth Centuries*, New Haven (Connecticut), y Londres, 1997
MALE, Emile: *L'Art Religieux du Douzième Siècle en France*, París, 1966
MALLOWAN, M. E. L.: *Nimrud and its Remains,* 3 vls., Londres, 1966
MARTINDALE, C. C.: *Bernadette of Lourdes*, Londres (undated) [*Bernadita de Lourdes*, Paulinas, Madrid, 1985]
MCEWAN, J. G. P.: *Priest and Temple in Hellenistic Babylonia*, Wiesbaden, 1981
MCKENZIE, J. L.: *The World of the Judges*, Nueva Jersey, 1966
MEEK, T. J.: *Hebrew Origins*, Nueva York, 1950
METZGER, B. M.: *The Canon of the New Testament: its Origin, Development and Significance*, Oxford, 1987
MEYER, E.: *Der Papyrusfund von Elephantine*, Leipzig, 1912
MILLAR, Fergus: *The Roman Near East*, Cambridge (Massachusetts), 1993
MOMIGLIANO, A.: «Christianity and the Decline of the Roman Empire», *The Conflict between Paganism and Christianity in the 4th Century*, A. Momigliano, Oxford, 1963
MONTGOMERY, J. A., y Z. S. HARRIS: *The Ras Shamra Mythological Texts*, Filadelfia, 1935
MULLEN, P.: *Shrines of Our Lady*, Londres, 1998

MYERS, Allen C. (ed.): *The Eerdmans' Bible Dictionary*, Grand Rapids (Michigan), 1987
NEUFELD, E.: *Ancient Hebrew Marriage Laws*, Londres, 1944
NICKLESBURG, G. W. E.: *Jewish Literature between the Bible and the Mishnah*, Filadelfia y Londres, 1981
NIDITCH, S.: «The Wronged Woman Righted», *Harvard Theological Review,* vol. 72, nos. 1-2, 1979
NILSSON, M. P.: «Pagan divine service in late paganism», *Harvard Theological Review*, 38 (1945)
NOHTHBROOKE, JOHN: *A Treatise against Dicing, Dancing, Plays and Interludes, with other Idle Pastimes*, 1577 (reimpr. Londres, 1843)
NOTH, M.: *Horizons in Biblical Theology*, Pittsburgh
— *The History of Israel*, Londres, 1958 (reimpr. 1960)
OSTROGORSKY, G.: *A History of the Byzantine State*, Oxford, 1986
OVERBECK, J. A.: *Atlas der griechischen Mythologie*, Leipzig, 1872
— *Griechische Kunstmythologie*, Leipzig, 1871-1889
PAGELS, Elaine: *The Gnostic Gospels*, Nueva York, 1979, Londres, 1980 [*Los Evangelios gnósticos,* Crítica, Barcelona, 1987]
PALLIS, S. A.: *The Babylonian Akitu Festival*, Copenhagen, 1926
PALMER, L. R.: *The Interpretation of Mycenaean Greek Texts*, Oxford, 1963
PATAI, Raphael: «The Goddess Asherah», *J. of Near Eastern Studies*, 24 (1965)
— *The Hebrew Goddess*, Nueva York, 1967
PELIKAN, Jaroslav: *Mary through the Centuries*, New Haven (Connecticut), 1996 [*María a través de los siglos: su presencia en veinte siglos de cultura*, PPC, Madrid, 1997]
PERRY, N., y L. ECHEVERRIA: *Under the Heel of Mary*, Londres, 1988
POLLACK, R.: *The Body of the Goddess*, Shaftesbury, 1997
POMEROY, S. A.: *Goddesses, Whores, Wives and Slaves*, Nueva York, 1975
POSTGATE, J. N.: *Early Mesopotamia - Society and Economy at the Dawn of History*, Londres, 1994
PREMUDA, Loris: *Storia dell' Iconografia Anatomica*, Milán, 1956
PRENNER, A.: *Hestia-Vesta*, Tubingen, 1864
PRICE, R. M.: «Pluralism and religious tolerance in the empire of the fourth century», Papers presented at the II nth Conference in Patristic Studies, 1991, *Stadia Patristica*, 24 (1993)

PRITCHARD, J. B: *Ancient Near Eastern Texts relating to the Old Testament*, Princeton (Nueva Jersey), 1950
REISMAN, D.: «Iddin-Dagan's sacred marriage hymn», *J. of the Cuneiform Society*, 25 (1971)
RICCI, CARLA: *Mary Magdalene and Many Others*, Tunbridge Wells, 1994
RICHARDSON, C. C. (ed.): *Early Christian Fathers*, Londres, 1953
RICHARDSON, M. E. J.: *Hebrew and Aramaic Lexicon of the Old Testament*, Leiden, 1955
RICHTER, I. A. (ed.): *The Notebooks of Leonardo da Vinci*, Oxford, 1980
ROBINSON, J. M.: *The Nag Hammadi Library* (NHL), Leiden, 1988
ROMER, W. H. P.: *Sumerische Königshymnen der Isin-zeit*, Leiden, 1965
ROWLEY, H. H., y M. BLACK (eds.): *Peake's Commentary on the Bible*, Londres, 1962
RUNCIMAN, S.: *The Eastern Schism. A Study of the Papacy and the Eastern Churches in the XI and XII Centuries*, Oxford, 1955
SANDERS, E. P.: *Paul and Palestinian Judaism*, Londres y Filadelfia, 1977
— *Paul, the Law and the Jewish People*, Filadelfia, 1983
— *Jesus and Judaism*, Londres, 1985
— *Judaism - Practice and Belief '63 BCE-66 CE*, Filadelfia, 1992
— DAVIES, Margaret: *Studying the Synoptic Gospels*, Londres, 1989
SCHAFFER, Aaron: *Sumerian Sources of Tablet 12 - Epic of Gilgamesh*, Filadelfia, 1963
SCHERMAN, N., y M. ZLOTOWITZ: *History of the Jewish People*, Mesorah, 1982
SCHMOGER, C. E.: *The Life of Anne Emmerich*, 1870
SEGAL, J. B.: *Edessa and Harran An Inaugural Lecture... 1962*, Londres, 1953
SHERES, Ita, y Anne KOHN BLAU: *The Truth about the Virgin*, Nueva York, 1995
SHINNERS, J.: «The Cult of Mary and Popular Belief», *Mary, Woman of Nazareth*, Nueva York, 1989
SJOBERG, A., y E. BERGMANN: *Texts from Cuneiform Sources*, Locust Valley (Nueva York), 1969

SLADEK, W. R.: *Inanna's Descent and the Death of Dumuzi* (PhD thesis paper), Baltimore, 1974

SMITH, Jody B.: *The Image of Guadalupe*, Macon (Georgia), 1994

SODEN, W. Von: *Akkadisches Handworterbuch*, Wiesbaden, 1965

SOUTHERN, R. W.: *Western Society and the Church in the Middle Ages* (Pelican History of the Church, 2), Londres, 1970

STARK, J. K.: *Personal Names in Palmyrene Inscriptions*, Oxford, 1971

STARK, R.: *The Rise of Christianity. A Sociologist Reconsiders History*, Princeton (Nueva Jersey), 1996

STEELE, F. R.: «The Code of Lipit-Ishtar», *American Journal of Archaeology*, 52 (1948)

STEVENS, E. P.: «Marianismo: the other face of Machismo in Latin America», *Female and Male in Latin America: Essays*, Ann Pescatello, Pittsburgh, 1973

STEVENSON, J. (ed.): *A New Eusebius* (ed. rev.), Cambridge, 1987

STEWART, Mckay: *A History of Ancient Gynaecology*, Londres, 1961

STONE, E. C.: «The Social role of the naditu women in Old Babylonian Nippur», *J. Economic and Social History of the Orient*, 25 (1982)

STREETER, B. H.: *The Four Gospels: A Study of Origins*, Londres, 1927

TAVARD, George C.: *The Thousand Faces of the Virgin Mary*, Collegeville (Minneapolis), 1996

THUREAU-DANGIN, F.: *Rituels Accodiens*, París, 1921

TROMBLEY, F. R.: *Hellenic Religion and Christianization c.* 370-529 (2 vls.), Leiden, 1993-1994

VAN GEMEREN, W. A. (ed. gen.): *New International Dictionary of Old Testament Theology and Exegesis*, Carlisle, 1966

VAUX, Roland De: *Ancient Israel - Its Life and Institutions*, Londres, 1961 [*Historia antigua de Israel...*, Cristiandad, Madrid, 1975]

VEGA, C. De: *Theologia Mariana* (fols. 38, 255), Lugduni, 1655

VERMASEREN, M. J.: *Cybele and Attis*, Londres, 1977

WAND, J. W. C.: *A History of the Early Church to AD* 500, Londres, 1937

WARD, W. H.: *The Seal Cylinders of Western Asia*, Washington (DC), 1910

WARNER, Marina: *Alone of all her Sex*, Londres, 1976
WEADOCK, P. N.: «The giparu at Ur», *Iraq*, 37 (1975)
WEHR, H.: *Arabisches Worterbuch fur die Schriftsprache der Gegemvort*, Leipzig, 1952 (supl. Wiesbaden, 1957)
WHITBY, M.: «John of Ephesus and the pagans: Pagan survivals in the sixth century», *Paganism in the Later Roman Empire and in Byzantium*, M. Salamon, Cracow, 1991
WIGRAM, G. V.: *The Englishman's Hebrew Concordance of the Old Testament*, Londres, 1843 (1997 ed.)
WILSON, R. R.: «Genealogy and History in the Biblical World», *Yale Near Eastern Researches*, 7, New Haven (Connecticut)
WISEMAN, J.: «The Fountain of the Lamps», *Archaeology*, 23 (1970)
WOLKSTEIN, D., y S. N. KRAMER: *Inanna, Queen of Heaven and Earth*, Londres, 1984
WORKMAN, H. B.: *Persecution in the Early Church*, Londres, 1960
WRIGHT, W.: *Contributions to the Apocryphal Literature of the New Testament*, Londres, 1865
WYNN, R. M., y W. P. JOLLIE: *Biology of the Uterus*, Nueva York, 1989
ZIMMERN, H.: *Sumerische-babylonische Tamuzlieder*, Leipzig, 1907

ÍNDICE ONOMÁSTICO

Índice